カリスマ講師の

日本一成績が上がる！魔法の地理総合ノート

河合塾・佐鳴予備校講師

中井 隆顕

KADOKAWA

はじめに

ごあいさつ

みなさん、こんにちは。地理講師の中井隆顕と申します。本書を通して、みなさんにお話をさせていただくことを大変楽しみにしています。地理に限らず日々の学習では、とにかく楽しんで取り組むことが大切です。小テストや模試の結果に一喜一憂するだけでなく、知識を広げること、思考して理解することを楽しいと思うことが、学力の向上に役立つと信じています。「道は好む所によって安し」と昔の誰かがいったそうです。ぜひ地理という科目の楽しさを自分なりに発見し、本書の学習だけでなく、学校や塾・予備校等での学習にも応用させ、場合によっては大学入試対策にまで学び続けてほしいです。他の科目もそうですが、日常生活の結びつきが特に強い地理は、日頃の気づきや発見がとても多いという特徴を持ちます。いろいろな場面で地理的にものを見る習慣も持てるとよいですね。

地理総合とは

地理総合は、2018 年の学習指導要領（難しいですが、学校のカリキュラムを作る際の基準のことです）が改訂され、初めて設けられた「必修」科目ですが、実際はそれ以前にあった地理 A という科目とよく似ています。少し古めの問題集や参考書、過去問も使いたいという方は地理 A を利用すると親和性が高いです。地理 A との違いで最も特徴的なところは、「防災」と地理との関わりについて詳しく扱っている点です。近年、たびたび発生する大災害に対して、できるだけ被害を小さくし、一人一人が身の安全を守るだけでなく、地域・社会を挙げて防災に取り組む必要がますます高まっているからです。ハザードマップ、防災への取り組み、地域と災害の特性など、さまざまな資料から分析する技術などを学ぶ部分が重視されています。元々地理 A も身近な地理を取り上げていた科目でしたが、さらにその部分が強化された印象です。なお地理総合は先ほど申し上げた通り、必修科目となりました。地理に携わる多くの人が待ち望んでいたことです。この機会を十分生かし、地理の魅力を伝えていきたいです。学習者側にとっては必修科目が増えることにはいろいろな考えがあるでしょうが……。

講義の特徴

私の講義は、板書やスライドを多く使用しています。実際の講義では、黒板やスクリーンに地図や図表を必ず示し、受講生のみなさんと一緒に作業し、考えることを重視しています。講師が大量の情報を一方的に流し込む講義スタイルもとてもカッコイイと思うのですが、私の技量が及びません。みなさんと一緒に問いを作り、それを考え、一緒にまとめる。これを講義の形としています。講義ではたびたび、みなさんに語りかけます。多くの場合、返事はほとんどないのですが……、視線や表情の変化で応えてくれる受講生が本当に多くいます。自信がないときは視線を外したり、逆にぜひ回答したい！！という自信に満ちているときは強い視線でこちらを凝視したりと、本当に表情豊かなみなさんの様子を励みに、日々講義をしています。本書では、みなさんの表情までは窺えませんが、できる限り読んでいらっしゃる方の様子を想像し解説しています。もう一つ講義の特徴があり、それが板書です。画像資料を提示しても、大切な部分はアナログの板書を重視しています。一緒に書く、まとめるという活動は、思考の整理や達成感など多くの学習上の効果が期待できます。一緒に素敵なノートを作っていきましょう。

本書の特徴

本書では見開きで、一つのテーマについて解説とノートが示してあります。左側には、それぞれのテーマで重要な事柄について３つに分けて解説していて、その時に使用した板書が右のページに示してあります。**解説部分では、特に覚えておきたい用語は赤字で示しています。**別に単語帳などを作成するときに参考にしてください。**特に気をつけて知っておいてほしいことはカラーで目立たせています。青色の部分は、地理総合の学習で最低限知っておきたい地名を示しました。**どこの地名かわからないときは、必ず**地図帳**等で調べましょう。また、**理解してほしいところや注目したい点は緑色にしました。**なお**地理総合**の教科書では、各国の地誌についての扱いが、出版社によってかなり差があります。学校でも時間の関係上、全ての国、地域を取り扱うことは難しいかもしれません。本書では第４章を地誌に割り当て、世界の国や地域について詳しく取り扱っています。この部分は**学校の学習で取り上げたところや自分の興味関心がある地域などに限定して使用しても構いません。**入試対策で使用している場合は、どの地域が取り上げられるかわからないので、一通り目を通しておくとよいでしょう。

学習方法

地理の学習で最も重要なことは、実際に「自分で」考えてみるということです。暗記している地名の数を競うわけでも、専門的な用語をどれだけ使えるかを見せる学問でもありません。さまざまな**資料を読み取り、情報を分析し、持っている知識と関連づけて思考したり、判断したりすることが重要**な科目です。実際のデータや地図を、学校で使用している教材で確認し、入試問題に挑戦して技術力を高めることが大切です。**本書で、基本的な用語や事象の理解を進めて、ある程度学習を終えたら、早速いろいろな問題に挑戦してほしいです。**試行錯誤を繰り返すことで力のつく、「数学」っぽい科目です。間違いを恐れず、どんどんチャレンジしてみてください。

最後に

重複しますが本書では、多くの教科書の記載をもとに、できるだけ幅広く扱っています。その分、**分量も多くなっています**ので、学校の学習の補助に利用する場合は、学校での学習範囲を参考に調整してお使いください。ほとんどが**地理総合**の内容ですが、**一部発展的な学習のために地理探究的な分野にも触れています。**興味関心があるみなさんは、ぜひ、**地理探究**の学習にさらに挑んでいただきたいと強く願っています。**地理探究は、地理総合で学んだことを踏まえつつ、地形や気候、農業、工業などの系統地理をさらに深め、地誌もより多くの国や地域を比較しながらさまざまなことを学び、探究していく科目です。**今後、国際社会で活躍していくみなさんには必須の科目ですが、単純に旅行が好き、海外の文化に興味があるなど将来の方向性とは関係なく、誰にでも楽しめ役立つ科目です。多くの人に学んでほしいです。またどこかで**地理探究**の世界でお会いしたいです。末尾になりましたが、本書作成にあたりお声かけいただいたKADOKAWAの山川徹さん、作成にあたり大変お世話になりました同じくKADOKAWAの佐藤良裕さん、丁寧に編集・校正をしていただいた友人社の青柳幸那さん、また板書ノートを再現していただいた小石川愛那さんに、深く深く御礼申し上げます。

目次

地図や地理情報でとらえる現代世界

地球上の位置と時差

重要度

地球の大きさと形

地球の大きさは半径が6,400kmほどで、外周は40,000kmにも及びます 1 。半径は特に重要で、計算問題でも使うので忘れないようにしましょう。表面積は、半径から計算するとおよそ5億km^2になります。そのうち7割が海洋で、陸地はわずか3割にしかなりません。最も陸地が広く見える半球は、フランスのパリの南西付近を中心にする半球で、陸半球といいます。この時でも陸地の面積は海洋の面積よりわずかに狭いです。一方海が最も広く見える半球は、ニュージーランド東方を中心とした半球で、水半球といい、この時の海の面積は半球の9割にもなります。まさに「水の惑星」という表現がぴったりですね。なお地球は完全な球体というわけではありません。地軸（北極と南極を結ぶ軸）を中心に自転をしているので、回転時に働く遠心力によって赤道方向にやや膨らんでいます。

地球上の位置の表し方

皆さんのご自宅の住所を表すとき、何丁目何番地のように表すことがありますね。この時の「番地」、例えば「1－2」のような感じで地球の位置を表すものがあり、それが緯度と経度です。右のノートを見てください 2 。南北の位置を表現するものが緯度、東西の位置を示すものが経度です。緯度は赤道を基準として、経度はロンドンを基準としています。地球は完全な球ではないので厳密にはちょっと違うのですが、緯度と経度はこの基準からの中心角のようなものと考えてください。緯度が大きいほど極に近づき、経度が大きいほどロンドンから離れることになります。なお地軸が傾いているため太陽の高度が季節によって変わってしまいます。太陽の南中高度が90度になる日がある限界の線を回帰線といい、緯度23.4度にあたります。この線より赤道側では、1年に2回南中高度が90度になります（回帰線上では1回）。また極では1日中夜である極夜や、1日中昼である白夜が見られますが、この現象が見られるエリアを極圏といい、緯度66.6度より極に近い部分をいいます。

時差と生活

例えば東京で正午をむかえると、その真裏の地点では逆に深夜の12時になっていますね。この場合、経度が180度離れた地点では12時間の時差が生じているわけです。計算すると15度の経度差で1時間の時差が生じています。日本で正午だった時のロンドンの時刻を考えましょう。日本はロンドンより東に位置しているので、日の出や南中などはロンドンより早く来ます。つまり時刻が進んでいるわけです。日本の時刻は東経135度（兵庫県明石市）を基準にしています。とするとロンドンの時刻は？　135度の経度差があるので9時間差があり、日本のほうが時刻が進んでいるので、ロンドンは9時間前の状況、つまり午前3時となります 3 。

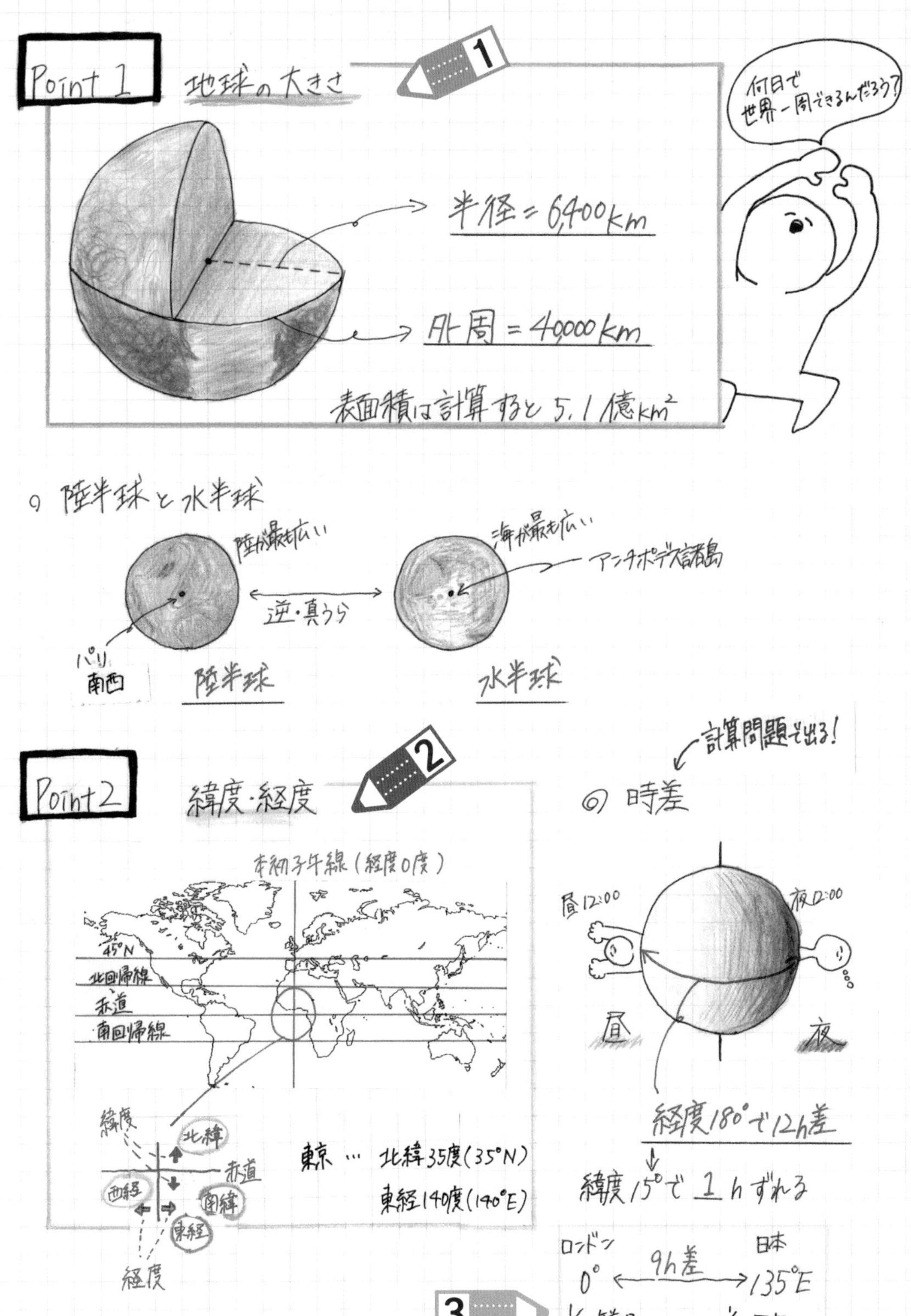
Point 1
地球の大きさ
1
何日で世界一周できるんだろう？
半径＝6,400km
外周＝40,000km
表面積は計算すると 5.1億km²
◎ 陸半球と水半球
陸が最も広い
海が最も広い
アンチポデス諸島
逆・真うら
パリ南西
陸半球
水半球
Point 2
緯度・経度
2
本初子午線（経度0度）
45°N
北回帰線
赤道
南回帰線
緯度
北緯
赤道
西経
南緯
東経
経度
東京 … 北緯35度（35°N）
東経140度（140°E）
計算問題で出る！
◎ 時差
昼12:00
夜12:00
昼
夜
経度180°で12h差
経度15°で1hずれる
ロンドン
日本
0°
9h差
135°E
1/1 午前3:00
1/1 正午
3

国家と領域

重要度

国家とは

世界には190を超える国(国家)があります。これらの国家はそれぞれ、他国の干渉を受けずに、自分の国のさまざまな事柄について自分で決定できる権利、**主権**を持っています。この**主権**が及ぶ範囲を**領域**といい、国家に所属している人たちを**国民**といいます。国家が成り立つためには、この**主権**と、**領域**、**国民**の3つを持つ必要があると考えられていて、**国家の三要素**と呼ばれています。主権や領域、国民の存在をただ主張するだけで国家として認められるわけではありません。多くの国から国際的に認められ国交を結びつつ、外交関係を保ち、国際的に主権国家として認められる必要があります。

国家の領域

国家の領域は主権が及ぶ陸上の範囲である**領土**と、同じく主権が及ぶ海域である**領海**、そして**領空**の3つからなります。**領土**は海岸や国境などの内側のことで、**領空**は**領土**と**領海**の上空で、高さについての明確な基準は設けられていませんが、一般的に大気圏内とされています。ただ海に関する取り決めは複雑で注意が必要です。まず**領土**と**領海**を隔てる基準の線(基線)を決めます。この基線から沖合に向かって範囲を決めて領海などを設定するのですが、この基線は現在、「低潮線」を使用しています。この低潮線は干満によって最も海面が低くなった時の海岸線を指し、基線から最大**12**海里までを領海としています。1海里は1,852mで、領海は基線から22kmほどの水域となりますね。この範囲では漁業などを行うには手狭で、特に浅い海底が広がる大陸棚を持つ国では豊富な水産資源が十分利用できない不満も生じます。そこで現在では基線から**200**海里までを**排他的経済水域**(EEZ)といい、漁獲を行ったり、海底資源を獲得したりできるように、**国連海洋法条約**に基づいて定めています。なおこの排他的経済水域の範囲以上に大陸棚が広がっていることもあり、その大陸棚の資源を有効に活用しようという考えも出てきます。そこで一定条件を満たせば延長大陸棚を設定できるようにして、優先的に資源を利用できるように定められていて、日本にもこの延長大陸棚があります 1 。

国境

日本は島国ですから陸地(国土)には国境はありません。しかし多くの国は陸地で他の国と接しているため、国境が陸地に引かれています。国境は山脈や河川を利用した**自然的国境**と、緯線や経線、構造物を利用した**人為的国境**があります。国境の多くは通過が自由ではなく、厳しく管理されています。海外旅行をしたことがあれば経験があると思いますが、パスポートや提出書類のチェックを受けて入国できるわけで、なかなか大変な作業です。そこでヨーロッパでは多くの国が国境管理を廃止して移動できる**シェンゲン協定**を結んで、人の移動を活発化させています。

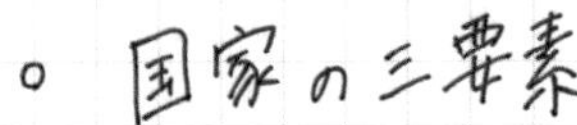

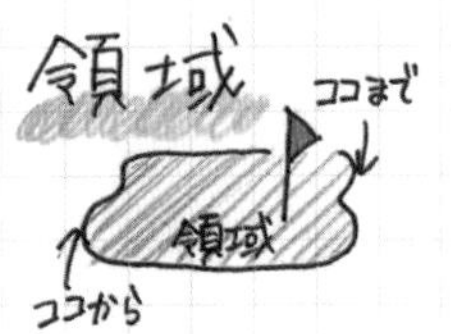

主権
↓
他国に干渉されず、
国のあり方を決定できる権利

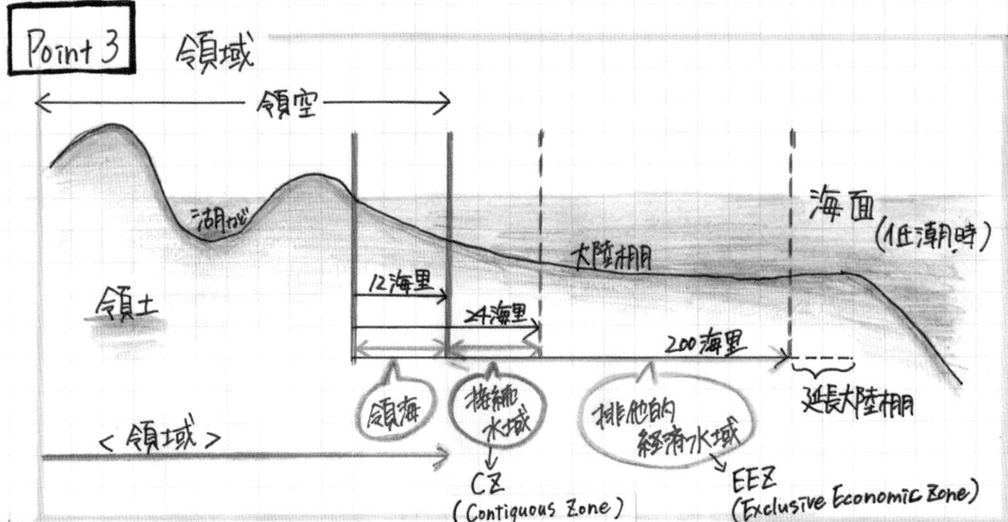

外国(沿岸国ではない国)でもできること

	航行の自由	パイプライン敷設	漁獲の自由
領海	×	×	×
EEZ	○	○	×
公海	○	○	○

※沿岸国の権利・義務を害さない

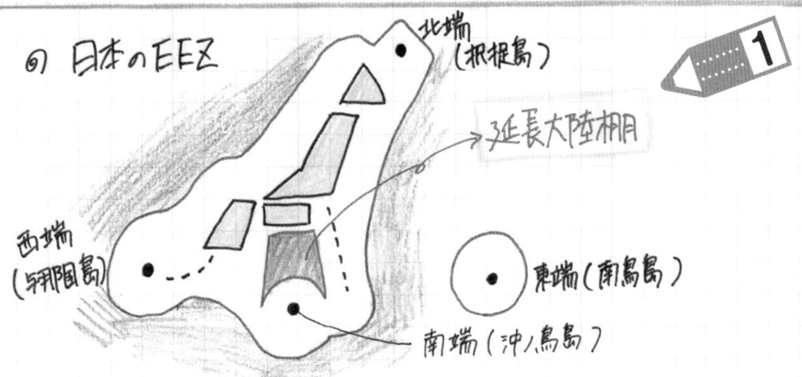

テーマ3 国家間の結びつき

重要度

国家結合

国際連合(UN)という組織1は皆さんご存知ですね。第二次世界大戦の教訓から1945年に世界の平和と安全を維持し、国際間の交流や協力を推進するために設立された、最も多くの国が参加した国家結合です。このように複数の国が参加して、ある目的のために協議し、ともに対応する国家結合は複数存在します。例えば**OECD**（経済協力開発機構）は、元々はソ連を中心とする社会主義諸国とアメリカ合衆国や西ヨーロッパ諸国などの資本主義諸国との間で対立していた冷戦時代に発足した西側の経済同盟でしたが、現在は先進国の多くが加盟し、国際経済を牽引している経済的な国家結合です。他にも**EU**（欧州連合）や**ASEAN**（東南アジア諸国連合）は、各地域の経済・社会的な交流を強めるための国家結合です。また先進国7か国が集い、世界経済や国際関係に関する課題を話し合う**G7サミット**（主要国首脳会議）が1976年から開かれています。「会議」といいますが、さまざまな国際的な課題に協調して対応するなど国家結合の性格が強いです。2008年の金融危機以降、多くの国の協調が必要となり、新興国を加えた「金融・世界経済に関する首脳会合」、通称**G20**も開催されています。

さまざまな国際的な取り組み

私たちの地球は、さまざまな課題に直面しています。地球環境問題や地域紛争などは、多くの国や地域が連携して取り組まなければならない課題です。そこで国連では専門機関を設け、さまざまな面から地球規模の協調を促しています2。教育や文化の面から平和活動を促進する国連教育科学文化機関（**UNESCO**）、国際貿易の促進や為替の安定を目的とした国際通貨基金（**IMF**）、そして2020年以降蔓延した新型コロナウィルスへの対応でも有名になった世界保健機関（**WHO**）も「全ての人々が可能な最高の健康水準に到達すること」を目的として設立された国連の専門機関です。また国連や高所得の国が資金を出し合い、途上国との格差を解消するために行っている**ODA**（政府開発援助）は、日本も重要な役割を果たしていて、国際協力機構（**JICA**）もこの**ODA**の一環として青年海外協力隊の派遣や研修員の受け入れなどの技術協力を行っています。

地域区分

世界の陸地はいくつかの分け方があります。大陸別では、北アメリカ、南アメリカ、ユーラシア、アフリカ、オーストラリア、南極の6つに分けます。一方でユーラシアを大きくアジアとヨーロッパに分けて区分すると、北アメリカ、南アメリカ、ヨーロッパ、アジア、オセアニア（島々を含む）のように6つに分ける(大州区分)ことが多いです。この場合、ロシアやウクライナはアジアではなくヨーロッパに含めます。ちなみに地域を表す表現に関して、ロンドンを中心とする世界地図を見ると東アジアは「**極東**」、西アジアは「**中東**」と表現される理由がわかりますね。

1

○ 国際連合（UN）

・加盟国が最も多い国家結合

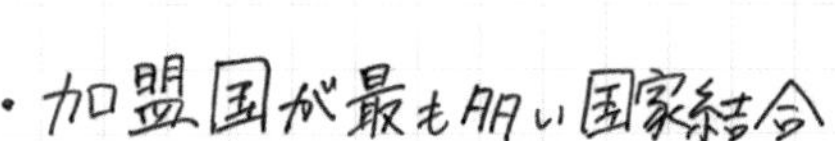

・1945年10月 51か国 で発足

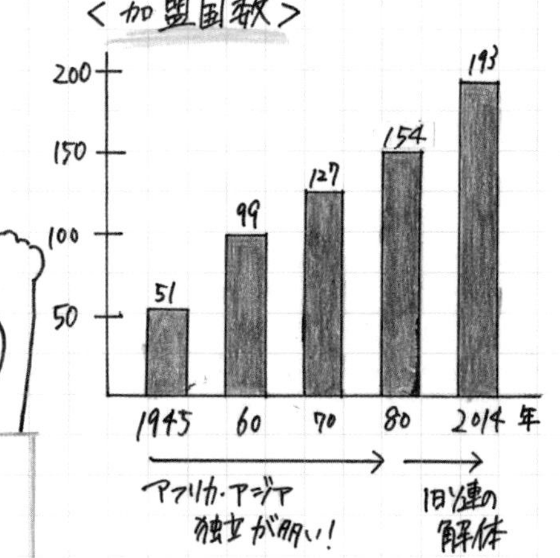

Point 5 国連の主な機関

2

<専門機関>

国連食糧農業機関（FAO）

国連教育科学文化機関（UNESCO）← 世界遺産を決定

世界保健機関（WHO）← 新型コロナなどの感染症対策も

国連通貨基金（IMF）

<様々な活動>

国際児童基金（UNICEF）← 途上国の子ども達支援

国連平和維持活動（PKO）← 国連平和維持軍（PKF）を派遣

世界食糧計画（WFP）← 食糧支援

国連環境計画（UNEP）

Point 6 地域の経済統合

（おおまかな位置）

	発足年	原加盟国
イーユー EU	1967（EC）	6か国
アセアン ASEAN	1967	5か国
メルコスール MERCOSUR	1995	4か国
ユーエスエムシーエー USMCA	2020	3か国
エーユー AU	1963（OAU）	30以上の国など

球面から平面へ「地図の世界」

重要度｜■■■■■

地図の歴史

地図の歴史は非常に古く、最古の地図は紀元前600～500年前の頃に作られた**バビロニアの地図**とされています。今のイラク南部である**バビロニア**が中心に描かれていて、その周辺は海で囲まれるように示されていました。900年頃になると西アジアを中心にイスラーム世界が拡大し、キリスト教を広く信仰しているヨーロッパとの交流が乏しくなり、正しい地図よりも宗教的な側面が強く出てくる地図が現れます。それが**TO図**（**TOマップ**）です 1 。中心がキリスト教の聖地である**エルサレム**で、周辺大陸が大まかに示されています。海（T）と外周（O）の形から名づけられています。ほかにも、15世紀には初めて緯線・経線を使ったプトレマイオスの地図が作られ、18世紀にはハーマン・モルがかなり詳細な地図を描きましたが、探検や調査が十分ではなかった**オーストラリア**や**日本**は正確さを欠いていました。なおこの地図の日本は、ジョナサン・スウィフトの『ガリバー旅行記』に登場し、その東には架空の空飛ぶ島「ラピュータ」（某人気アニメ映画の題名にもあります）が登場しています。

メルカトル図法

地球は球体ですから、平面の地図で全ての要素を正しく表現することは不可能です。形や面積、距離、方位など必要な要素に注目して、その部分だけ正しく表現できる地図を利用しています。16世紀に作られた**メルカトル図法**は、**航海**用の地図として考え出された地図です。緯線と経線が直行していて任意の2地点を結ぶと、結んだ直線と緯線や経線との角度が正しく表現できています。この角度に沿って船を進めれば確実に目的地につくことができるので、北極星を見つけ、コンパスさえあれば航海できるという、当時の航海にとっては画期的な発明だった地図です。なおこの時の航路を**等角航路**といいます 2 。ただこの地図は、航海用以外で使用する際は注意が必要です。高緯度に行くにつれて面積が大きくなってしまい形が歪んでしまうのです。面積を比較するような地図を作成するときには不向きな地図になります。

正距方位図法

中心からの距離と方位が正しく表現できるのが、**正距方位図法**です。この地図の利点は、中心と任意の点を結んだ直線は、**最短経路**になるという点です。この最短経路を**大圏コース**（航路）といいます 3 。**メルカトル図法**の**等角航路**と間違えないように気をつけましょう。なお地球全球を表した正距方位図法の場合、地図の外周は中心の地点の真裏、**対蹠点**を表しています。つまり、中心から外周までの長さは、地球上では**20,000**km に相当するというわけです。ただこの地図は、地図の外周に行けば行くほど形が大きく歪んでしまって、読み取りにくいです。また中心からの距離と方位しか正しく表せないため、使用には注意が必要になります。なお国連の旗、国際連合旗は**北極**を中心とした正距方位図法が使われています。

○地図の歴史

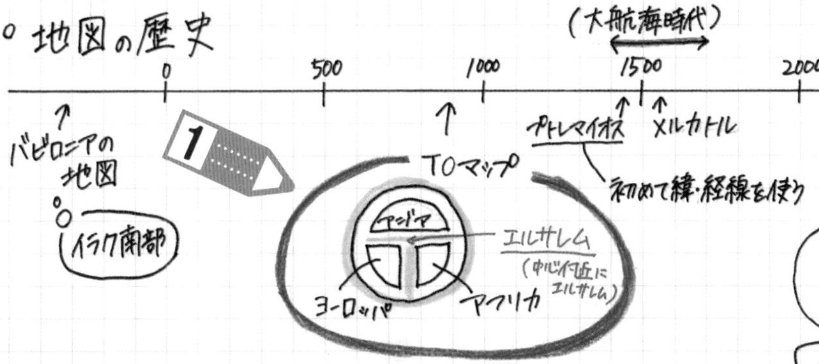

（大航海時代）
0
500
1000
1500
2000
→西暦
バビロニアの地図
○
イラク南部
TOマップ
アジア
エルサレム
（中心付近にエルサレム）
ヨーロッパ
アフリカ
プトレマイオス
初めて緯・経線を使う
メルカトル

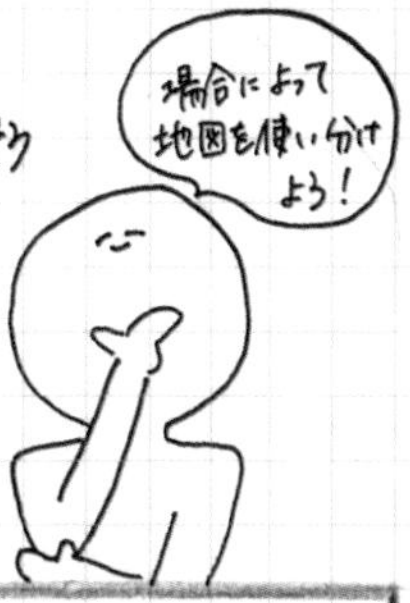

場合によって地図を使い分けよう！

Point 7 メルカトル図法

- 任意の2点をむすぶ
  ＝
  等角航路（航海図として利用）
- 高緯度で形が大きくなる

Point 8 正距方位図法

北
西
東
南
20,000 km
外周は対蹠点！

中心からの距離・方位が正しい

中心から目的地をむすぶ
＝
大圏コース
（最短ルート）

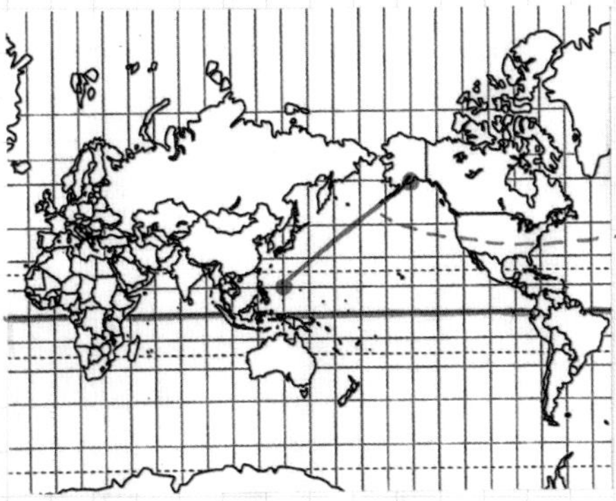

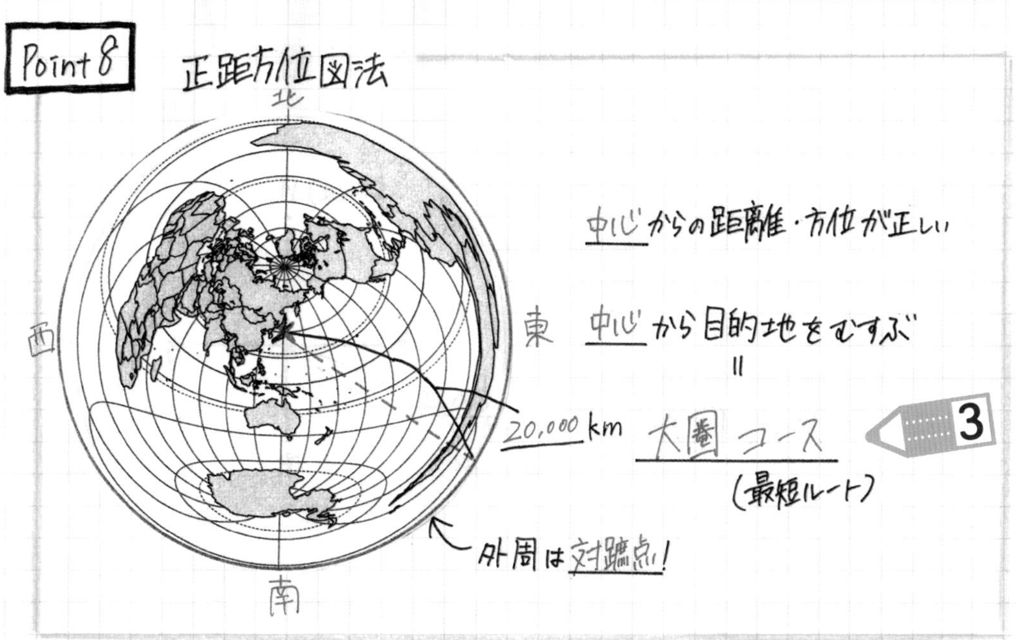

地図に関わる技術

重要度｜

地図の種類

一言で地図といってもさまざまな種類がありますが、大きく**一般図**と**主題図**に分けることができます。**一般図**はさまざまな目的に利用される地図で、地形や建物の分布など、いろいろな情報が記載されていて、地域の状況を総合的に読み取ることができるところが特徴です。一方**主題図**は、1つの主題を設定し、それを強調して表現した地図で、描きたい内容に特化した地図です。例えば鉄道等の路線図や災害の程度の予想や避難所の位置を示した**ハザードマップ**などが挙げられます 1 。それ以外にも統計を地図に示し、視覚的にわかりやすく表現しているような地図も該当します（テーマ6で扱います）。一般図の代表は、**国土交通省国土地理院**が作成している「地形図」で、25000分の1や50000分の1（一部都市域では10000分の1もあります）で縮尺した地図があります。現在では紙で作られた地図を電子化し、電子国土基本図として整備されました。この情報をパソコンやスマートフォンから簡単に閲覧・加工できるウェブサイト、**地理院地図**があります。**地理院地図**では標準地図（紙の地形図とほぼ同じ形式の地図）だけでなく、土地条件図、標高図などの主題図や空中写真を見ることができます。

地図と最新技術

これまでの地図は、実際に現地で測量して描かれてきました。江戸時代には**伊能忠敬**という人物が、実際に徒歩で日本を旅して測量し、日本全図を描ききりました。しかし現在ではコンピュータや人工衛星を利用して地図を開発しています。**人工衛星**から地球の様子を監視する技術を**リモートセンシング**（遠隔探査）といいます。また地球上における位置を求めるために衛星からの電波を利用するシステムを全球測位衛星システム（**GNSS**）といいます。中でも、アメリカが運用する**GPS**が日本では有名ですが、中国ではBeiDou（北斗）、EUではガリレオという独自のシステムを利用しています。なお日本では準天頂衛星「**みちびき**」で補完して位置の精度を上げています。

地理情報システム（GIS）

地理空間情報を記録し、表示や分析を行うために使われるシステムを**地理情報システム**（**GIS**）といいます 2 。ここで扱われる地理空間情報の記録は、その種類ごとに区分けして**レイヤ**（階層）という形式で記録されます。例えば標高などの地形を表すデータの**レイヤ**に、建物の分布を表した面データを重ね、そこに道路や鉄道などの線データの**レイヤ**に、属性別に分けた人口の分布を点データで**レイヤ**に記録して重ねると、さまざまな情報が得られるようになります。このGISとGNSSを組み合わせて使用すると、地理情報空間をいつでも利用できるようなり、利便性が高まります。さまざまな情報収集やデータ分析、あるいはゲーム（位置情報を使って冒険やアイテム収集などを擬似体験する）などにも利用されています。

○ 地図の種類

一般図：様々な目的に使える　ex.) 地形図
（地形・集落・交通などデータが多い）

主題図：特定の目的に使う　ex.) 路線図・観光マップ
（特定のデータに特化）

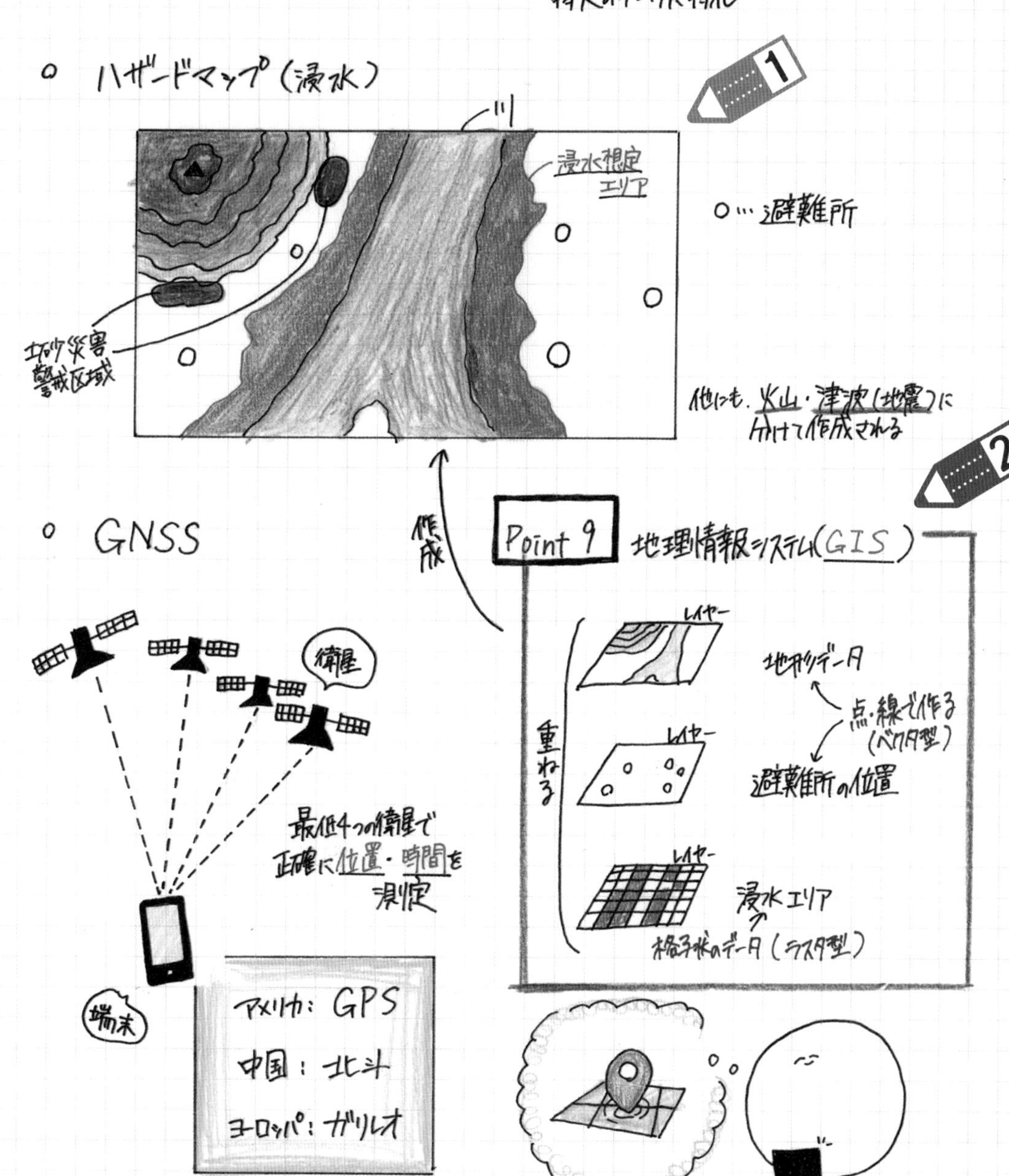

テーマ6 さまざまな地図表現

重要度

統計地図

私たちの生活にはあらゆる情報が存在し、重要な意味を持っています。こうした情報のうち自然環境に関わる情報、例えば気候や地形などの情報もあれば、社会環境に関する情報、例えば人口や産業の状況などの情報もあります。こうした情報を地域的に整理したものを地理情報といいます。この地理情報を地図化したものは**統計地図**と呼ばれ、さまざまな分析に使用されています。

階級区分図と図形表現図

ある統計の地域ごとの値の大小(高低)を地図上で表現する方法はいくつかありますが、中でも**階級区分図**(コロプレスマップ)と**図形表現図**はよく利用されている統計地図です。**階級区分図**は統計の数値を色彩の模様(もよう)や濃淡(のうたん)で表現したもので、一般的にはいくつかの階級に区分して数値が低いほうを淡い色や模様で、逆に高いほうを濃い色や模様で着色して表現します。明確にルールがあるわけではありませんが、濃淡を逆にしたり、規則性がないパターンで表現したりすると読み取りにくくなります。また、階級の設定を偏(かたよ)らせてしまうと読み手に誤解を与えかねない地図になるため注意が必要です(あえて誘導するために設定を偏らせる場合も見かけますが……)。また階級区分図では、地域ごとの面積が異なる場合、絶対値(数)を比較させると面積によって印象が変化してしまうため注意が必要になります。例えばノートの1を見てください。北海道と九州の県を比べると、北海道は面積が大きいので人口も多くなり、最も濃い色になります。九州では福岡県だけが最も濃い色になっていますが、九州全体では北海道より人口は多いはずなのに、全体的な色合いは白い県が多いため、混乱しますね。このため階級区分図では絶対値を扱うことは避け、相対値(そうたいち)(人口密度や一人あたり生産額など)を相対分布図として表現することが多いです。絶対値を表す場合は**図形表現図**や**ドットマップ**を使うとよいでしょう。**図形表現図**は統計の大きさを円などの図形の大きさで表現し、**ドットマップ**は点の位置や量で統計の分布を示す図です。表現したい統計によって使用する地図を変えることが大切です2。

その他の地図表現

気温や気圧などの気象観測値や、ある地点からの距離や移動にかかる時間など、連続的に数値が変化するデータを表すときに、同じ数値の地点を結んで表現する地図を**等値線図**(とうちせんず)といいます。標高(ひょうこう)を表す等高線もその1つです。他にも天気予報で見られる桜の開花前線の図もそうですね。また統計の数値の大小を、よりインパクトを持たせて表現させる地図があります。**カルトグラム**(変形地図)といい、地域ごとの統計の大小を面積に反映させて形を拡大縮小して表現します。特定の地域の数値の大小を強調することに向いていますが、変形がすぎると実際の地域がわかりにくくなる欠点もあります。

Point 10　統計地図の種類

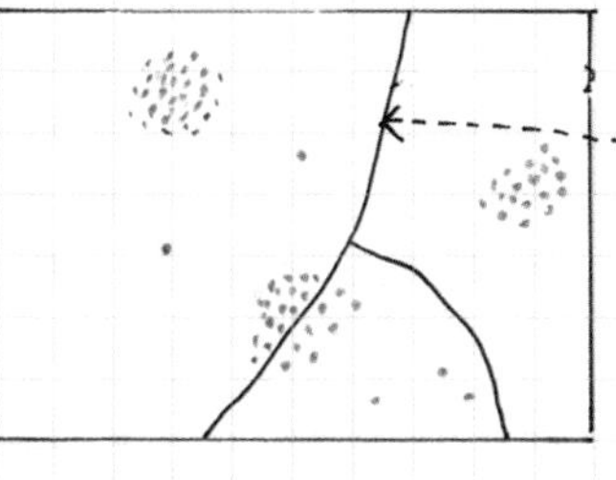

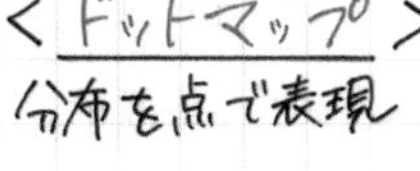

＜ドットマップ＞
分布を点で表現

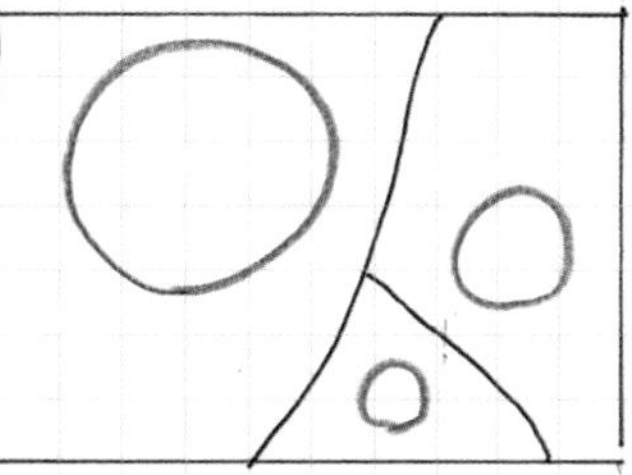

＜図形表現図＞
絶対値の大きさを面積で示す

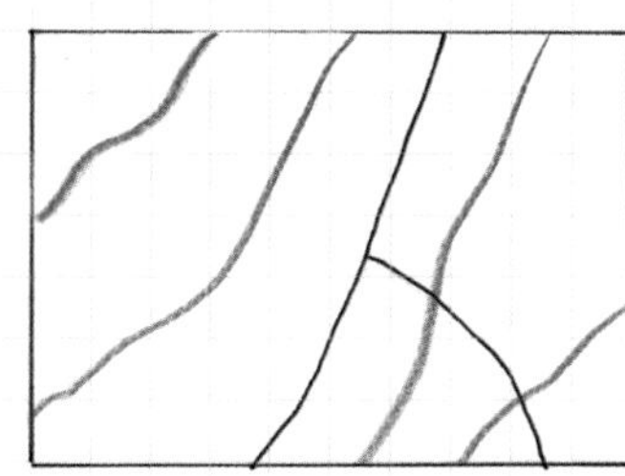

＜等値線図＞
気温・標高など連続的に
変化するデータ

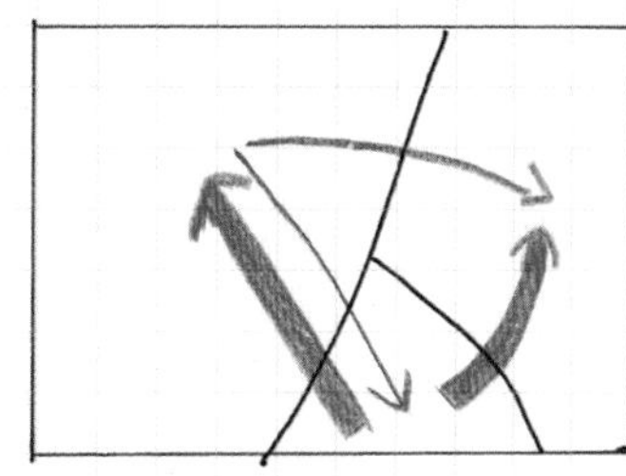

＜流線図＞
モノや人の動きを矢印の向きと太さで表す

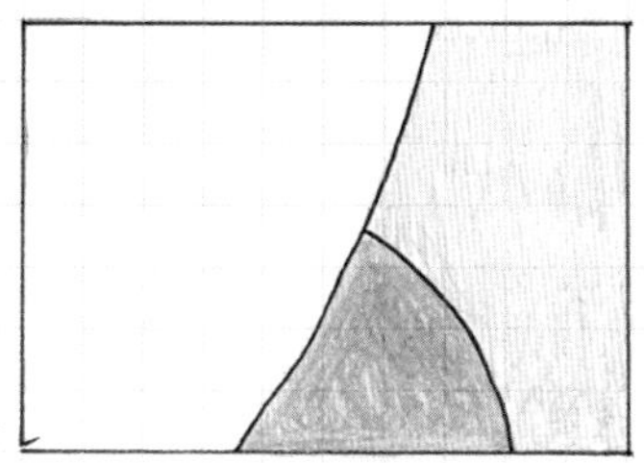

＜階級区分図＞
相対値の高低を濃淡で表現

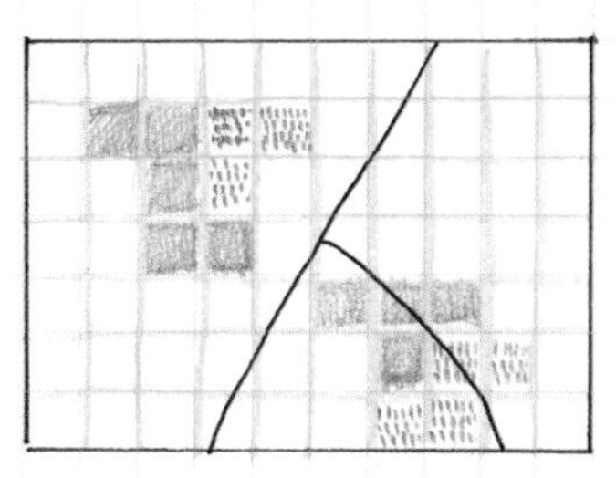

＜メッシュマップ＞
等面積のメッシュ(網目)ごとの数値を地図化

○ 絶対値と相対値

絶対値：数量・数値　ex.) 人口・気温・金額

相対値：人口あたり・面積あたりの数値・量
ex.) 1人あたりGNI　人口密度

(参)
人口を階級区分図で表す

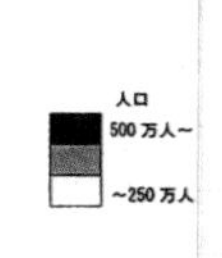

世界貿易の拡大

重要度

世界貿易の拡大

国と国とが商品やサービスを買ったり売ったりすることを貿易といいます。日本を基準にして考えると、日本の製品やサービスを外国に売ることを輸出、逆に外国の製品やサービスを買うことを輸入といいます。単純な用語ですが、結構勘違いが多いのでノートを作成するときも問題にあたるときも注意しましょう。以前は途上国が原燃料を輸出し、先進国が輸入する一方で、先進国が加工、製品化したものをさまざまな国に輸出する、**垂直貿易**という形態が中心でした1。現在では貿易の構造がだいぶ複雑化し、工業製品を相互に貿易する**水平貿易**が多くなり、途上国でも対等な立場で価格交渉して原燃料を輸出して利益を出す国もあれば、資源がなかったり、相変わらず安価な価格で取引される資源に依存していたりする国もあり、途上国間でも格差が出ています。このような格差を**南南問題**といいます。

自由貿易とさまざまな協定

貿易は、各国で制限を設けず自由に行うことで両国の産業が活発化し、経済成長につながる期待が持てます。実際、貿易が活発になったことで経済成長をとげ、豊かな国になった例が多いです。その一方で自国の産業が価格や品質など競争力が低い場合、自由な競争で外国製品に負けてしまい、結果国内産業が衰退するリスクもあります。そのため、いきなり自由貿易の体制に移行せず、品物や数量などに条件をつけるなど制限を設けた上で、それ以外の貿易を可能な限り自由貿易に近い形で実施しようという動きがあります。そのときに締結される協定が**自由貿易協定**(**FTA**)や、**経済連携協定**(**EPA**)です。**FTA**は特定の国や地域間で、関税や輸入制限などの障壁(しょうへき)を撤廃することを目的にした経済協定で、**EPA**は、それに加え、投資や人の移動、知的財産権の保護についても経済関係を強化しようとした協定です。以前は**FTA**を結ぼうという動きが強かったのですが、貿易だけでは不均衡が生じやすいことや、経済への刺激を高めたいという考えから多様な産業が参加できるように幅広く連携しようという**EPA**が検討される傾向が高まっています。

世界貿易と国際組織

自由貿易は、先ほど説明した通り、産業が活発化し経済成長を促す可能性が高いため、世界でもこうした流れを共有して、貿易の自由化を進めています。この動きを国際的にリードし、自由で公正な貿易を進めるために関税の撤廃や通商のルールづくりを進めるために設立された組織があり、**世界貿易機関**(**WTO**)といいます。元々は1948年に関税および貿易に関する一般協定(**GATT**(ガット))として発足し、1995年に現在の**WTO**へと発展しました。日本は1955年に加盟し、中国は**2001**年に加盟しています。他にも、為替(かわせ)政策の監視や国際収支が悪化した国を支援して国際貿易を促進させる**国際通貨基金**(**IMF**)があります。

○ 貿易の構造と用語

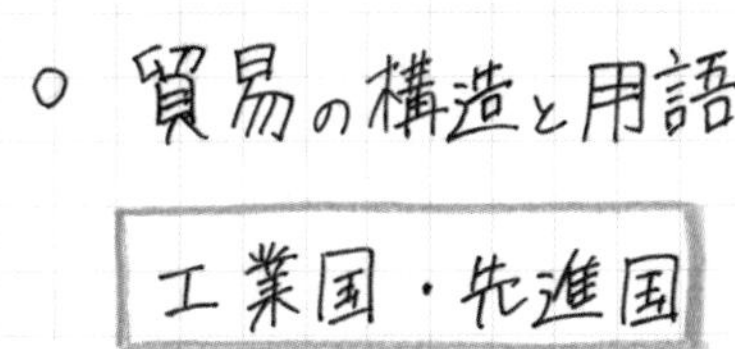

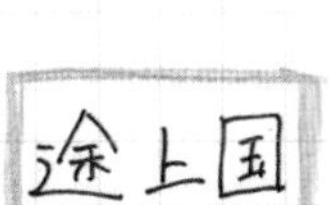

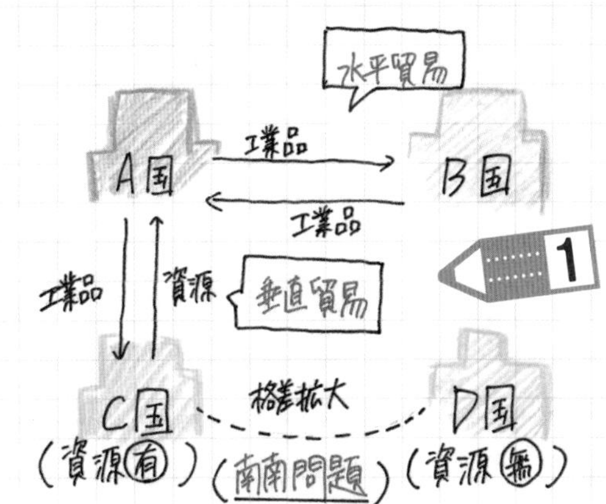

Point 11 FTAとEPA

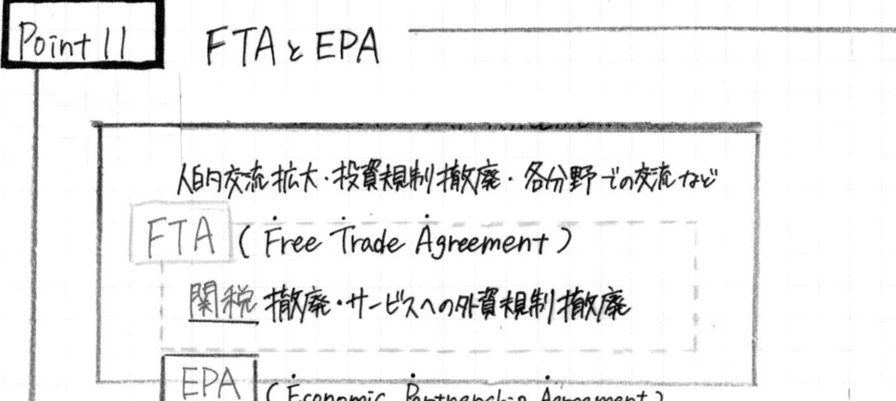

Point 12 世界貿易に関する組織

世界貿易機関（WTO） ← 発展 ― 元はGATT（農作物が中心）

→ 自由で公正な貿易が目標

1995年に発足

国際通貨基金（IMF）

→ 金融の安定と国際通貨協力を促す

通貨の安定は貿易の拡大にも役立つ

テーマ8 交通・通信・観光

重要度

交通

現在の交通手段はさまざまなものがありますが、大きく自動車、鉄道、船舶、航空機に分けて考えると1のようになります。それぞれに長所や短所があるので、それらを考慮して移動や輸送に活用しています。水上交通は低コストで大量輸送が可能であるため、貿易で重要な役割を果たしています。特に**コンテナ貨物船**の利用は急増し、世界各地にコンテナターミナルといわれるコンテナ運搬用のクレーンを整備した港ができました。陸上の鉄道と結んで**ランドブリッジ**と呼ばれる輸送形態も整備されました。航空機も盛んに利用されています。1970年代以降では拠点となる地域に乗り換え路線を集中させた**ハブ空港**2を建設し、地方空港に分散させる路線網(もう)整備が進みました。日本でも成田(なりた)や羽田(はねだ)がその例で、路線整備されたことで効率のよい運行ができ、利便性も高まりました。また2010年代には従来のサービスを見直してできるだけシンプルにして効率化を果たし、価格を大幅に引き下げた**LCC**（格安航空会社）が台頭して、旅客数がさらに増え、訪日外国人の急増につながりました。

通信

情報通信技術（ICT）は1990年代以降に急速に発展を遂げました。**人工衛星**や**光ファイバーケーブル**の敷設などによって大量、高速、安定通信が可能になったことで、さまざまな利用が可能になりました。インターネットは世界中につながり、固定電話の代わりに携帯(けいたい)電話やスマートフォンが普及しています。現在では**SNS**を利用してリアルタイムの通信が可能になり、コミュニケーションの形態が大きく変化しました。それまでリアルの世界で実物を介して行われてきた物品の購入も電子商取引（**eコマース**）により、ネット上で行えるようになりました。その際の決済もキャッシュレスになり、利便性がさらに高まっています。一方で、こうしたICTから得られる利益を十分受けられている人とそうでない人との差も大きくなりました。こうした違いは年齢、教育、通信手段の整備状況によって生じ、**デジタルデバイド**（**情報格差**）といいます。この格差は、就職や人との出会い、収入などにも影響を与える重大な課題となります。

観光

通信が発達して、遠いところの様子を見たり、遠隔からさまざまな人と話したりもできますが、実際のその土地に行って体験する観光も人気があります。日本では2010年代後半を中心に外国人観光客が多くなり、2020年に流行拡大した新型コロナウィルス感染症の影響を受けるまでは、多くの観光地で賑(にぎ)わいを見せていました。これは為替相場(かわせそうば)やLCCの普及と**ビザ**の発給の緩和(かんわ)や、情報通信技術の発達で情報を得てさまざまな手続きがしやすくなったことがあります。3のように観光形態も色々な形態が生まれ、多くの観光客が思い思いの観光を楽しめるようになりましたが、その一方で観光地での課題やトラブルも多く生じるようになりました。

Point 13 主な交通と特徴の例

1

交通	良い点	悪い点
鉄道	大量に運べる 時間に正確	初期費用(多) 駅しか使えない
船舶	大量に運べる・低コスト	港でのコストがかかる・遅い
自動車	初期費用(少) 戸口輸送	少量・短距離 渋滞リスク
航空機	速い (比較的)時間に正確	空港しか使えない 少量

○ 直行方式とハブ方式　　○ 観光

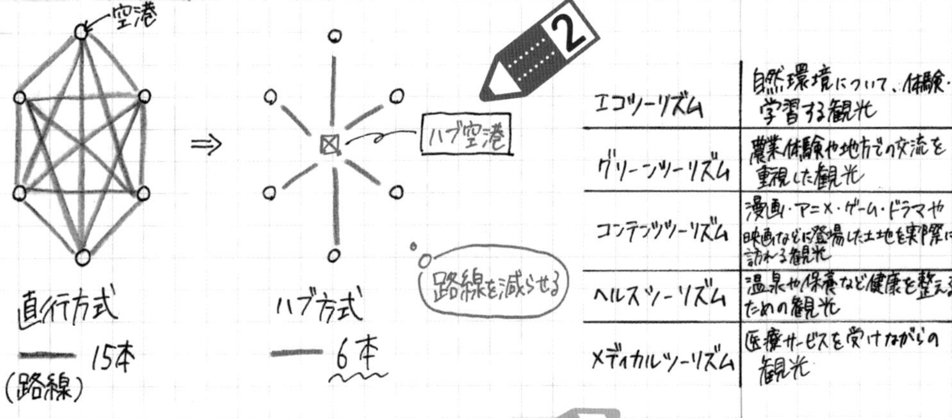

エコツーリズム	自然環境について、体験・学習する観光
グリーンツーリズム	農業体験や地方での交流を重視した観光
コンテンツツーリズム	漫画・アニメ・ゲーム・ドラマや映画などに登場した土地を実際に訪れる観光
ヘルスツーリズム	温泉や保養など健康を整えるための観光
メディカルツーリズム	医療サービスを受けながらの観光

3

Point 14 デジタルデバイド

情報通信技術

使用しない・できない ⟷ 使用する・できる

途上国
地方

〈格差拡大〉

先進国
都市 ← インフラ面

先進国や都市には無線LANのスポットが多い

低所得

高所得 ← 端末の普及

入試問題にチャレンジ❶

2022年大学共通テスト「地理A」 改題

東アジアには自然環境に応じて様々な食文化がみられるのではないかと考えたナツキさんは、麺類に着目して次の資料1にまとめた。資料1中の**ア～ウ**は、図1中の地点**A～C**を含む地域のいずれかで伝統的に食べられてきた麺類に関して示したものである。**ア～ウ**と**A～C**との組合せをそれぞれ答えよ。

資料1

ア

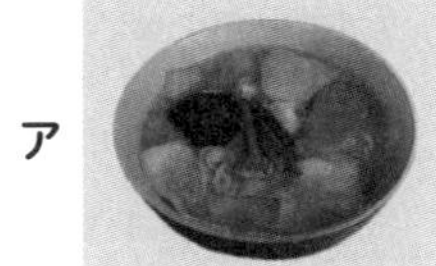

二毛作の農作物として小麦が生産されている。小麦粉から麺を手延べするほか、野菜などの具材を入れる。

イ

主に小麦が生産されている。小麦粉を麺の材料として利用するほか、イスラーム（イスラム教）の文化の影響から、豚肉ではなく牛肉を入れる。

ウ

低温に強いソバが広く生産されている。そば粉を麺の材料に加えるほか、冬の保存食としてつくる辛い漬物の汁を入れる。

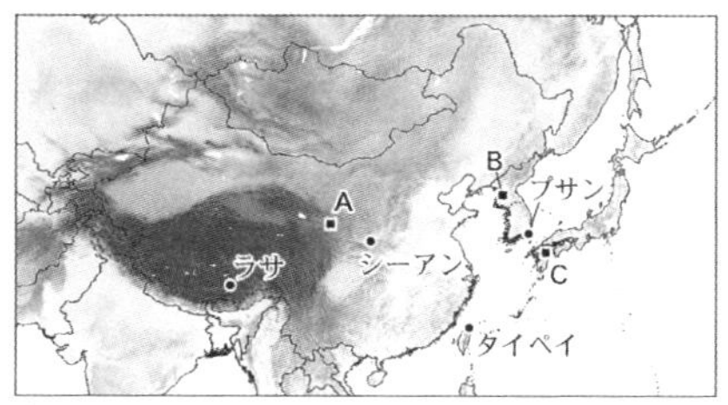

色の濃い部分ほど標高の高い地域を示している。
国土地理院の資料などにより作成。

図1

解説と解答

もちろん、各地の料理の知識がなくても、地理の知識で十分解答できる問題です。わかりやすいものから当てはめていきましょう。**イ**は**イスラーム（イスラム教）**というヒントがあります。東アジア地域で**ムスリム（イスラム教徒）**が多く住んでいるのは**中国の北西部（ウイグル族が住んでいます）**ですから、その近くの**A**が該当します。**ウ**は**「低温に強い」とあるので比較的緯度（いど）が高い地域**で、「保存食」の「辛い漬物（つけもの）」とあるのは**キムチ**のようなものでしょう。よって朝鮮半島の**B**となります。残った**C**が**ア**となります。**二毛作（にもうさく）**とは1年間で2種類の作物を育てることで、日本では夏に稲作、冬に小麦を作ることがあり、九州北部ではラーメンも有名ですが、うどんもとてもよく食べられているんです。

解答：ア—C　イ—A　ウ—B

この問題の魅力

生活と密接に関わる食事からの出題は、地理の入試では定番です。このような問題では、気候や地形、民族の知識から解くので、料理の知識をあえて使わなくとも出題でき、写真など手の込んだ形式になっていますが、**基本的な知識で判定できてしまいます**。しかし、**1つの素材を見て、地理で学んだ知識を使って、ああだこうだと考える楽しさを知ってほしいというメッセージ**のようなものを私は感じるんです（私見ですよ）。各地の料理だけでなく、衣服や住居の特徴、街路などにも地理で学んだ事柄が影響していることが多いので、ぜひ旅行の際には考えてみませんか。

国際理解と国際協力

9 世界の農業

重要度

自然条件と農業

農業の地域区分を調べると、世界の地形や気候区分によって農業の形態が変化していることがわかります 1 。例えば熱帯地域では、森林を焼き払い、そこで得られる草木灰(そうもくばい)を肥料としてイモ類などを耕作する**焼畑農業**(やきはた)が行われ、一方、乾燥・寒冷地域では、農作物の栽培が難しいこともあり家畜(かちく)を飼育して生活しています。一部の地域では、かつて家畜と共に草を求めて移動する**遊牧**(ゆうぼく)が行われていました。農業は平坦な土地で行われるようなイメージがありますが、山地でも農業が営まれます。日本などアジアでは地形を改良して階段状の農地を作り、**棚田**(たなだ)や**段々畑**(だんだんばたけ)として利用している例も見られます 2 。アルプス山脈周辺では傾斜地で酪農が発達していたり、アンデス山脈でも地形をうまく利用して畑作が行われたりしています。

社会条件と農業

一方で、農業は経済や歴史などの社会条件にも大きく影響を受けます。南北アメリカ大陸やオーストラリア大陸（一部では新大陸と表現されています）では、移住してきたヨーロッパ人が広大な土地を開拓して農業を展開してきた背景があり、現在では大型施設や機械を利用した大規模農業が特徴で、**企業的穀物農業**(きぎょう こくもつ)や**企業的牧畜業**が行われています。経済力のある地域では、食生活も多様で、多くの消費者が多様な食材を求める傾向があります。消費者の需要に伴い、農業技術や施設を利用して野菜や果実などさまざまな種類の農作物を栽培して、主に都市に供給する**園芸農業**が、先進国を中心に発展しています。近年では花卉(かき)などが、ケニアやコロンビアのような赤道周辺の国で栽培され、世界各地に供給されることがあります。これは航空輸送技術を利用した社会条件と、赤道近くの温暖な気候を生かした自然条件をうまく活用した農業ともいえます。

農業の変化と農業技術進歩

1万年前、**氷河期**が終了した頃に農業は誕生したと考えられています。初期の農業は自分たちが食べるために農業を行っていたはずです。このような農業を**自給的農業**といい、現在でも途上国ではこの農業形態が基本です。職業が分業されたり、地域ごとで特産品が生まれたりすると、食糧を取引で得ようとし、販売目的の農業が生まれたりしていきます。こうした農業を**商業的農業**といい、ヨーロッパなどで**混合農業**（作物栽培と家畜飼育を組み合わせたもの 3 ）や**園芸農業**などの形で発展しました。企業が巨大な利益を求めるために**企業的農業**を展開するようになった現在では、品種改良や遺伝子組み換えを行い、機械を使った大規模農業が展開されています。こうして世界的に力を持つようになった**穀物メジャー**と呼ばれる大企業は、**アグリビジネス**として生産、加工、流通、種子、農薬、化学肥料など農業に関するあらゆるものに強い影響力を持つようになりました。

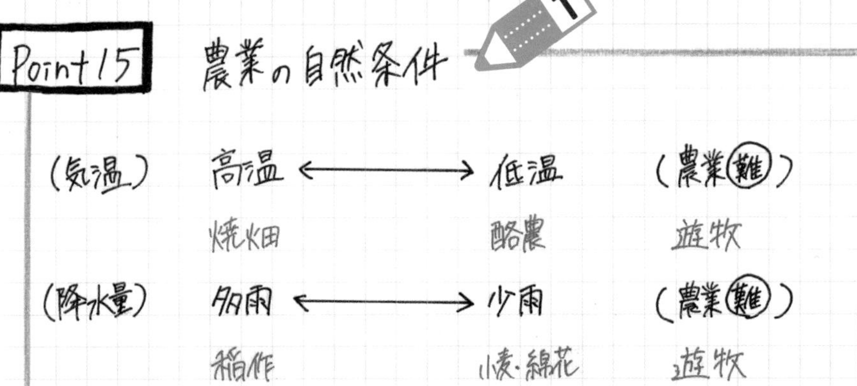

Point 15 農業の自然条件

（気温）	高温	←→	低温	（農業難）
	焼畑		酪農	遊牧
（降水量）	多雨	←→	少雨	（農業難）
	稲作		小麦・綿花	遊牧

○ 傾斜した地形の農業
　└ 土壌流出しやすいので農業に不向き

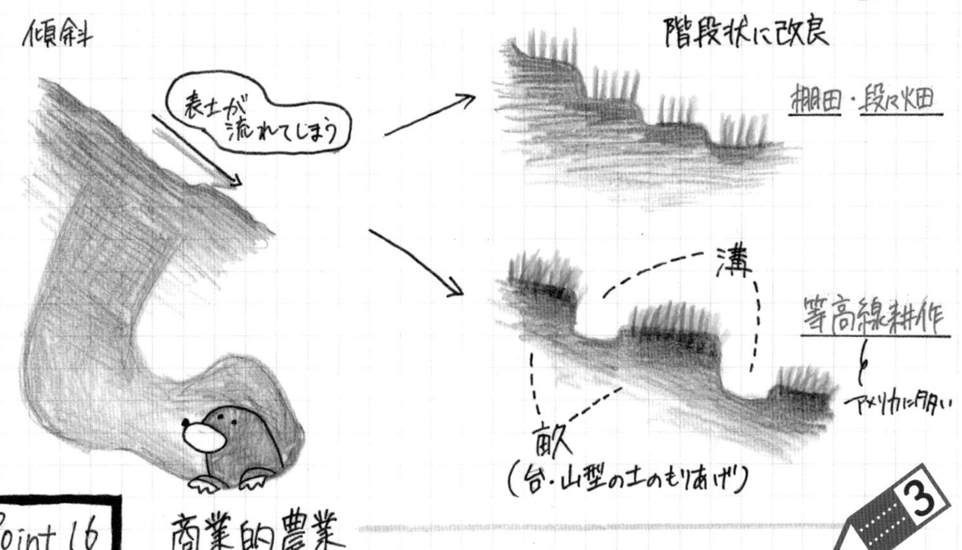

Point 16 商業的農業

「混合」

○ 混合農業：穀物・根菜・飼料作物の輪作と家畜飼育を行う
○ 酪農：乳牛を飼育して乳製品を生産
○ 園芸農業：都市向けの野菜・花卉・果樹を栽培
○ 地中海式農業：夏に果樹，冬に小麦，ヤギ・羊の飼育

世界の牧畜業

重要度

遊牧と移牧

家畜の飼育にとって重要なことは家畜の水や餌（飼料）を確保することです。家畜の飼料を購入して飼育する形態は、昔から行われてきたわけではありません。安い飼料を大規模に栽培する地域が出現して、このような形態も選択されるようになりましたが、古くは周囲の草や水などを利用して家畜を飼育してきました。草が十分得られない乾燥地域や寒冷地域では、草がすぐに不足します。そのため家畜と共に草を求めて移動し続ける必要があります。こうした家畜の飼育形態を**遊牧**といいます。北極海沿岸やモンゴル、中央アジアから中東、北アフリカでは現在でも行われている例があります。よく似た用語に**移牧**というものがあります。**移牧**はアルプス山脈などで行われている独特な形態の牧畜で、秋から翌年の春までは山脈の麓付近で家畜を飼育しますが、夏になると高温で乾燥するため草が十分得られなくなることから、山地の高所へ家畜を移動させます。遊牧が**水平**的に移動するのに対して、移牧は**垂直**的に移動するのが特徴です 1 。

混合農業

中世のヨーロッパでは、作物の**連作障害**（毎年同じ作物を栽培することで地力が失われること）を防ぐため、耕地を3つに区分して循環的に作物や休耕を行う**三圃式農業**が行われてきました 2 。しかし、アメリカ大陸の発見とそこでの大規模な農業が開始されると、安い穀物が流入するようになり、ヨーロッパの農業は苦戦を強いられます。そこで当時はまだ流入してこなかった肉類などの畜産物を生産するようになります。家族が消費する作物に加え、動物の飼料を栽培しながら、家畜の飼育も行う**混合農業**が発達し、現在でもヨーロッパやアメリカ合衆国の五大湖南部で見られています。

現在の牧畜

テーマ9でも学習しましたが、南北アメリカ大陸やオーストラリアでは大規模な**企業的牧畜業**が発達しています。広大な放牧場を持って、多数の家畜を飼育しています。特にアメリカ合衆国では、**フィードロット**と呼ばれる広い敷地で高濃度の飼料を与える肥育を行っていて、効率よく、肉質の良い肉牛を飼育する体制が整備されています。ノートに代表的な家畜と主な飼育頭数上位国を示しました 3 が、人口が多く供給量を増やさなければならない中国や、宗教上の観点で牛の飼育が多いインドを除くと、こうした企業的農業を行っている国が多いのがわかると思います。学校のテストや入試では、飼育頭数上位国の特徴が問われることが多いです。対策として、上位国を順番通り覚えるのではなく、飼育している上位国の特徴をまとめたり、上位国の飼育頭数の割合などを注目したりすると判定しやすくなります。ノートは、その点を明らかにするようにまとめておくとよいでしょう。

Point 17 遊牧と移牧

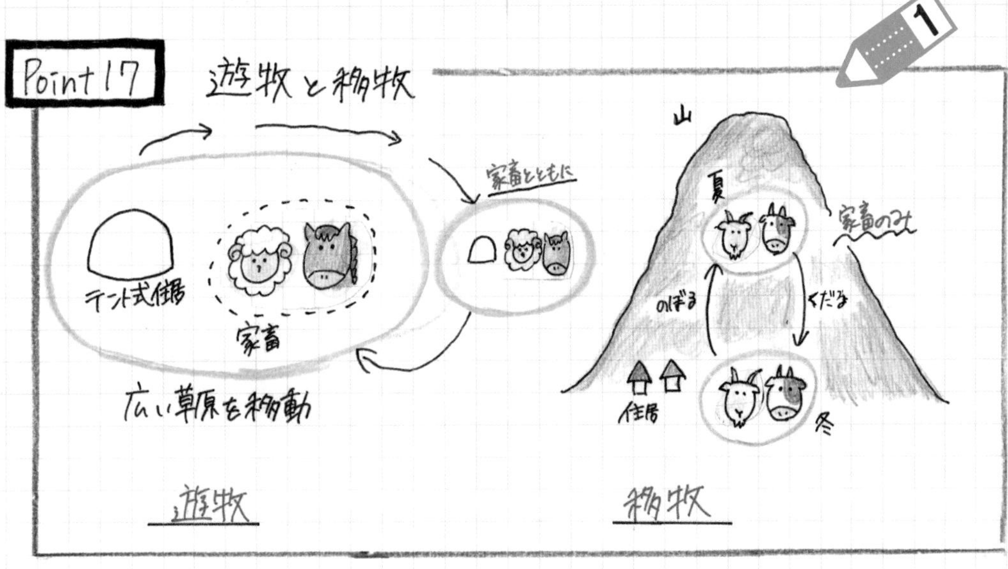

○ 三圃式農業（中世ヨーロッパ）

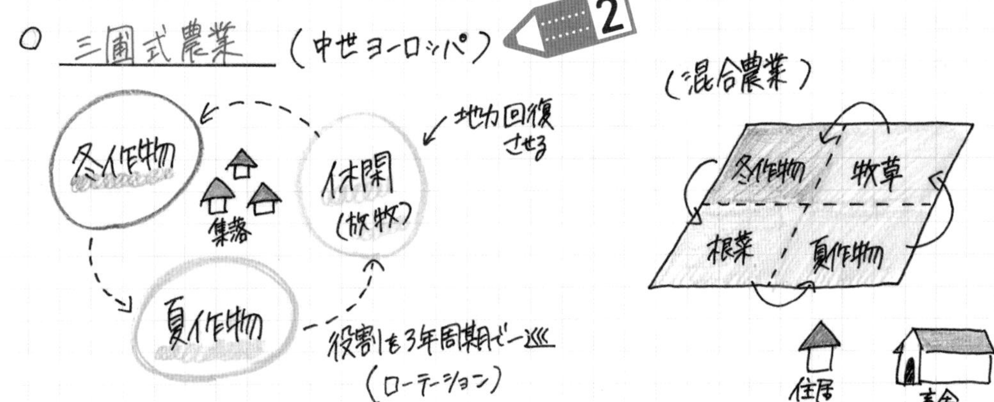

○ 企業的牧畜（アメリカ合衆国）

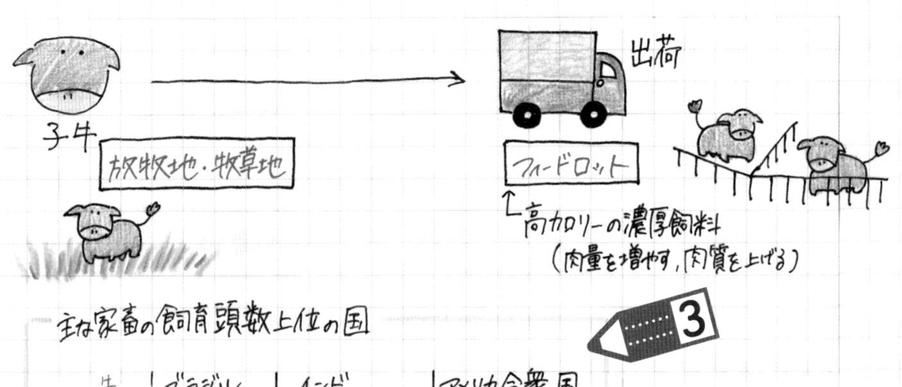

主な家畜の飼育頭数上位の国

牛	ブラジル	インド	アメリカ合衆国
豚	中国	アメリカ合衆国	ブラジル
羊	中国	インド	オーストラリア

世界の工業

重要度

工業の発展

工業が大きく変化したのは18世紀後半です。これまでの小規模な手作業中心の工業から大型工場による大量生産へ変化しました。この背景には、**イギリス**で石炭を使って蒸気を利用した動力機関が開発されたことがあります。これを**産業革命**といいます。その後、工業技術は飛躍的に向上し、20世紀には**組み立てライン方式**が使われるようになり、主に自動車などで生産の効率化が進められました。現在では多くの機械の生産に使われており、大量生産、高速化、人手のかからない自動化などが、企業の技術革新で進められています。

工業の変化

産業革命が起きた頃は、主に繊維業を中心に大量生産が行われていました。その後、鉄鋼業を中心とする金属工業や造船、自動車などの機械工業へ発展していきます。現在では高度な技術を利用した先端技術産業へ進化し、私たちの生活を豊かにしています。一般的に工業は**軽工業**から**重化学工業**、そして**先端技術産業**へ発展し[1]、工業化が進んでいる国ではより付加価値の高い製品を作ろうとする傾向があります。日本では明治時代に繊維産業が発展し、その後、造船や鉄鋼などの生産も本格化します。1960年代には重化学工業が急激に発展し、**高度成長**期を迎えます。**石油危機**が起きた70年代以降には、小型軽量で高付加価値な製品を生産する工業にシフトし、中でも自動車や家電を中心とした機械工業が発達し、世界への輸出が急増しました。80年代は**円高**や**貿易摩擦**で自動車生産が海外にも展開され、90年代には繊維や機械組み立てが日本の人件費の高騰により、人件費の安いアジア、特に中国に流出し、**産業の空洞化**現象が生じましたが、高性能製品の生産に特化したり、研究開発を中心とした先端技術産業へのシフトも進められたりしています。

国際分業

グローバル化が進む現在では、工業は1か国で行うのではなく、複数の国で協力して行うことが多いです。これを国際分業といいます[2]。国際分業には大きく2つあり、同じ製品でも安価で手頃に生産できる製品と、高価格な高性能の製品に分かれ、各国が持つ工業技術によって分業しています。例えば安価な車や家電は人件費の安い**アジア**地域で、高性能で高価格な車や家電は**日本**や**ヨーロッパ**などの工業技術の高い国で生産しています。これを製品間分業といいます。一方で製品を生産する工程を分担することもあります。製品の研究や開発を先進国で、組み立て工場を設け実際の製品生産を途上国などで請け負う体制をとることを、工程間分業といいます。なお先進国が行っている付加価値をつけるための研究開発を行う産業を**知識集約型**産業といい、繊維業や家電組み立てなど手作業の多い工業を**労働集約型**工業といいます。

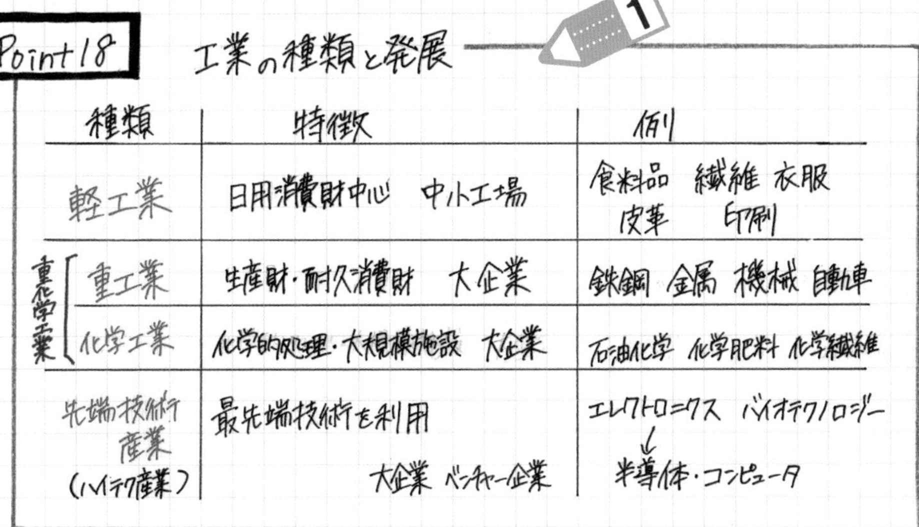

Point18 工業の種類と発展

種類		特徴	例
軽工業		日用消費財中心 中小工場	食料品 繊維 衣服 皮革 印刷
重化学工業	重工業	生産財・耐久消費財 大企業	鉄鋼 金属 機械 自動車
	化学工業	化学的処理・大規模施設 大企業	石油化学 化学肥料 化学繊維
先端技術産業（ハイテク産業）		最先端技術を利用 大企業 ベンチャー企業	エレクトロニクス バイオテクノロジー ↓ 半導体・コンピュータ

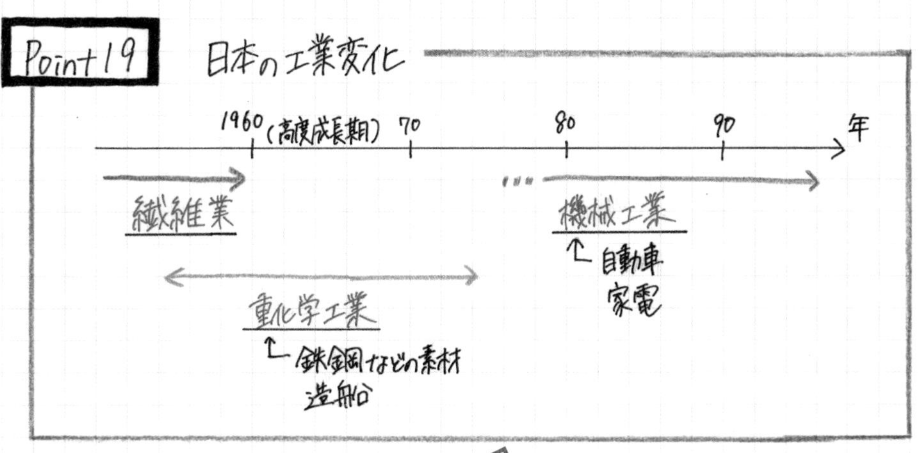

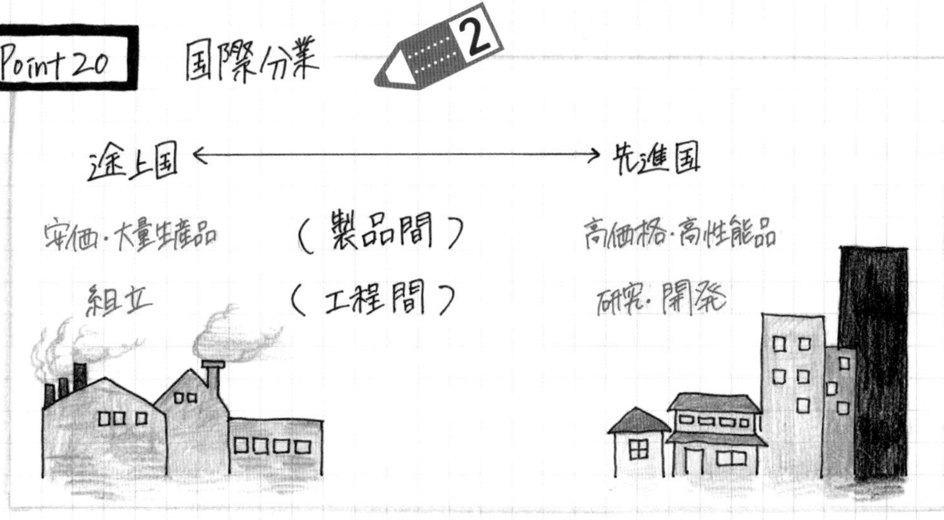

商業とサービス業

重要度｜

商業とサービス業

商業とサービス業は、国の経済力によって大きく変化します。途上(とじょう)国では各家庭の支出の中で食料品の購入などに占める割合が高くなりますが、先進国では食料品の割合は低く、代わりに娯楽や教育などのサービスに支出することが多くなります。商業だけに注目しても形態の変化は大きいです。これは単純に経済力によるものばかりではなく、流通や商業を行っている企業の事情によることも多いです。日本での商業形態の大きな変化を見ていきましょう。1950～60年代は食料品などの最寄品(もよりひん)を近くの商店街で購入し、たまに購入する衣服や家電などの買いまわり品を駅前などの商業地域で購入していました。70年代以降には多くの人が自動車を利用できる環境になった**モータリゼーション**(車社会化)が進展し、郊外に大規模な**ショッピングセンター**が作られるようになります。郊外(こうがい)の**ロードサイド**型(幹線(かんせん)道路沿いに建設される)店舗(てんぽ) 1 に人気が集まると、これまでの商店街や地方の駅前商業地域は衰退することもありました。

商業の変化と国際化

1980年代以降には、**コンビニエンスストア**が普及を始めます。その一方で、高価格品を取り扱う中心地の駅前にある百貨店は、90年代後半以降の景気の低迷もあり苦戦を強いられます。2000年以降には、急速に広がったインターネット利用を背景に、商業も大きく変化します。郵便や電話で行っていた通信販売は、ネットによる注文・購入が可能になり利便性が向上し、宅配便サービスの向上もあって利用者が急増しました。また、お金の管理、利用の形態も変わります。これまでの現金でのやり取りが少なくなり、ネット上で決済が済む時代に変わり、購入先も近所の商店だけでなく、世界中の商店と個人が取引できるようになりました。インターネットを介しての商取引を**eコマース**といいます。この**eコマース**は現在多くの取引形態で利用され、商業・サービス業になくてはならないものになりました。この変化がわずか70年ほどで起きていることが驚きですね。

現在の商業

以前の実店舗での商取引は、扱う商品の数や種類にどうしても限界があります。店舗規模を大きくして扱う商品を増やそうとすると、店舗を借りたり維持したりするためのコストがかかります。逆に、店舗を小さくすると販売できる量が少なく利益が小さいです。そのため現在では、先ほど学習した**eコマース**を使った通信販売、配送サービスが拡大しています。あらゆるメディアを利用して商品を消費者に認知させ、実店舗、通信販売、アプリケーションを通じた取引などさまざまな購入形態を用意するオムニチャネル 2 の導入が進む一方、日本では宅配業者を中心に人手不足も深刻化するなど、新しい課題も見られるようになりました。

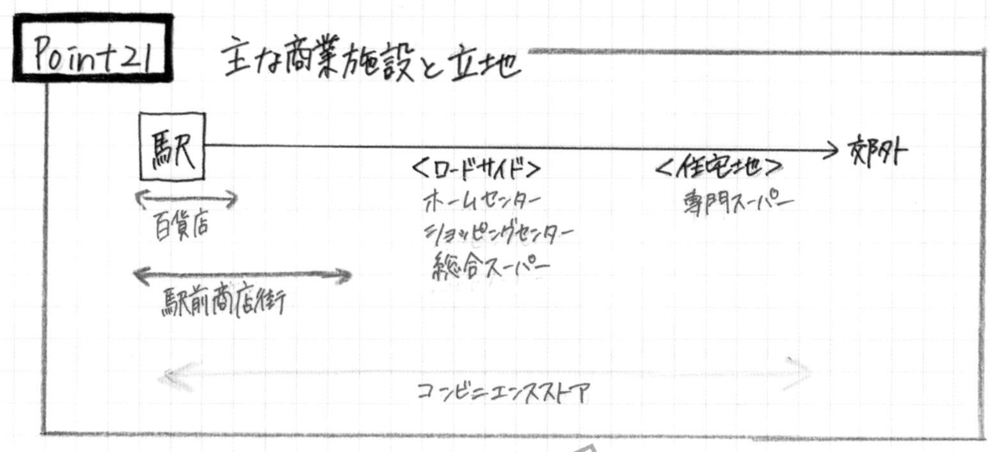

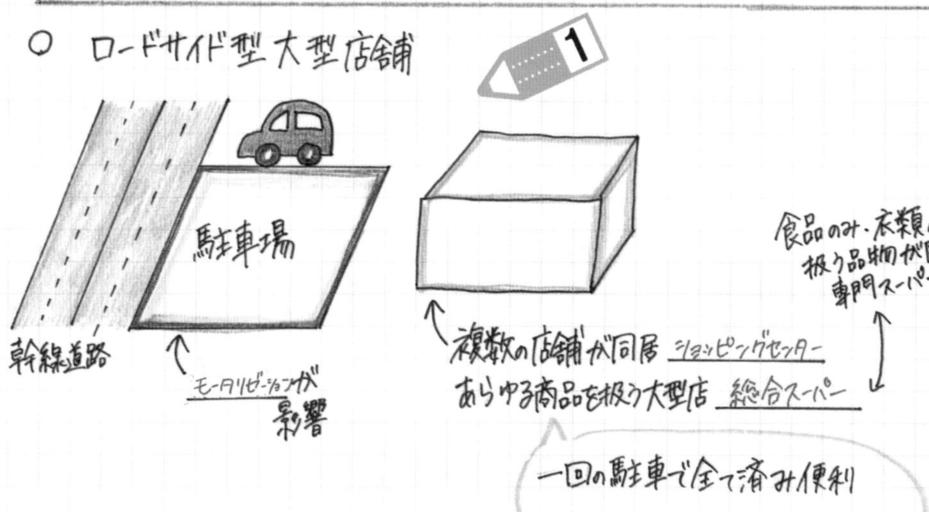

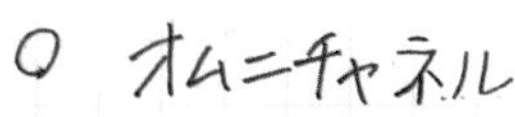

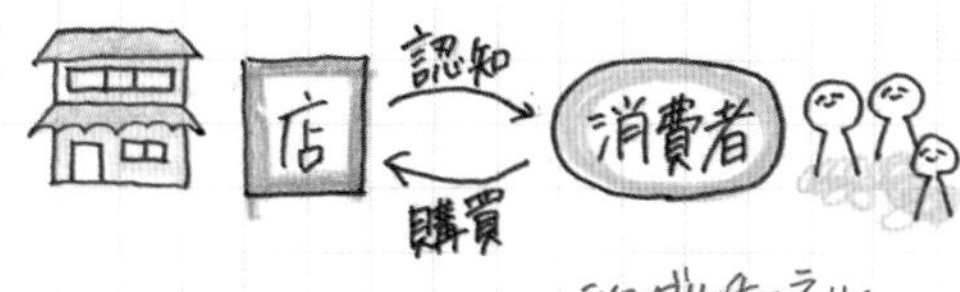

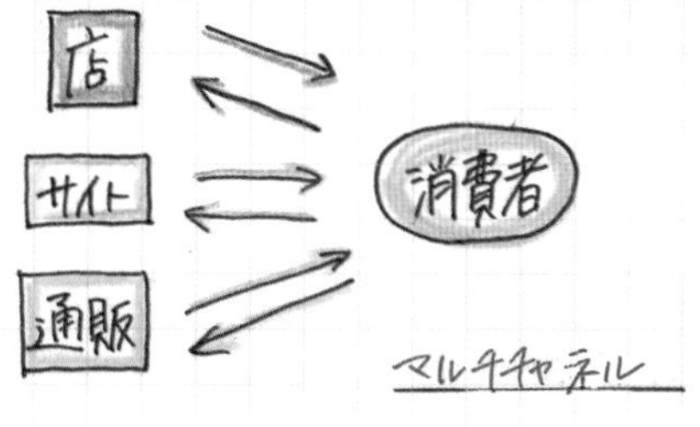

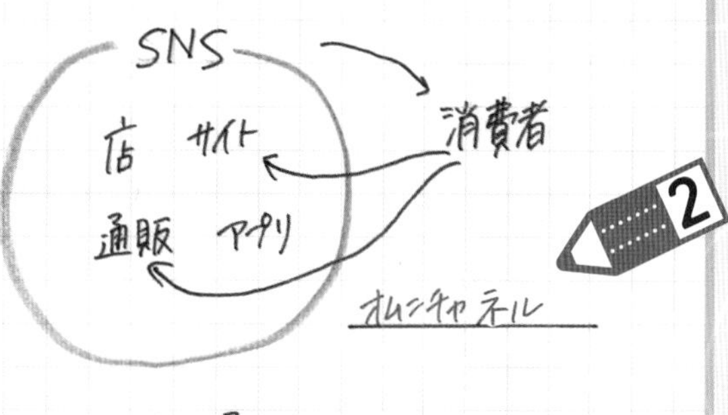

SNSを通じて
全てのチャネルが連携

言語・宗教

重要度｜

民族とは

民族の定義や区分は複雑で、単純に述べることは難しいです。地理では民族を、「言語や宗教、生活習慣などの文化的特徴を共通する人々の集団」としています。特に言語と宗教は重要な要素で、共通する言語や宗教を持つ人々が作る民族では**帰属意識**が強まる傾向があります。国際化が進む現在では、1つの民族で1つの国家を形成することが極めて難しいです。異なる文化を相互に認め合って共存しようとする**多文化主義**を積極的に打ち出して、**多文化共生**社会を作ろうとする国も多く見られるようになりました。その一方で、異なる民族同士の対立が地域紛争を引き起こすこともあり、地球的な課題の1つとなっています。

言語

現在使われている言語は、昔からその形になっているわけではありません。皆さんも古文を学習していると思いますが、日本語も数百年も遡るとかなり形態が異なっています。歴史的に言語の祖先を辿るといくつかのグループに分けられ、それらは**語族**と呼ばれます。ノートに代表的な**語族**をまとめたので参考にしましょう 1 。1つの国の中で言語が複数存在することも多いので、憲法や法律によって公用語を設定する国があります。公用語も、「1つの国に1つ」となっているわけではなく、複数の公用語を持つ国もあります。複数の言語（方言も含む）がある国で公用語が設定されると、普段使用していた母語と公用語が異なる場合、公用語の使用が優先されることがあり、そのため母語の使用が減って言語が衰退することがあります。日本の伝統的な方言が減っている話を聞きますが、それも近い例です。このような消滅しそうな言語を消滅危機言語として、**UNESCO**などが維持・復興を図っています。

宗教

宗教は、世界各地で多くの信者に信仰される**世界宗教**と、特定の民族や地域に信者が限定されている**民族宗教**に大別されます。 2 を参考にして、代表的な宗教と信仰地域を確認しましょう。信仰しているかどうかに限らず、宗教の影響は人々の生活に大きな影響を与えることが多いです。キリスト教の影響を強く受けている地域、今でも信者が多い地域やかつてキリスト教徒が多く居住していたり、キリスト教の国に強く影響を受けた地域は、安息日を設けるなど、その影響を受けた生活習慣になっていることがあります。安息日は土曜日に設定されることが多く、キリストが復活したとされる主日（日曜日）に礼拝を行う前日のことです。土日を休日とする習慣は、この習慣の影響を受けたものですが、キリスト教徒が多くない地域でも土日を休みとしていることが多いですね。先進国では、宗教的価値観より経済面や個人の自由を優先する人も多くいます。そのため先進国になると無宗教の人の割合が高くなり、現在では世界人口のうち1～2割程度になります。

Point22 主な語族

語族	主な地域
インド・ヨーロッパ	インド，イラン，ヨーロッパの多くの地域
ウラル	フィンランド，ハンガリー
アルタイ	トルコ，モンゴル，中央アジア
シナ・チベット	中国，タイ
アフロ＝アジア	北アフリカ，西アジア

Point23 複数の公用語を持つ国の例

国	公用語
シンガポール	中国語，英語，マレー語，タミル語
スイス	ドイツ語，フランス語，イタリア語，ロマンシュ語
カナダ	英語，フランス語
ベルギー	オランダ語，フランス語，ドイツ語

Point24 主な宗教と地域

	宗教	地域
世界宗教	キリスト教	ヨーロッパ，南北アメリカ
世界宗教	イスラム教	北アフリカ，西・中央アジア
世界宗教	仏教	東南・東アジア
民族宗教	ヒンドゥー教	インド
民族宗教	ユダヤ教	イスラエル

テーマ14 移民・難民と多様性

重要度

移民・難民

生まれた国を離れて他の国へ移住する人全般を「**移民**」といいます。以前の**移民**は、ほとんどが徒歩や船舶で移動しましたが、交通機関が発達した現在では、鉄道や航空機を利用することもあり移動距離も大きく延びました。生まれた国が政情不安や環境破壊などにより居住しにくくなったり、他の国のほうが経済力が高く治安もよいなど魅力的であったりすると、**移民**が生じやすくなります。このうち民族や国籍の違い、政治的な意見が異なることを理由に迫害を受けるおそれがあるため自分の国から出国せざるを得ず、移住する人々もいます。このような人々を「**難民**」と呼び、一般的な移民とは別にとらえることが多いです。**難民**の多くは、突然の圧力からやむを得ず国外に移動することが多く、徒歩で隣国に逃れることが多いため、周辺国ではその対応を取らなければならなくなります。参考ですが、住んでいた地域をどうしても離れなければならず、一時的に同じ国内で別の地域に移住することがあります。こうした場合は「**国内避難民**」1 といい、先ほどの**難民**とは別に統計などを取ることがあります。

主な難民

中東から南アジア、アフリカの国々では政治的な対立や民族対立などによって難民が多く発生している地域があります。戦後、**ユダヤ人**が建国したイスラエルと、元々そこに居住していた**パレスチナ人**が対立し、**中東戦争**に発展しました。そこで生じたパレスチナ難民は周辺地域に拡大しました。またシリアで発生した内戦によって生じた難民は、中東地域だけでなくヨーロッパ諸国でも受け入れられています。ミャンマーでは宗教上の対立から国を追われている**ロヒンギャ**の人々が、長期の避難生活を余儀なくされている事例もあります。

世界の難民・移民問題

難民の場合、多くが避難キャンプのような一時的な住居で長期の生活を強いられるケースが多いです。しかし生活物資は必ずしも十分ではなく、治安も悪い場合が多いため安全の保障も十分ではありません。難民の生活や自国への帰還を支援するため、国連には**国連難民高等弁務官事務所**(べんむかん)(**UNHCR**)が置かれていて、住居や食料、医療など幅広い支援活動を行っています。日本は国連の**難民条約**に批准(ひじゅん)していて、難民認定を受けた人の就労を認めていて、社会保障も受けることができる体制を整えています。しかし、難民を偽装して入国しようとする人を避けるため、認定条件を厳しくしており、ヨーロッパ諸国と比べて認定率が低いという課題もあります。一方、移民も移住先で問題を抱えることがあります。正式な手続きを経ずに入国する不法移民が急増するケースがあり、特にアメリカ合衆国とメキシコの間で深刻化しています。移民は賃金(ちんぎん)が安いことが多いため、移住先の最低賃金を低下させることも現地で問題視される場合があります。

Point 25 主な移民・難民の例

＜移民＞		＜難民＞
受け入れ国		発生国・地域
アメリカ合衆国	←中南米（メキシコ）	ミャンマー（ロヒンギャ）
ドイツ	←トルコ・東欧	ウクライナ
フランス	←北アフリカ	クルド人 ← トルコ・シリア・イラク・イランの境界
中東産油国	←アフリカ・南アジア	シリア
		コロンビア

○ 難民と国内避難民

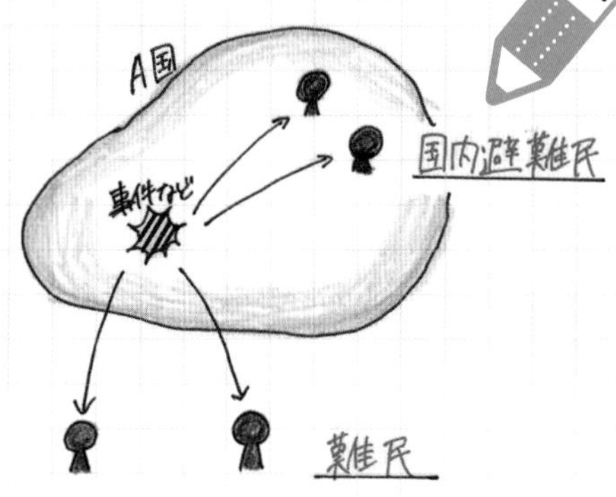

○ クルド人

↳ 世界最大の少数民族とも言われる

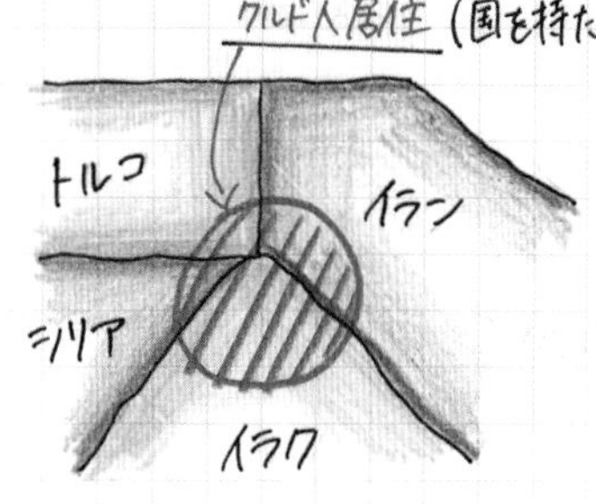

周辺国との対立で難民化

○ 国連難民高等弁務官事務所（UNHCR）

難民の生活や自国への帰還を支援する国際組織

ex.）難民キャンプでの住む場所・食べ物・水・生活用品の支援

環境問題

重要度

持続可能な社会

国連が採択したSDGs（持続可能な開発目標）は、メディアでも取り上げられることが多いので、目にする機会も多いのではないでしょうか。これはよりよい世界の実現に向けて、質の高い教育や飢餓の解消などを目指す17の目標と169のターゲットをいいます 1。大きなテーマに「誰一人取り残さない（No one will be left behind）」があり、この目標の中にも環境責任や環境負荷の軽減、生物多様性の保護が示されています。

気候変動（地球温暖化）

石炭や石油など化石燃料が燃焼すると大量の二酸化炭素が放出され、家畜や湿地・水田などからはメタンが発生します。これらの気体は地球から放出される赤外線を吸収します（熱が放出されなくなり地球が温まりやすくなります）。このような効果を温室効果といい、先ほどの気体を温室効果ガスといいます。特に二酸化炭素は産業革命前の1.5倍程度まで濃度を上昇させ、気候変動（地球温暖化）をもたらす懸念があります。こうした気候変動を調査したIPCC（気候変動に関する政府間パネル）の報告書では、2100年までに地球の平均気温は19世紀後半と比べて1.0～5.7℃上昇することを予測しています。現実に気温上昇が起きると、降水量も変化し、農業に大きな影響を与えたり、災害の傾向の変化が起きたりして生活に大きな影響を与えます。氷河や氷床の融解、海水の膨張で海面が上昇し、水没する地域も出てきます。各国では温室効果ガスの削減のために、国際社会として対応するための条約や協定が締結され、具体的な対策が取られつつあります。また、企業でも再生可能エネルギーへの転換や省資源・省エネルギーの取り組みが始まっています。

環境問題の現状

工場や自動車などから排出される硫黄酸化物や窒素酸化物は大気中に溶け込み、降水に含まれると酸性雨や酸性霧になります。これらは森林を破壊し、湖沼や土壌を汚染するほか、石像などの建造物を溶かしてしまいます。以前ドイツ南西のシュヴァルツヴァルトで深刻な森林被害が出たことで知られます。かつて冷蔵庫やエアコン、スプレー缶で使用されていたフロンが上空のオゾン層を破壊するため、オゾンが大きく減少したオゾンホールが南極上空で確認されました。オゾンが減少することで紫外線量が増加し、白内障や皮膚がんが増加することが懸念されています。熱帯林には多くの動植物が生存していますが、近年こうした熱帯林が破壊され、生物多様性の喪失が深刻化しています。南米アマゾンでは農地の開発やアマゾン横断道路の建設などで多くの森林が失われたほか、東南アジアのマングローブではエビの養殖池の造成により破壊が進みました。このような環境破壊には、国際的な取り組みに加えて、個人でもできるさまざまな取り組みが必要とされています。

1

○ SDGs（持続可能な開発目標）

国連が2015年に採択

17の目標・169のターゲットを設定

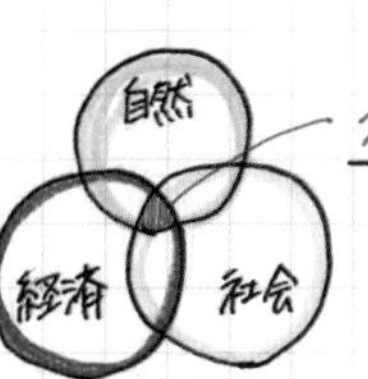

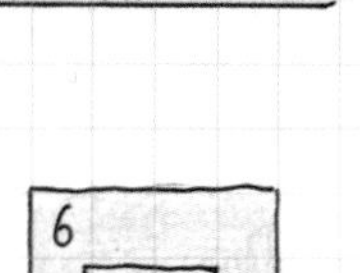

環境に関する目標

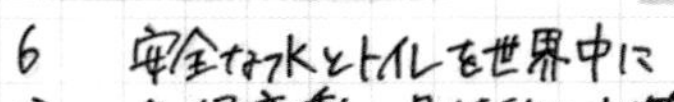

6　安全な水とトイレを世界中に
13　気候変動に具体的な対策を
14　海の豊かさを守ろう
15　陸の豊かさも守ろう

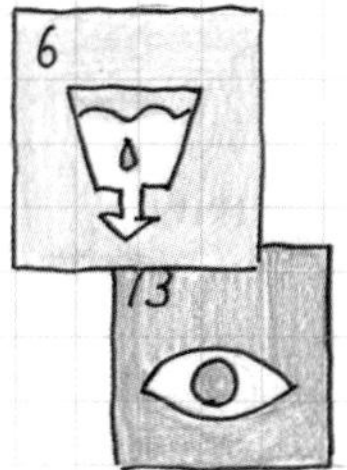

Point 26　主な環境破壊

問題	原因物質（発生源）	影響	条約
地球温暖化	温室効果ガス	気候変動・海面上昇	気候変動枠組条約
オゾン層破壊	フロン（スプレー，クーラー）	紫外線増加	ウィーン条約
酸性雨	硫黄・窒素酸化物（化石燃料）	森林破壊	長距離越境大気汚染条約

○ 主な温室効果ガス

二酸化炭素 ← 化石燃料使用拡大，森林伐採

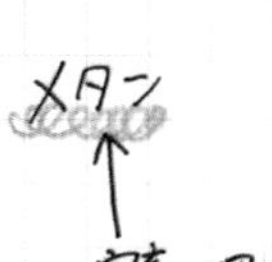
メタン ← 家畜・湿地

フロン ← クーラー・冷蔵庫の冷媒，スプレーの加圧剤

Point 27　森林破壊の主な理由

- 東南アジア　木材伐採，エビ養殖池，油ヤシ農園の拡大
- アフリカ　人口増による薪炭材使用，焼畑拡大
- 南米　焼畑，牧場・農地開発，道路建設

資源・エネルギー問題

重要度

資源の種類と資源をめぐる問題

一言で資源といってもいろいろあります。例えば、食料や木材などは生物資源といいます。生物が生きる上で欠かせないものの１つが水で、これも資源の１つです。今回の学習では、そのうち鉱産資源を取り上げましょう。鉱産資源は大きく**エネルギー資源**と、**鉱物資源**に分類されます。**エネルギー資源**は、石油や天然ガス、石炭が該当する**化石燃料**と、ウランの**核燃料**、さらに近年注目されている**再生可能エネルギー**があります。一方**鉱物資源**は、鉄やアルミニウムなどの金属資源と、石灰石や砂利などを含む非金属資源があります。こうした資源は地球上均一に分布しているわけではありません。資源によっては極めて偏って存在します。そのため、資源を保有し、利益をあげられる国とそうでない国に分かれてしまいます。経済力があれば資源を購入するなど対応できますし、資源以外の魅力があれば経済成長も成し遂げられますが、そうでない国や地域も多く、課題が生じます。資源には巨大な利益を生み出すものも少なくありません。多くの国や企業が開発目的で資源をもつ国に進出します。そこで資源保有国では、自国の資源は自国の利益のために使おうという**資源ナショナリズム**の動きが高まり、価格が高騰することもあります。

レアメタル

鉄や銅、アルミニウムのように埋蔵量や産出量が多く、幅広い用途のある金属はベースメタルといわれ、世界各国で利用されています。一方で**リチウム**やコバルト、チタンなどはパソコンやスマートフォンなどの生産に不可欠とされていますが、他の利用は限定的です。また埋蔵、産出も限られた地域のみで、量も少ないです。こうした金属資源を**レアメタル**といいます 1 。先端技術産業の発展で使用用途が広がり、また端末の需要も高まっているので、近年獲得競争が激しくなっています。産出国と輸入国との間で国際関係が悪化したり、資源をめぐる環境の変化から取引が制限されると、利用している国は大打撃になってしまう懸念があるため、各国では備蓄を進めたり、輸入先を分散させようという動きを起こしています。また、都市には使われていない機器の中にこうした資源が眠っていることがあり(**都市鉱山**といいます)、それらの有効活用も進められています。

エネルギー資源

産業革命以降、エネルギーの中心は石炭でしたが、ガソリンを燃料とするエンジンを搭載した自動車が普及し始めるなど、石油消費が急増します（**エネルギー革命**）。当初は欧米の企業が独占的に取引していました。しかし**資源ナショナリズム**から、産油国が石油輸出国機構(OPEC)を結成し、価格決定権を握るようになり、1973・79年には中東情勢の悪化により石油価格高騰が生じる 2 など、世界経済を左右するようになりました。

○ 資源

水資源

生物資源
- 食料…農作物・水産物
- 森林…木材 パルプ

エネルギー資源
- 化石燃料 石炭 石油 天然ガス
- 核燃料
- 再生可能エネルギー
  - 非生物 太陽光 水力 風力 地熱
  - 生物 バイオマス バイオエタノール

鉱物資源
- 金属 鉄 アルミニウム 銅
- 非金属 石灰石 砂

Point28 レアメタルの例

資源	主な用途	産出国
チタン	合金 光触媒	中国・オーストラリア
ニッケル	ステンレス メッキ スピーカー・モーター(磁性)	インドネシア・フィリピン
コバルト	耐熱合金 小型モーター 永久磁石(磁性)	コンゴ民主
タングステン	ドリル カッター	中国
クロム	ステンレス メッキ	南アフリカ・トルコ
リチウム	蓄電池 特殊ガラス	オーストラリア・チリ
レアアース	マイク・スピーカー(磁性) 蛍光体・LED	中国

Point29 エネルギー資源と時代変化

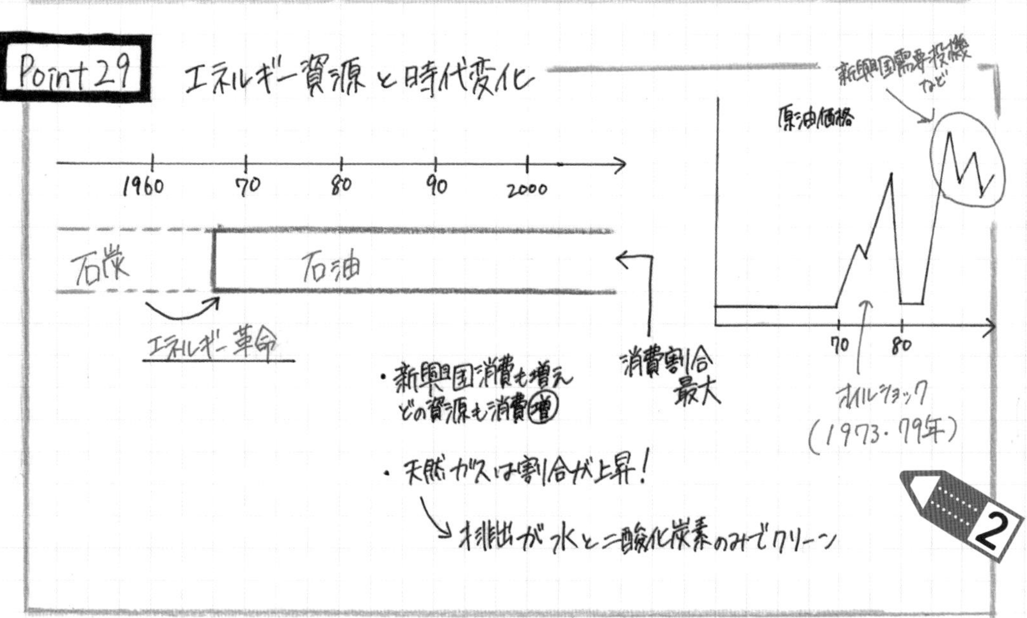

テーマ17 人口・食糧問題

重要度｜

世界人口の動向

地球の人口は産業革命以後大きく増加し、20世紀に入ってからはその増加が加速しました。産業革命後の1800年頃の人口は10億人程度と計算されています。2000年には61億人を突破していますから、その増加の激しさがわかりますね。人間が居住している地域を**エクメーネ**、一方居住していない地域を**アネクメーネ**といいます。この期間、エクメーネも拡大し、人間の居住地域は乾燥地域や寒冷地にも及ぶようになりました。世界で最も人口が多い地域はアジアで、次いでアフリカとなっています。しかし人口の増加率を見るとアフリカの伸びが圧倒的で、その様子を**人口爆発**といいます。以前アジアも人口爆発を迎えていた時期がありますが、経済成長もあり人口増加率は低下しました。ヨーロッパなどの先進国では**少子高齢化**が進み人口は停滞状態になっている国があり、少子高齢化が極端に進行した日本などは人口減少に転じるようになりました。

世界の人口問題

人口増加率は、出生率と死亡率の差である自然増加率と、移入率と移出率の差である社会増加率の和で計算されます 1。自然増加率だけを取り上げると、出生率と死亡率がともに高い状態にあると**多産多死**、死亡率が低下すると**多産少死**、出生率も低下すると**少産少死**と移行します 2。このような変化を**人口転換**(人口革命)といい、特に**多産少死**にあると**人口爆発**を招きやすくなります。途上国では人口爆発を起こしやすく、食糧問題が深刻化しやすいです。日本は現在**少産少死**の段階にあります。日本のような**少子高齢化**が進行している国では人口減少が懸念され、将来の労働力不足や税収の減少、社会福祉費用の増大による財政問題などが心配されます。このように人口増減のバランスが崩れると人口問題が発生するため、各国で対応が進められています。

食糧問題

メディアなどで世界の食糧不足の問題が指摘されることが多いので、皆さんもアフリカなどの途上国を中心に多くの人々が**飢餓**で苦しんでいることを知っていると思います。しかし世界の食糧がどの程度不足しているかご存知ですか。実は世界の穀物生産量は26億トン以上あり、計算上は全ての人々の食糧をまかなえるということを。途上国の栄養不足や食糧不足問題のちょうど真裏に、先進国の過剰な食糧供給問題があるということを忘れてはいけません。栄養不足人口割合を示した階級区分図を**ハンガーマップ**といい（WFP〔国連世界食糧基金〕で公開されています)、サハラ以南（サブサハラ）の栄養不足人口の割合が高いことが読み取れます。先進国では食品ロスが問題となり、日本でも消費期限切れの商品廃棄がたびたび指摘されます。ヨーロッパや北アメリカでは消費段階でのロスが顕著に多いといわれています。

○ 人間が居住している地域：エクメーネ
　人間が居住していない地域：アネクメーネ
　　↳ BW・EF 気候や標高の高い所

○ 人口増加数（率）＝ 自然増加数（率）＋ 社会増加数（率）
　（出生 － 死亡）（移入 － 移出）

Point 30 人口ピラミッドの形

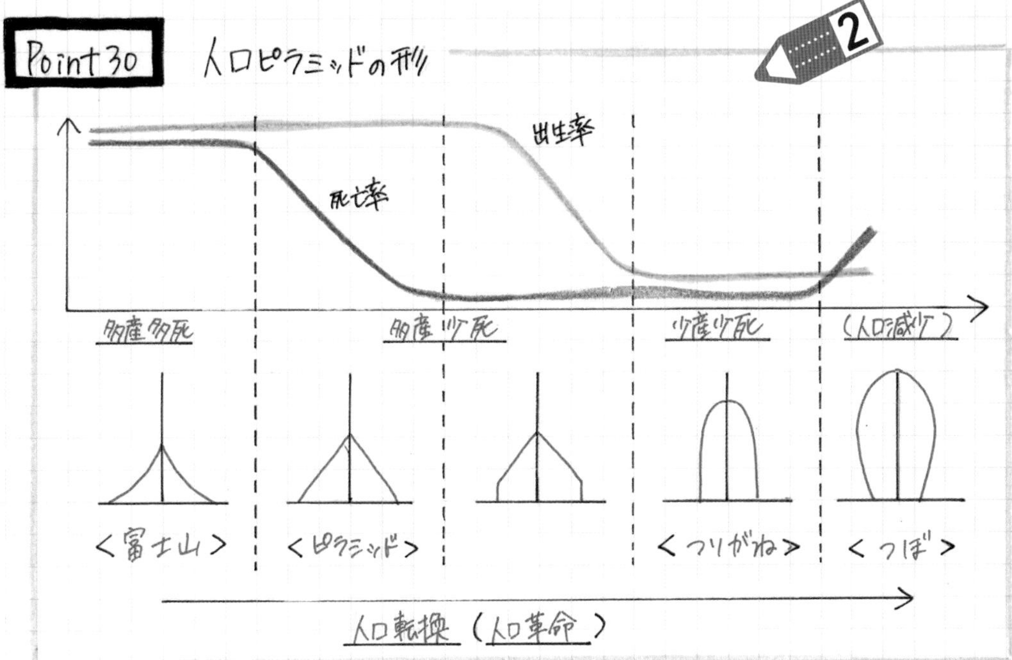

○ 食品ロスの内訳

先進国 → 消費者側に多い　途上国 → 管理不十分や収穫技術などから生産者側に多い

○ アフリカでの食糧問題対策

・高収量で比較的栽培しやすいキャッサバへ変更

・灌漑施設整備　・ネリカ米の開発（干ばつ・虫に強い）

都市問題

重要度

都市の構造

一般的な大都市には、中心部に官公庁や企業、銀行等が集中している中心業務地区（**CBD**）という地域があります。こうした地域は、都市によっては高層ビル群になることがあります。中心業務地区は、ビジネス地域、オフィス群なので主に昼間に人が集まります。夜になると、自宅のある中心業務地区以外の地域に移動するため、中心業務地区は**昼間人口**が**夜間人口**を上回ることになります1。もちろん都市周辺や郊外の住宅地域はその逆になりますね。一般的に都市の構造は中心部に企業や商業施設が集中し、郊外（こうがい）に行くにつれて住宅地域が広がっていきます。さらに外側に目を向ければ農村が広がるようになります。ちなみに、仕事が都市にあるため工業や商業、サービス業が発展している先進国は、都市の人口が多くなります。また乾燥地域にある国でも、**都市人口率**（人口に占める都市に居住する人の比率）が高くなる傾向があります。一方途上（とじょう）国は、農業が中心で、都市の外側に広がる農村地域に居住することが多いです。

途上国の都市問題

途上国では、多産少死になると人口爆発が深刻化します。人口の多くは農村に居住していますが、農地には限界があります。そのためあふれ出た人口が都市に移動するようになります。とはいっても途上国にはそもそも都市が少ないので、数少ない都市である首都に大量の人口が流入するようになります。こうして途上国では首都に人口が集中し、人口数２位の都市を大きく引き離すことがあります。このような人口の多い都市を**首位都市**（**プライメートシティ**）といい、途上国の多くでは首都が首位都市となります。こうなると都市では住宅建設が追いつかず、人々が密集して居住する不良住宅地域（**スラム**）が形成されやすくなります2。途上国の都市内部ではこうした地域が形成されにくく、都市の外側の土地利用が進んでいない斜面や湿地（しっち）などに簡素な住居を作り**スラム**を形成することが多いです。ここで居住する人たちは定職を得にくく、路上販売や廃品回収、日雇（ひやと）いの各種労働など公式に把握（はあく）されない**インフォーマルセクター**に従事し、一部では児童労働なども見られます。

先進国の都市問題

先進国では、都市人口が増加すると郊外に住宅地が拡大するようになります。その時に急激な都市拡大で都市計画が間に合わないと、郊外で無秩序に都市化が進む場合があります。これを**スプロール現象**といいます。渋滞や、農地と住宅地の隣接など、住環境に影響を与えるため、対策が求められます。イギリスでは第二次世界大戦後、こうした無秩序な開発を防ぐことと、都心の過密を抑制するため、緑地帯（**グリーンベルト**）で市街地を囲む**大ロンドン計画**を実施しました。郊外に、**職住近接**型の自立都市**ニュータウン**を配置したことも有名です。

○ 都市の構造

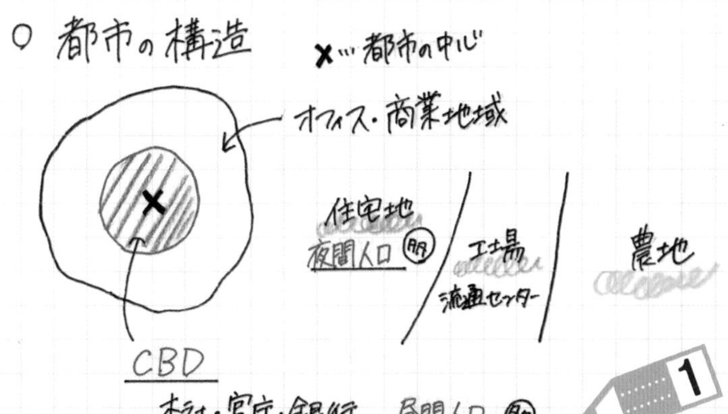

Point31 途上国の都市問題

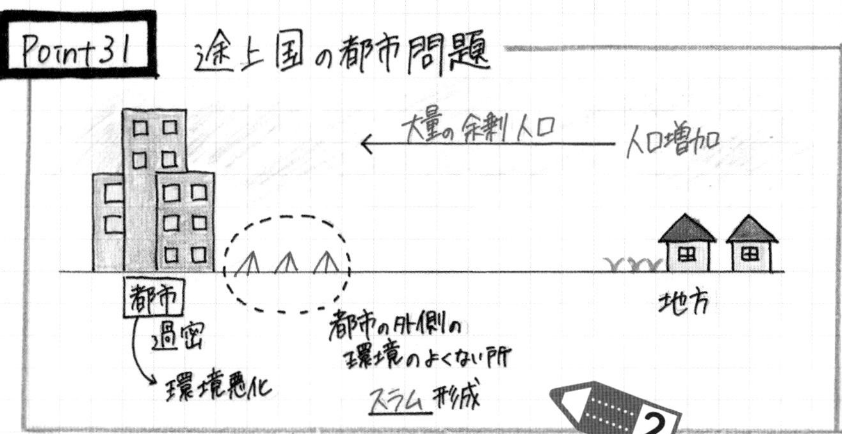

Point32 先進国の都市に見られる現象

- 古くからの市街地 → 老朽化 → 若者・高所得者 流出

インナーシティ問題　(=高齢者・低所得層 割合が高い)

→ 税収↓・福祉↑ → 財政難

- 都市周辺の農地など → 無秩序 な住宅地開発

スプロール現象　(=住宅・工場・農地 が混在)

○ 用語

ジェントリフィケーション……再開発によって高級化すること

コンパクトシティ……都市を小さくし、バスや路面電車(LRT)だけで生活できるレベルにする

ウォーターフロント開発……河川・海沿いの再開発(旧港湾)

入試問題にチャレンジ❷

大学共通テスト「地理総合」サンプル問題　改題

網がけは2015年のDID（人口集中地区）。2020年の地理院地図などにより作成。

図　高田駅周辺におけるスーパーマーケット店舗の立地

合併した市町村ごとに異なる課題があるのではないかと考えたマサミさんたちは、中心市街地である高田駅周辺の聞き取り調査を行い、聞き取ったことを次のメモに記した。そこで、「商業施設の立地変化によって買い物弱者の問題が起こっているのではないか」と考え、スーパーマーケット店舗の立地変化について現地の図書館の資料を使って調べ、下の表に示した分類に従い、次の図を作成した。図中の●、▲、■と表中の**ア〜ウ**との正しい組合せを答えよ。

【メモ：住民の方から聞いた話】

私は、1970年代後半から高田駅前に住んでいます。住み始めたころは、市街地が拡大するとともに、駅前からつながる中心商店街にはデパートをはじめ様々な施設がたくさんあって、生活にとても便利でした。しかし、現在は商店街には閉店した店が目立ちます。70歳を超えて1人暮らしをしている私は、買い物をするのにとても苦労しています。

表　高田駅周辺に立地していたスーパーマーケット店舗の時期別の営業状況

	1979年	2020年
ア	営業あり	営業なし
イ	営業あり	営業あり
ウ	営業なし	営業あり

解説と解答

メモをヒントに解くとあっさり解答できます。メモに、1970年代に住み始めた時は駅前から商店街が伸び、そこに商業施設があったとあります。しかし、今では車社会になり、駐車場が少ない駅前より、郊外の広い土地があるところに大型商業施設ができたのでしょう。駅前は衰退したようです。駅前にある●が以前は開いていたけれども、今は閉じた店舗となります。一方人口集中地区の周辺の、太い道路沿いにある■は車社会が到来してから開業した商業施設だと考え、昔はなかったけれども、今は開業している店舗と判断します。**解答：**ア—●　イ—▲　ウ—■

この問題の魅力

もちろんあらゆる町の商業施設の立地を覚えないと解けない問題ではありません。ここで使っている知識はモータリゼーション（多くの人が車を利用する社会になること）に関することだけです。地方の駅前は、交通手段が鉄道に限られていた時代は多くの人が利用したけれども、車がみんな使えるようになると（所得が上がったなどの影響で）車を使って買い物に行こう！　となり、そういう人をターゲットにした店舗が、車が使いやすい地域に立地するようになった……。そのため駅前商店街は苦戦し、店舗が閉じてしまい、シャッター通りといわれる地域も出た。というような流れを筋道立てて学習した受験生に点をあげよう！　という問題です。新しい地理は、知識、用語や地名をどれだけ知っているかではなく、その知識をどう生かし、どう理解しているかを問うものが多くなりました。図を読み取る力、知識を使って論理的に思考する力、筋道立てて情報を整理する力、こういった力は将来役立つものばかりです。さまざまな資料を見て分析し、持っている知識と紐づけて、結論を考える経験をできるだけ多くすることで、こうした問題もすらすら解けるようになりますよ。

持続可能な地域づくりと私たち

世界の大地形

重要度 ■■■■■

地形を作る力

陸地にはさまざまな地形が見られますが、これらの地形はどうしてできたのでしょうか。地形を作る力には大きく2つあります。1つは地球内部の大きな力で、土地の隆起(りゅうき)や沈降(ちんこう)、火山活動を含みます。この力を**内的営力**といいます。もう1つが、河川や氷河などが土地を削り、土砂を移動させて地形を作る力で、**外的営力**といいます。**内的営力**で大きな地形を作り、**外的営力**で細かく地形を作るようなイメージです。なお**内的営力**が働きやすいところは地球全部ではなく、特徴的な地域に限定されます。**内的営力**が強く働くところを**変動帯**ということがあります。主に地殻(ちかく)変動や火山活動が活発な帯状の地域で、後に紹介する新期造山帯(ぞうざんたい)と呼ばれる地域に見られることが多いです。

プレートテクトニクス

地球の表面は十数枚の硬い岩盤(がんばん)で覆われています。この岩盤を**プレート**といいます。厚さは十数km～100kmほどで、大陸がある大陸プレートで厚く、太平洋やフィリピン海の海底の大部分を占める海洋プレートは薄いです。日本周辺には4枚のプレートが 1 のように分布しています。このうち**ユーラシアプレート**と**北アメリカプレート**が大陸プレートで、その下に**太平洋プレート**と**フィリピン海プレート**という海洋プレートが沈み込んでいます。プレートは互いに静止しているのではなく、地下の物質の流動によって移動しています。そのため海洋の2枚のプレートは大陸プレートのほうへ移動し、日本列島の真下へ沈(しず)み込んでいきます(沈み込んだプレートは熱などによって消滅します)。こうしたところをプレートの**狭(せば)まる境界**といい、日本列島のように沈み込んでいる**狭まる境界**を沈み込み帯といいます。一方で同じプレートが狭まる状態にあるが沈み込みが明瞭でなく互いに衝突(しょうとつ)している地帯もあり、これを衝突帯といって区別することがあります。アルプス山脈やヒマラヤ山脈がこの衝突帯です。一方でプレートが次々生成され、広がっていく境界もあります。 2 で位置を確認しましょう。これをプレートの**広がる境界**といいます。海嶺(かいれい)や地溝(ちこう)が形成されることが特徴です。プレートの生成や消滅に関わりはありませんが、互いに行き交う**ずれる境界**となるところもあります。アメリカ合衆国西部のカリフォルニアに見られます(サンアンドレアス断層)。

新期造山帯と古期造山帯

プレートの狭まる境界には**火山**や**褶曲(しゅうきょく)**（狭まる圧力で地盤が曲げられる）が起きやすいため、急峻(きゅうしゅん)な山脈や**弧状(こじょう)列島**が形成されやすいです。こうした地域を新期造山帯といいます。新期造山帯は中(ちゅう)生代(せいだい)末から活動していますが、はるか昔古生代にもこうした活動をしていた地域があり、現在では侵食(しんしょく)されてなだらかな山脈になっています。これを古期造山帯といいます。 3 で示した代表的な古期造山帯の山脈を覚えておきましょう。

○ 地形をつくる力（営力）

営力	エネルギー源	現象
内的営力	地球内部の熱エネルギー	隆起，沈降，火山など
外的営力	太陽エネルギー・地球の重力	侵食，運搬，堆積など

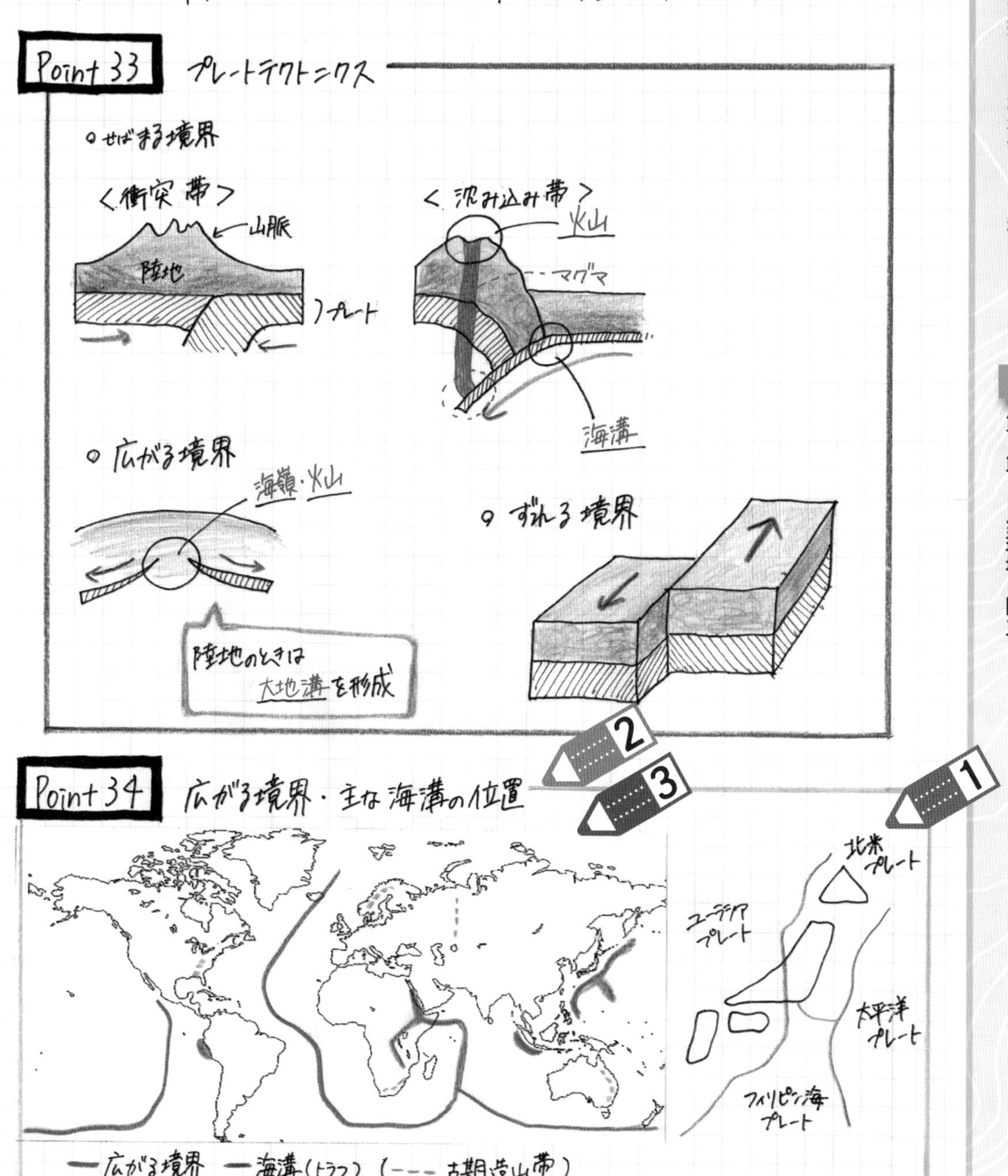

テーマ20 山地と平野

重要度

山地の地形

山地には無数の谷が見られます。降水や湧水が集まって河川が形成され、大雨の時などに流れる河川が激しく土砂を削り、深く刻まれた**V字谷**を形成します。なお、河川が降水を集める範囲を流域（湖やダムでは集水域）といいます。上流で削られた土砂はどこかで堆積しますが、上・中流の谷の底に堆積することもあります。こうしてできた平野が**谷底平野**で、河川周辺にわずかな平野を形成し、そのすぐ背後には切り立った斜面が見られることが多いです。この**谷底平野**が隆起などによって再び河川侵食を受けると、平坦な段丘面と急傾斜の崖ができて階段のような地形ができます。これが**河岸段丘**です 1。

扇状地

河川が運搬した土砂が堆積して形成された平野を**沖積平野**といいます。**沖積平野**は山地と平野の間に形成される**扇状地**、河川が蛇行する中流から下流で見られる**氾濫原**、河川の河口付近で発達する**三角州**（**デルタ**）に分けて考えることができます。山地と平野の間では河川の勾配が急に緩やかになって流速が遅くなります。そのため土砂の運搬力が低下して、重い小石（**礫**）などが堆積しやすくなります。たび重なる洪水で流路を変えながら**礫**が扇状に堆積してできたのが扇状地です 2。小石なので河川の水は染み込んでしまうため**伏流**し、水無川になりやすいです。伏流した河川水は扇状地が終わる扇端部分で**湧水**します。古くはこの湧水を生活に利用したので、付近に集落が形成されました。一方、伏流している扇状地の中心付近の扇央は、かつては**桑畑**などに利用されましたが、現在では**果樹園**にされることが多いようです 3。

氾濫原と三角州

河川の中・下流では、軽い砂や泥などが堆積します。この頃には河川は流速がかなり遅くなっていて、真っ直ぐには流れず蛇行するようになります。洪水時には砂や泥があふれ出て広く堆積します。こうしてできた平野を**氾濫原**といいます。河川沿いには、砂などが堆積した**自然堤防**と呼ばれる微高地が形成され、水害の被害が比較的小さいため、古くから集落が形成されました。それ以外の地域は泥が広く堆積し、湿地が広がります。**後背湿地**といい、水田として利用されています。蛇行した旧河道が取り残されると湖を作ることがあり、これを**三日月湖**といいます。河川の河口部では、細かい砂や泥が堆積して**三角州**（**デルタ**）を形成します。三角州ができるような河口付近では、河川は網の目状に分流することが多いです。ナイル川やミシシッピ川は巨大な三角州が形成されています。なお三角州の形状から分類され、ナイル川の三角州は円弧状三角州、ミシシッピ川の三角州は鳥趾状三角州といいます（地理総合の範囲外の知識ですが）。三角州は水運が便利なため、都市が形成されることがあります。一方で水害に遭いやすいため、集落を堤防で囲む**輪中集落**が見られることもあります。

○ 上流付近の侵食

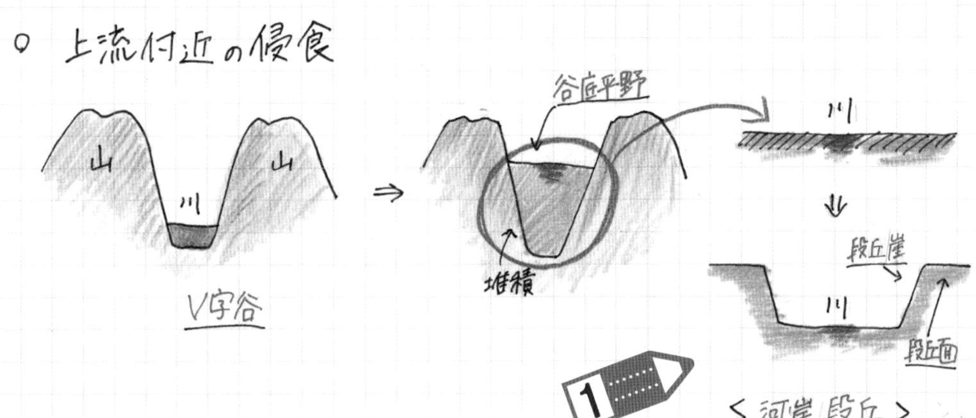

Point35 扇状地

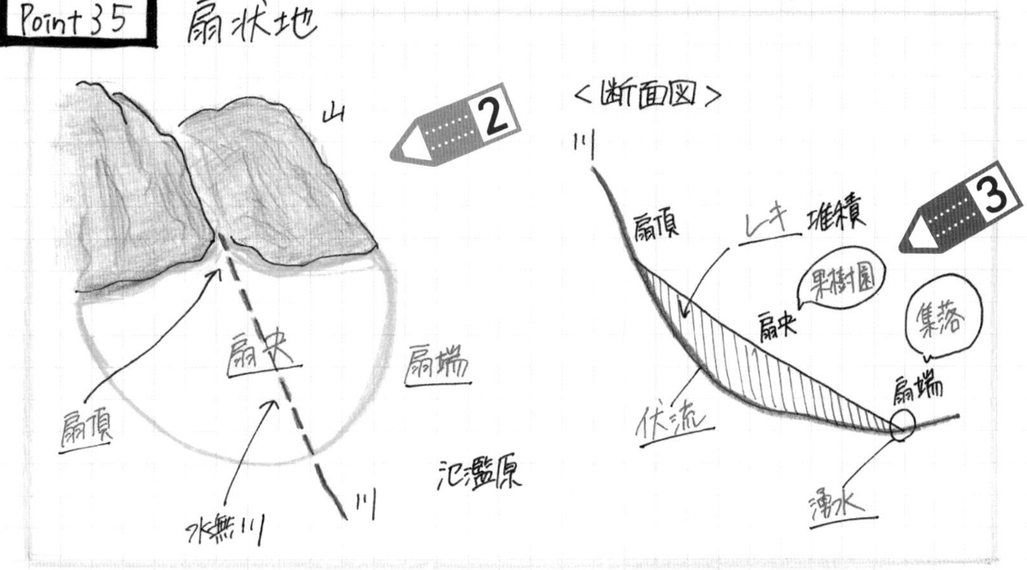

Point36 氾濫原・三角州

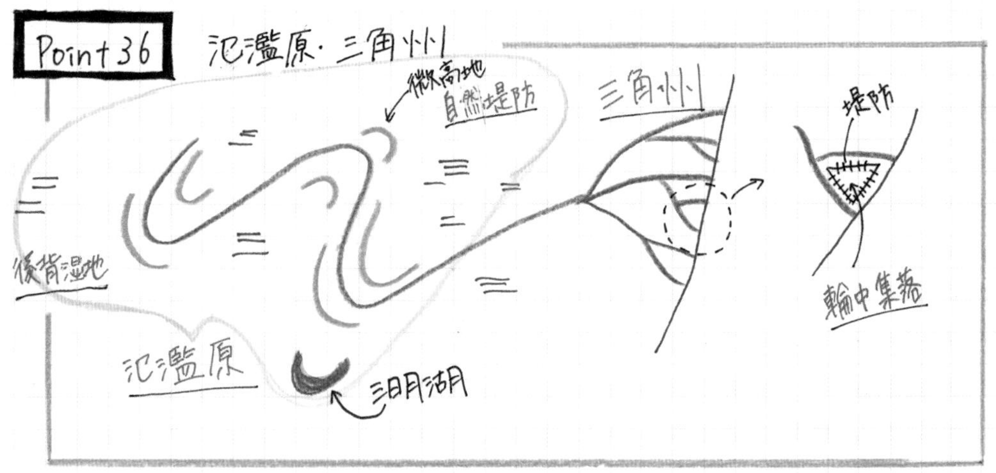

海岸の地形

重要度｜■■■■□

沈水海岸

土地が沈降したり海面が上昇したりすると、陸地の地形が海に沈みます。その際陸地の地形によって独特の海岸線を形成することがあり、こうした海岸を沈水海岸といいます。氷河期に氷河が深い谷（**U字谷**）を刻むことがあり、それらが沈水すると**フィヨルド**という湾が形成されます。ノルウェーの西岸やカナダ、チリの西岸などに見られます。また、山地を侵食した**V字谷**が沈水すると**リアス海岸**になります。スペインの北西部の海岸が地名の由来で、岬と湾が入り組んだ複雑な海岸で小島も多く、風光明媚な観光地になったり、波が穏やかで養殖業が盛んだったりします。一方で日本の三陸海岸のような**リアス海岸**では、津波が襲うと海水が湾奥で集まり巨大化し、被害が拡大することがあります。なお、沈水によって三角州があった部分が大きく侵食され、上空から見て三角型、ラッパ状に広がった湾を持つことがあります。これを**エスチュアリー**といいます。ヨーロッパの河川や南米ラプラタ川などに見られます。

離水海岸

土地の隆起や気候変動による海面の低下で、海底の一部が陸地になることを離水といいます。浅い海底だった部分が離水すると広い範囲で平野が現れ、こうした平野を**海岸平野**といいます。徐々に海水が引いていくのですが、その際に波打ち際に波や風で砂が打ち上げられて丘のような地形を作ります。これを**浜堤**といいます 1 。さらに海水が引いて浜堤が取り残され、新しい海岸線ではまた浜堤が作られる。これを繰り返したことで浜堤、平野、浜堤、平野が繰り返される光景が見られることがあります。日本では**浜堤**の部分を集落や畑に、平野の部分を水田に利用することが多く、千葉県の九十九里浜などがよい例です。世界ではアメリカ合衆国の東海岸に**海岸平野**が見られます。

沿岸流で形成される地形

海岸には岩石海岸と砂浜海岸があります。岩石海岸は、主に海に面した山地などが波や沿岸流で侵食されて作られます。海際にそそり立つ崖（**海食崖**）が特徴で、侵食が進むと海岸線付近に波食棚といわれる平らな地形を形成することもあります。波や沿岸流が砂を運び、堆積して形成された海岸は砂浜海岸になります。さらに、沿岸流が砂を運び海岸線と並行に砂を堆積させる**砂州**、細長く突き出た**砂嘴**、沖合の島と陸地の間を結ぶようにできる**陸繋砂州**（**トンボロ**）などが見られることがあります 2 。なお、陸繋砂州とつながった島を陸繋島といいます。日本では、**砂州**は北海道北東のサロマ湖、京都の天橋立が、**砂嘴**は静岡県の三保松原、北海道東部の野付半島、**陸繋砂州**は紀伊半島南部の潮岬や函館市街がよく代表例として挙げられます。衛星画像を見ることができるサイトやアプリケーションで、地図帳を元にヴァーチャル観光してみてはいかがでしょうか。

Point 37 海岸の様子

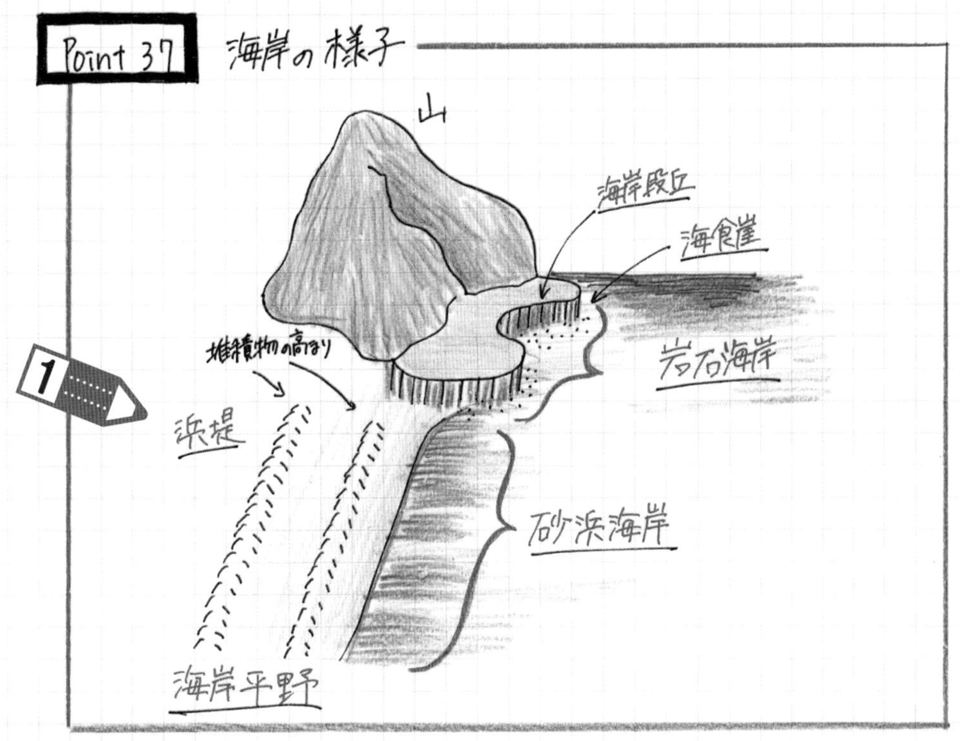

Point 38 沈水海岸

名称	元の地形	代表例
リアス海岸	山地・V字谷	スペイン北西岸・三陸海岸
フィヨルド	U字谷	ノルウェー西岸；カナダ・チリ西岸
エスチュアリー	三角州	ラプラタ川・ヨーロッパの川

Point 39 沿岸流でつくられる地形

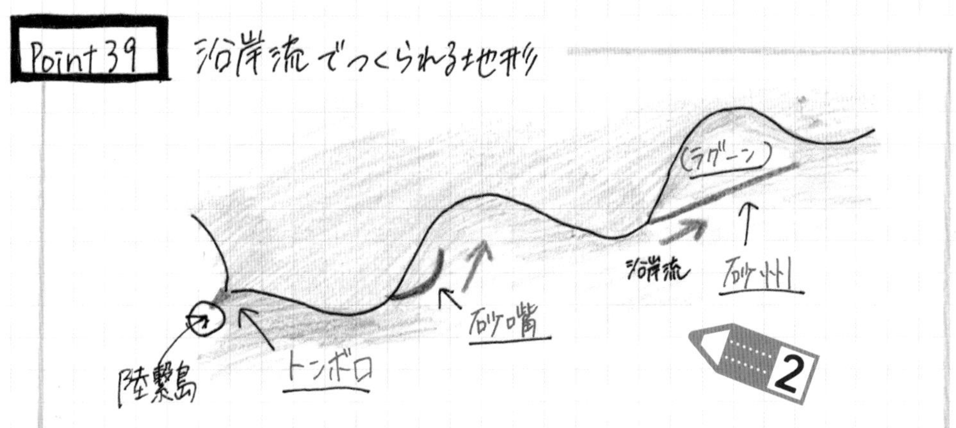

氷河地形やカルスト地形

重要度

氷河地形

農耕が始まったのは約1万年前。氷河期が終了し、温暖になったためです。ということは、1万年より前の時代は氷河時代で非常に寒冷だったということです。2万年前頃が最終氷河期のピークであったとされています。この氷河期に、山岳部だけでなく大陸まで氷河に覆われていた地域があり、そこには氷河が残した地形が見られます。山頂付近では氷で大きく削られたすり鉢状の侵食地形が見られることがあり、これを**カール**(圏谷) 1 といいます。氷河が拡大すると、大地が大きく削り取られ、断面の形から**U字谷**と呼ばれます。氷河が土砂を運搬し、その土砂を残してしまうことがあり、こうしてできた高まりの地形を**モレーン**といいます。ヨーロッパはかつて大陸氷河が広がっていて、その名残が地形に現れています。ノルウェー西岸の**フィヨルド**もその1つです。

カルスト地形

古い時代にサンゴ礁が形成されていた地域や貝類が豊富に生育していた海域では、石灰岩の堆積層が形成されることがあります。これらが陸地に出ていると、石灰岩が二酸化炭素を含む雨水で溶けてしまうことで特異な景観を持つ独特の地形を作ることがあります。石灰岩が分布する地域で見られる地形を**カルスト地形**といいます。スロベニアのカルスト地方が由来で、この地形に見られる小凹地を**ドリーネ**といいます 2 。**鍾乳洞**が形成され、観光地としても知られます。石灰岩は炭酸カルシウムが主成分ですが、それを利用してセメントを作ることができ、石灰岩地帯にはセメント工場も多いです。日本では山口県の秋吉台、福岡県の平尾台が有名です。

火山地形

火山は大きく3つの地域に分布します。一つ目が**広がる境界**です。**海嶺**やアフリカ東部の**地溝帯**では火山活動が活発な地域があります。二つ目が**狭まる境界**のうち**海溝**が形成されているところです。**海溝**と平行して火山列島、火山帯が形成されます。三つ目が**ホットスポット**と呼ばれる噴火活動が活発なプレート内部の地点で、ハワイ諸島が有名です。火山はさまざまな地形を作りますが、代表的なものは**マール**と**カルデラ**です。共に噴火活動が原因でできた大きな窪地のため、間違いやすいので注意しましょう。**マール**は噴火口だったところで円形になったものをいい、水が溜まっていることもあります。一方**カルデラ**は噴火活動によって地下のマグマが減少したことで空洞ができ、その部分が崩落して大きな盆地となったものです。九州の**阿蘇山**は世界有数の**カルデラ**です。地形ではありませんが、火山活動が活発な地域では火山灰が広く堆積している地域があります。鹿児島の桜島周辺には火山灰の土壌が広がる**シラス台地**があります。また関東平野には、富士山などの火山からの火山灰が堆積した**関東ローム層**が形成されています。

Point 40 氷河地形

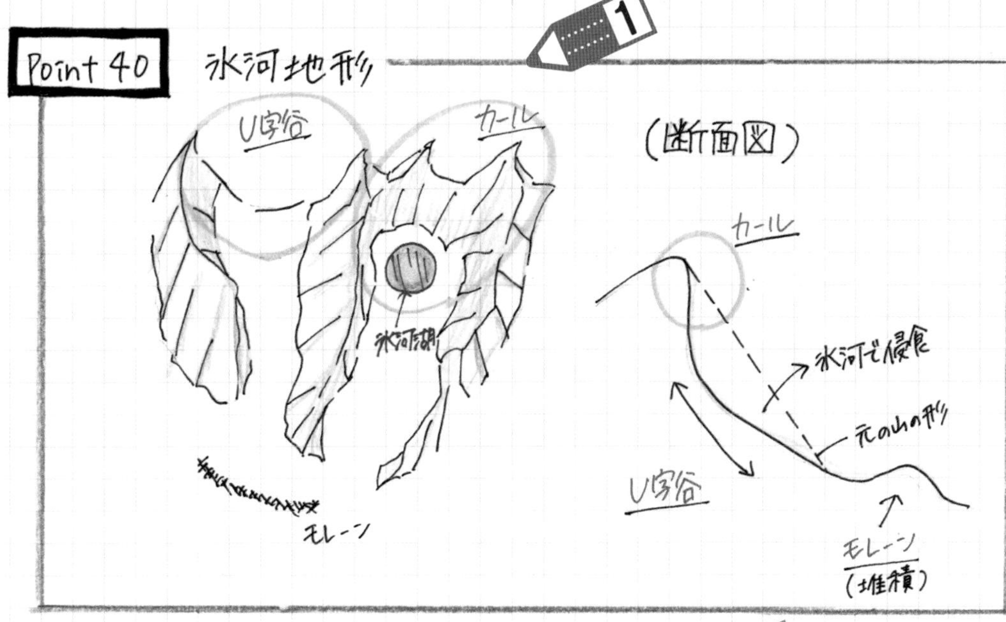

Point 41 カルスト地形

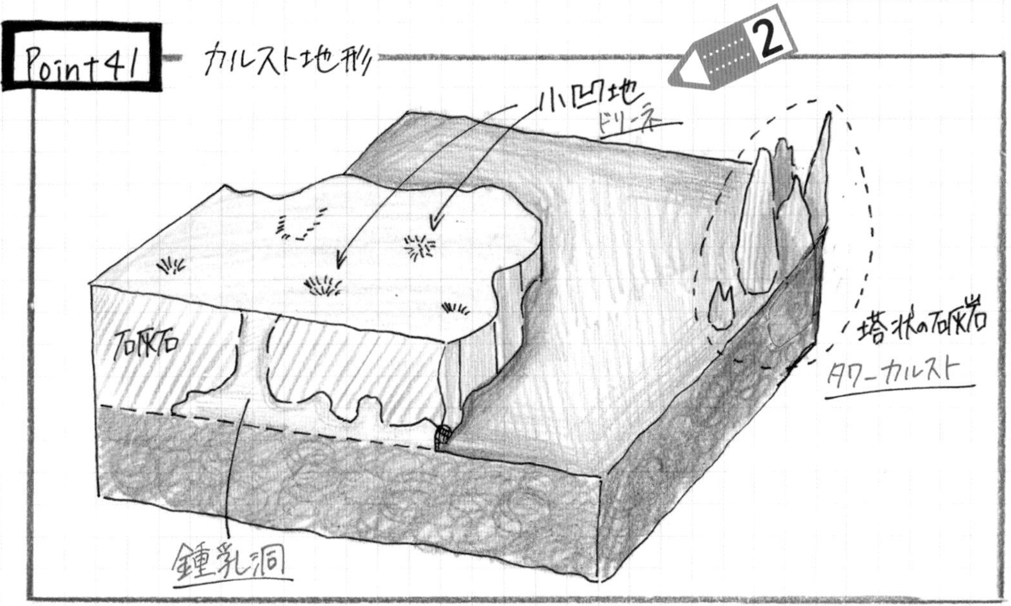

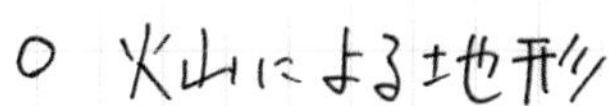

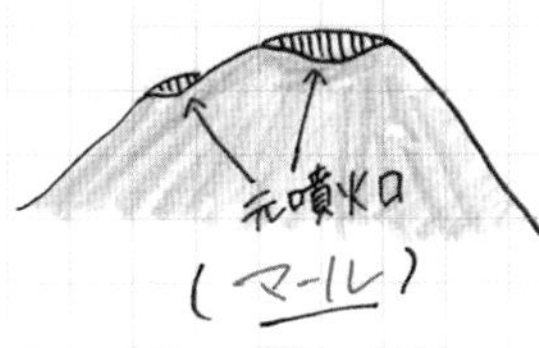

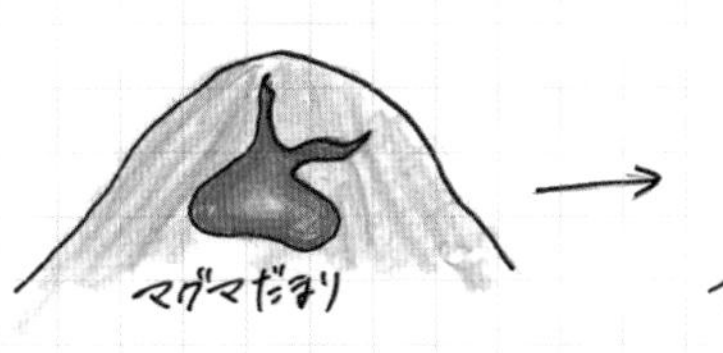

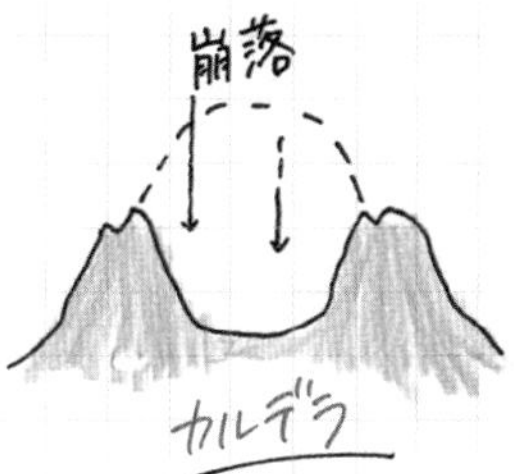

世界の気候①「気温」

重要度｜■■■■■

気温に影響を与えるもの

ある地域の気候を説明する時、気温や降水量などいくつかの要素に分けることがあります。こういった要素のことを**気候要素**といいます。気候要素はさまざまなものから影響を受けて、地域ごとに違いが出てきます。例えば北海道では夏涼しくて冬寒いですが、沖縄では年間を通じて比較的温暖です。これは緯度が影響しているわけで、こうした気候要素に影響を与えるものを**気候因子**といいます。他にも気温は標高にも影響を受け、標高の高いところだと気温が低くなりやすく、逆に低地だと気温が上がりやすいです。地上から上空に向かって気温が低下する割合を**気温の逓減率**といい、平均すると海抜高度が100m上がるごとに気温は約0.65度下がります。また、海からの距離(隔海度)も気温に影響を与えます。このように、気温にはさまざまな**気候因子**が関係しています。

気温の日較差

1日の中でも気温は変化します。太陽がまだ出ていない早朝の気温は低いですが、太陽が高く登る昼頃は気温が上がります。この温度差を**気温の日較差**といい、盆地のように周辺が山で囲まれている地域や、砂漠のように水分が少ない地域では大きくなりやすいです 1 。有名な例ではアンデス山脈の高地が挙げられます。**気温の日較差**が極めて大きく、古くから脱ぎ着がしやすい衣服が好まれていて、頭を通すだけのポンチョのような独特の衣装が見られます。また、周辺で栽培されたジャガイモを外に置いておくと、夜間に凍結してしまうことを利用して保存用に加工することもあります(チューニョといいます)。

気温の年較差

1年の気温変化を最暖月（最も気温が高い月）の平均気温と、最寒月（最も気温が低い月）の平均気温の差で表現していて、この値を**気温の年較差**といいます 2 。気温の年較差は、緯度によって大きく変わります。赤道に近い低緯度では気温の年較差は小さく、高緯度の地域では大きくなりやすいです。北海道の札幌市と沖縄県の那覇市を比べると、札幌市のほうが緯度が高く、気温の年較差が大きくなります。また、周囲に海がない大陸の内陸などでは気温の変化が大きくなりやすいです。一般的に岩石のほうが海水より温まりやすく冷めやすい性質があるため、夏は高温に、冬は低温になりやすいです。そのため内陸では気温の年較差が大きく（**大陸性気候**）、海に近い地域では小さく（**海洋性気候**）なります。少し難しいですが、大陸の中高緯度付近では、西側で**偏西風**が吹いて冬でも温暖になるため気温の年較差が小さくなることも確認しておきましょう。ヨーロッパの都市の多くは北海道より高緯度にありますが、冬に温暖なのはこのためです。

○ 気温の気候因子

	高温		低温
緯度	低	⟷	高
標高	低	⟷	高
海流	暖流	⟷	寒流

気候要素　気候の地域差を示す
気温，降水量，風速，風向

気候因子　気候要素に影響を与えるもの
緯度，地形，標高，海流

Point 42　東京の気温

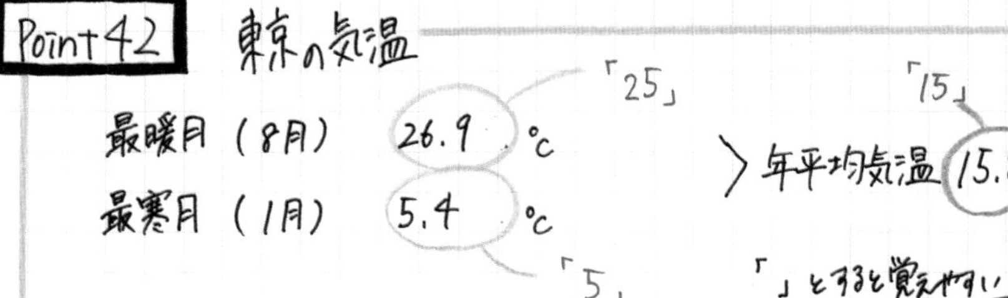

○ 気温の日較差：最高気温と最低気温の差（1日の温度差）

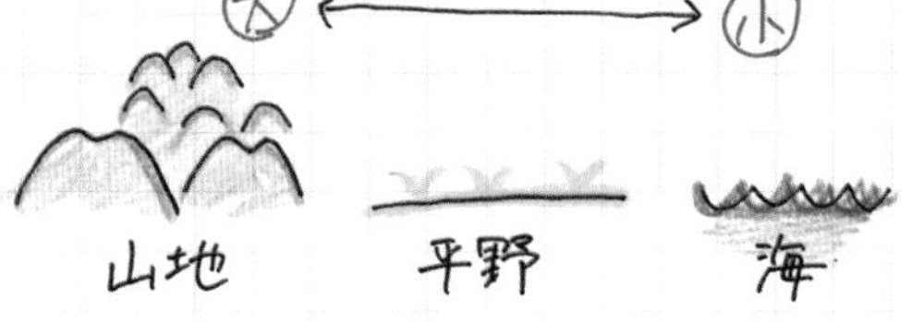

○ 気温の年較差

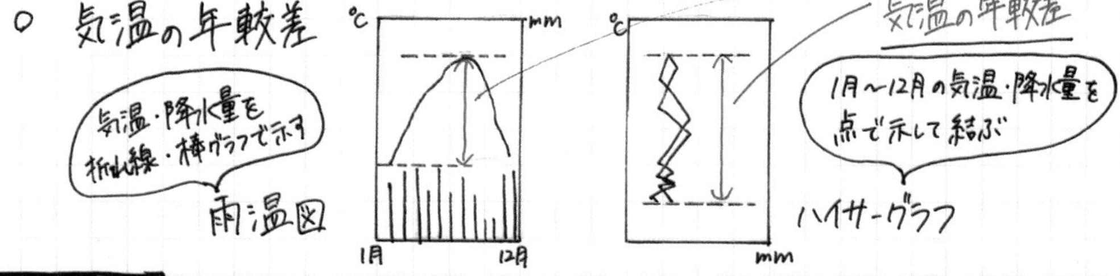

Point 43　気温の年較差の大・小

年較差	緯度	隔海度	大陸の東・西
大	高	大きい（内陸）	東岸
小	低	小さい（沿岸）	西岸

海からどのくらい離れているか
中高緯度で

世界の気候②「降水量」

重要度

大気の大循環

1 は、地上付近の大気の流れを模式的に表しています。赤道周辺では大気が温まりやすく上昇気流が発生しやすいです。そのため気圧が低く、**赤道低圧帯**と呼ばれる気圧帯を形成します。上昇した大気は**回帰線**付近で下降し、**亜熱帯高圧帯**（中緯度高圧帯）を形成します。そこから流れ出た大気は高緯度方向へ**偏西風**として、赤道方向へ**貿易風**として吹き出されます。赤道周辺では南北から**貿易風**が集まってくるため、**熱帯収束帯**(赤道低圧帯)とも呼ばれます。一方**偏西風**は、極から吹き出している**極東風**とぶつかり**寒帯前線**を形成します。極は非常に寒冷なため、大気が重くなり下降気流が卓越する**極高圧帯**を形成しています。

気圧と降水量

上昇気流が発生すると雲が形成されやすくなり、降水量も多くなります。**赤道低圧帯**は、ただでさえ上昇気流が起きやすいことに加え、集まった**貿易風**が行き場を失い上昇しやすいため雲が多く、大量の降雨をもたらします 2 。一方下降気流の起きる地域は、雲の形成が見られず、少雨となりやすいです 3 。**回帰線**付近に砂漠が広がるのはこれが原因です。緯度30度～60度付近では、季節によって**寒帯前線**の影響を受けます。**亜熱帯高圧帯**からの温かい空気と極からの冷たい空気がぶつかり合い、そこで上昇気流が起きたり、気温差があり雲が形成されやすかったりするため降水量が多くなります。日本では**梅雨**前線・**秋雨**前線がこれにあたります。こうした大気の循環、気圧配置は固定されるのではなく、季節によって移動します。6月～8月頃は全体的に北へ、逆に12月～2月は南へ移動するので、降水量が多い地域と少ない地域が季節によって異なる現象が起きます。一般的には高圧帯に入ると乾季、低圧帯に入ると雨季になります。

多雨地域と少雨地域

降雨の条件としては、大気中の水蒸気の量も重要です。海に近い地域は水蒸気の供給が多くなるため降水量が多くなりやすいですが、海から離れた地域では水蒸気が届かず少雨となります。また気温自体の影響も受けます。中学校で学んだ飽和水蒸気量(大気中に溶け込める水蒸気量)が多くなる高温の地域は、大気中に含まれている水蒸気が元々多いため多雨になりやすいです。熱帯地域で見られる**スコール**などが好例です。一方で、低温の地域ではその逆で少雨になりやすいです。温帯や冷帯の地域の雨は熱帯と異なり、小雨が多いのが特徴です。近年は**地球温暖化**の影響から気温が上がり、雨の降り方が変わったという声も聞きますが、印象だけではないのかもしれません。なお、沿岸を**寒流**が流れている地域は気温が低くなり、大気が安定、つまり上昇気流が起きにくく少雨となり、場合によって**砂漠**を形成することもあります。

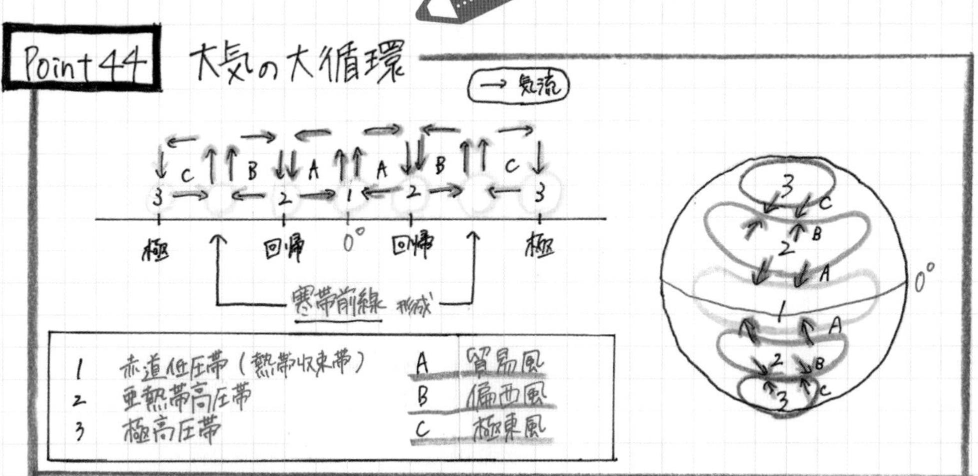

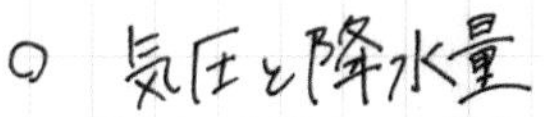

（低圧）

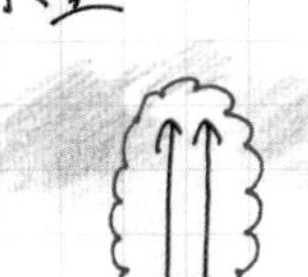

上昇気流
‖
雲多い（多雨）

（高圧）

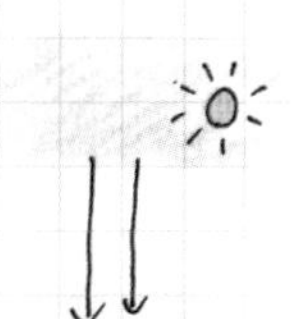

下降気流
‖
雲少ない（少雨）

Point 45 多雨・少雨地域

1 赤道低圧帯（熱帯収束帯）

2 夏の季節風

3 偏西風がぶつかる

A 亜熱帯高圧帯

B 内陸（水蒸気がとどかない）

C 寒流が流れる→気温が下がり、上昇気流が生じない

D 偏西風の風下側

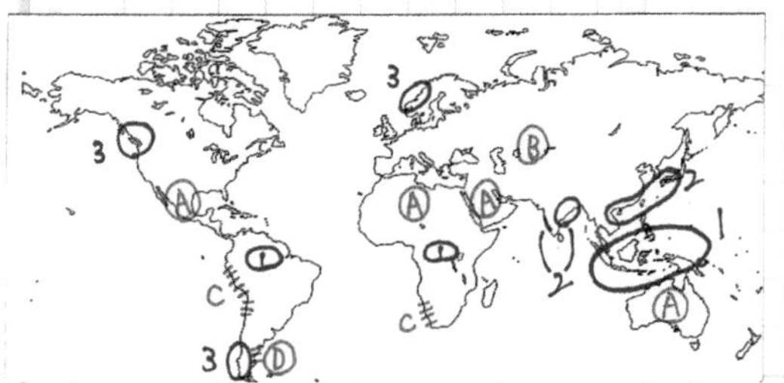

世界の気候③「気候区分」

重要度

大陸性気候と海洋性気候

地球の気候を区分する方法はいくつかあります。その中でざっくり分ける方法があるので2つ紹介しましょう。1つが大陸性気候と海洋性気候という分け方です。海洋は大陸よりも温まりにくく冷めにくいです。理科っぽくいうと比熱が「海洋が大きく、大陸が小さい」となります。比熱は温度変化させるために必要な熱量で、海洋は温度変化させるために多くの熱量が必要になるため温度変化しにくいというわけです。この違いから、沿岸部では気温の日較差(にちかくさ)や年較差(ねんかくさ)が小さくなり、内陸では大きくなります。こうした傾向性を、海洋性気候、大陸性気候と呼んでいるわけです。もう1つは北半球の中緯度付近に限定されますが、東岸気候と西岸気候という2つの区分です。大陸の西岸では中緯度(いど)を吹く偏西風(へんせいふう)の影響を受けやすいため、冬でも温暖な気候になります。一方、東岸では偏西風が運ぶ大陸の空気や、温暖な海洋の影響を受けやすく年較差の大きい気候になります。ユーラシア大陸の東岸は特に顕著(けんちょ)で、これには季節風(モンスーン) 1 の影響も大きいです。

植生による気候区分

気候は気温と降水量で表現することが多いわけですが、この2つの要素と深く結びついているものが植物、植生(しょくせい)です。気候区の区分は植生の分布からできるのではないか。そう考え、実際に区分を作成した人物がドイツの気候学者ケッペンです。ケッペンは、地球上の植生の分布からよく似た地域をグループ化し、気候区分を作りました。ケッペンの気候区分は、気温と降水量の月別のデータから簡単に区分することができ、世界の植生とも関連づけられることから多く利用されていますが、地域ごとの細かい気候の違いまで表すことができないという欠点もあるため、利用するには注意も必要です。例えば日本の場合は、北海道は冷帯湿潤(しつじゅん)気候に、本州以南は温暖湿潤気候の2つに区分されますが、日本列島の太平洋側と日本海側では気候特徴は大きく異なりますよね。こういった地域性はケッペンの気候区分では表現できません。

ケッペンの気候区分

ノートのケッペンの気候区分判定図を見てみましょう 2 。まず植生の中から目立つ樹林の有無で大きく二分させています。樹林があるか、ないか。樹林があれば樹林気候とし、なければ無樹林気候とします。注意するのはあくまで樹林で、植生自体の有無ではありません。乾燥帯(かんそう)でもステップと呼ばれる短草草原が広がったり、寒帯でも苔(こけ)のような植物が広がるツンドラが見られたりします。世界地図に気候区を示してみると、赤道付近では熱帯が見られ、高緯度に行くにつれて乾燥帯、温帯、亜(あ)寒帯(冷帯)、寒帯と変化していくことがわかります。海流や大陸の大きさなどさまざまな理由から、気候区の分布は単純ではなく複雑になっています。しかしなぜその地域にこの気候区が分布しているのかを分析すると、理解が進みやすくなります。

○ 季節風（モンスーン）

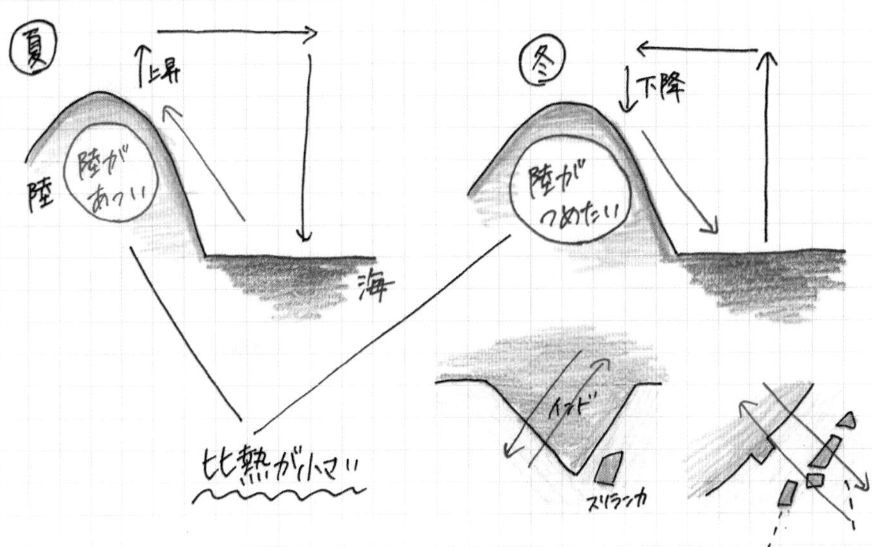

○ ケッペンの大きな区分

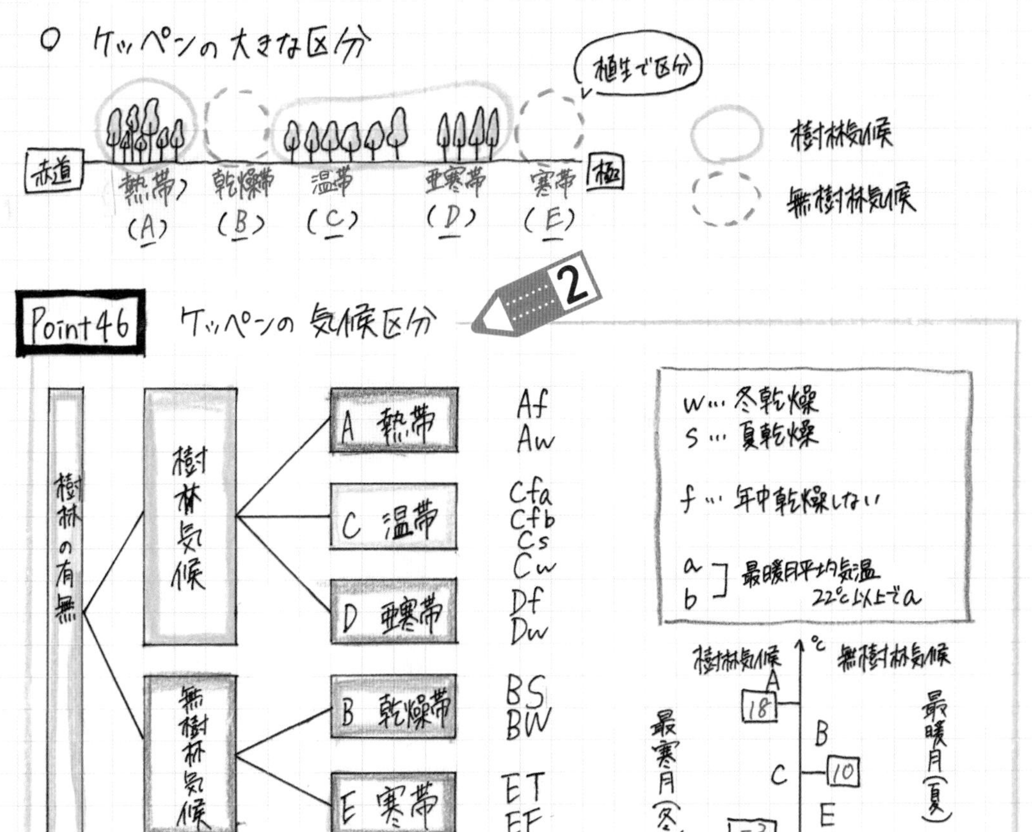

熱帯の生活

重要度｜■■■■■

熱帯の特徴

赤道周辺に分布している熱帯気候は、年中高温であることが特徴です。元々**熱帯収束帯**に位置していて降水量が多いわけですが、それに加えて**季節風**や**熱帯低気圧**の影響で降水量が極端に多くなる地域も見られます。高い湿度に対応するため、少しでも風通しをよくするように住居を**高床式**（たかゆかしき）にすることもあります。また、海岸付近では熱帯の汽水域（きすいいき）で見られる**マングローブ**が分布しますが、東南アジアを中心に**エビの養殖池**などに造成されるため、破壊も進んでいます。熱帯は高温で有機物の分解が早く、多雨の影響で養分が流されやすいです。そのため酸化鉄が多い、やせた土壌である赤色の**ラトソル**が広がります。作物の育ちが悪いため、焼畑（やきはた）にしていも類などを栽培しています。熱帯の気候を生かし、**プランテーション**による商品作物の栽培も行われています。衣類も独特で、麻（あさ）や絹（きぬ）、綿などを使い、放熱性や吸湿性（きゅうしつ）を高めたものが多く、ゆったりと着こなすのが特徴です。

熱帯雨林気候(Af)

赤道直下に分布する気候区です。年中高温で多雨となります。低緯度（いど）にあるため、気温の年較差（ねんかくさ）は極めて小さいです。多様な密林である熱帯雨林が広がり、生物の多様性が高いです。なお**熱帯雨林気候**の近くに、季節風などの影響で弱い乾季（かんき）が発生する熱帯雨林気候地域が形成されることがあります。これを**熱帯モンスーン気候**（**Am**）と呼びます。この地域ではわずかな乾季の時に落葉する樹木も見られ、常緑広葉樹（じょうりょくこうようじゅ）が卓越する熱帯雨林気候とは異なる特徴があります。なお、熱帯雨林は地域によって呼び方が変わります。東南アジアやアフリカでは**ジャングル**、南米のアマゾン川流域では**セルバ**と呼びます。また、熱帯低気圧の呼び方も地域で異なります。北西太平洋では**台風**、メキシコ湾などアメリカ合衆国周辺海域では**ハリケーン**、それ以外の地域では**サイクロン**といいます 1 。熱帯低気圧は強い上昇気流が特徴の低気圧で、赤道直下以外の熱帯の海域で発生しやすいです。低緯度では**貿易風**の影響で西へ移動し、中緯度に移動すると**偏西風**（へんせいふう）の影響で東へ移動しやすいです 2 。

サバナ気候(Aw)

熱帯雨林気候の高緯度側に分布するのがサバナ気候です。**熱帯収束帯**の季節移動によって雨季（うき）と乾季が明瞭に分かれ、季節によって交互にやってくるのが特徴です。北半球では6月から9月頃、南半球では12月から翌年の2月頃まで雨季となることが多いです。**サバナ気候**の地域はこうした雨季乾季によって、植生（しょくせい）の特徴も熱帯雨林気候とはだいぶ異なります。背丈の高い長草草原が広がり、ところどころ乾燥に強い樹木が小規模な樹林（**疎林**（そりん））を形成します。この植生を**サバナ**といいます。長草草原は乾季になると枯（か）れてしまうため、雨季に見られる緑あふれる景観とは全く異なった姿を見せることになります。

○ 熱帯の主な分布

<熱帯低気圧が発達したもの>

① 台風

② サイクロン

③ ハリケーン

● Aw
● Af, Am

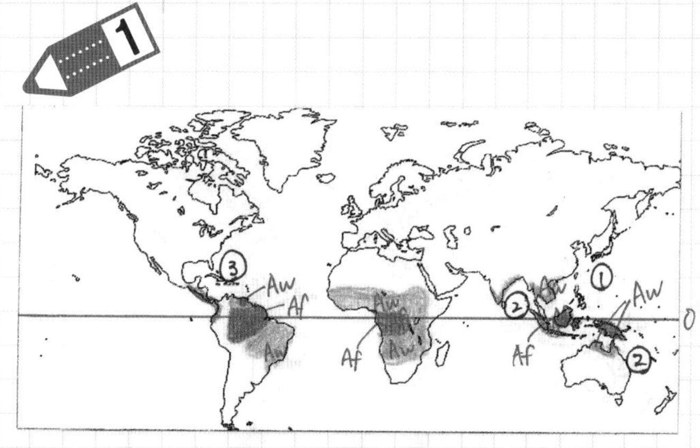

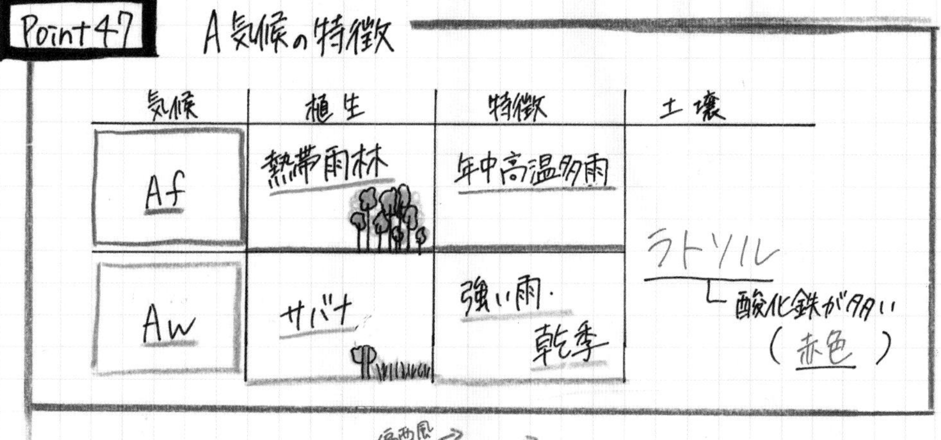

Point 47 A気候の特徴

気候	植生	特徴	土壌
Af	熱帯雨林	年中高温多雨	ラトソル └ 酸化鉄が多い （赤色）
Aw	サバナ	強い雨・乾季	

○ 熱帯低気圧の動き

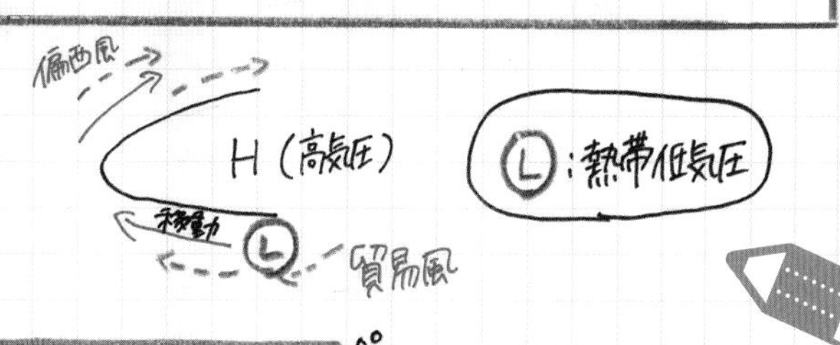

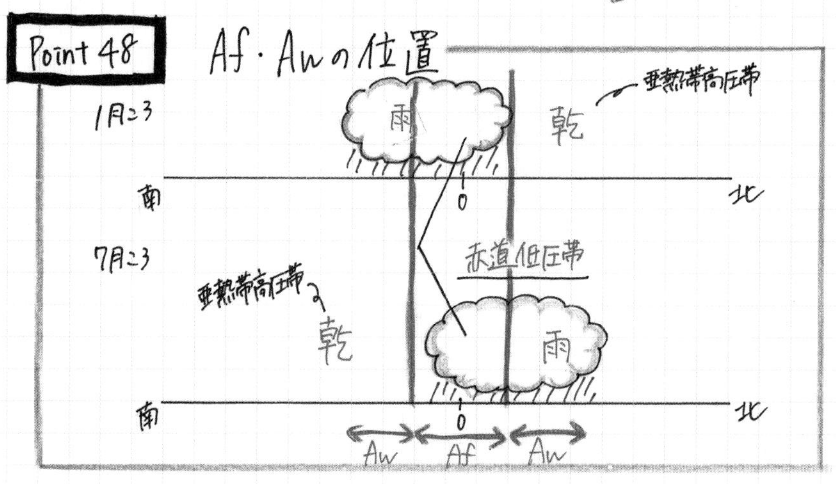

テーマ27 乾燥帯の生活

重要度

乾燥帯の生活

乾燥帯は少雨地域（**テーマ24**）で見られます。実は世界の陸地の４分の１が乾燥帯です。**オーストラリア**では国土の半分以上がこの気候帯に該当します。砂漠をイメージするとき、大量の砂が広がる砂砂漠を思い出すことが多いかもしれませんが、実際は岩石や硬い岩盤が剥き出しになっている岩石砂漠のほうが多いです。乾燥帯は年降水量が少なく、気温の日較差が大きくなりやすいです。植生も乏しく、農業が難しい地域も多いため、ラクダや馬、羊などを**遊牧**する生活を送ってきた地域も見られます。**モンゴル**の**遊牧民**は、**ゲル**と呼ばれる**移動式住居**を用いて遊牧していました。豊富な河川水や湧水を利用した**オアシス農業**を行う地域も見られます。**中東**諸国の中では、海水を**淡水化**して農業や生活用水として利用している国もあり、生活スタイルも技術の向上とともに変化しています。

砂漠気候（BW）

砂漠気候は年中少雨で、蒸発量が上回るため、植物の生育ができない地域です。少雨地域に分布していますが、中でも回帰線付近や**ユーラシア大陸**の内陸部では広大な砂漠が広がっています。ほとんど植生分布はありませんが、**外来河川**の周辺や湧水帯がある地域（**オアシス**）にはわずかに植生が見られます。ここで得られる水は地下水路で運ばれ、別の場所で農業に利用されたりすることもあります 1 。この地下水路は、地域によって呼び方が異なります。**北アフリカ**では**フォガラ**、イランでは**カナート**といいます。

ステップ気候（BS）

砂漠気候の周辺に見られるステップ気候は、基本的には年間を通じて少雨ですが、低緯度側はわずかな期間**熱帯収束帯**の影響を、高緯度地域では**寒帯前線**の影響を受け、降雨が見られます。この雨季に見られる降雨によって丈の短い草が生え、草原を作り出します。この短草草原を**ステップ**といいます。**モンゴル**や**中央アジア**、**北アメリカ**の**グレートプレーンズ**などに見られます。これらの地域は、砂漠気候から湿潤な気候へ移り変わる途中にありますが、この地域の土壌には大きな特徴があり、それを生かした農業が展開されています。その特徴とは、「土地の栄養分が極めて多い」ことです。一瞬、逆のような印象を持つ人も多いと思います。この地域では短い雨季に植物が生い茂り、緑の絨毯のような光景が広がりますが、乾季になると植生のほとんどが枯れてしまいます。この枯れた植物が土地の栄養となるのです。熱帯ほど高温でないため分解がやや遅く、降雨が少なく栄養が流されないため肥沃な黒色土が形成されます。**ウクライナ**から**カスピ海**北部に伸びる黒色土は**チェルノーゼム**と呼ばれ、大穀倉地帯となっています。**北アメリカ**の**プレーリー土**も有名で、共に**小麦**などの栽培が盛んです。

○ 乾燥帯の主な分布
<主な砂漠>

① サハラ

② アタカマ

③ ナミブ

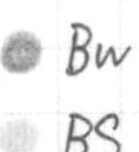

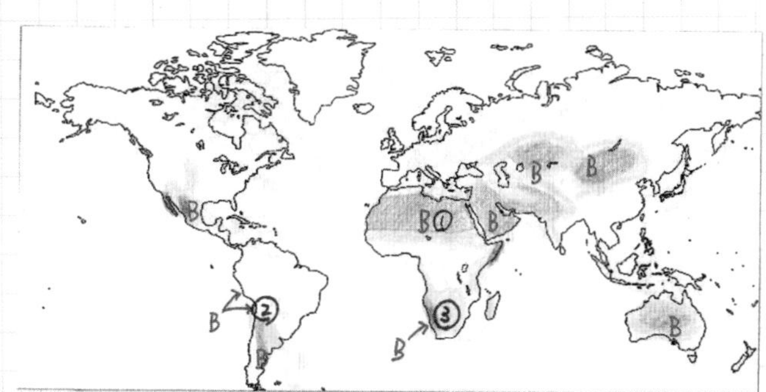

○ 外来河川

↳ 湿潤地域が水源で乾燥地域を流れる

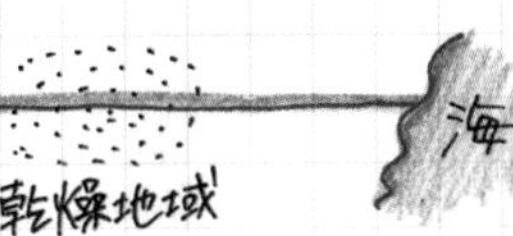

↳ 途中で涸れ川になると…内陸河川

○ 地下水路

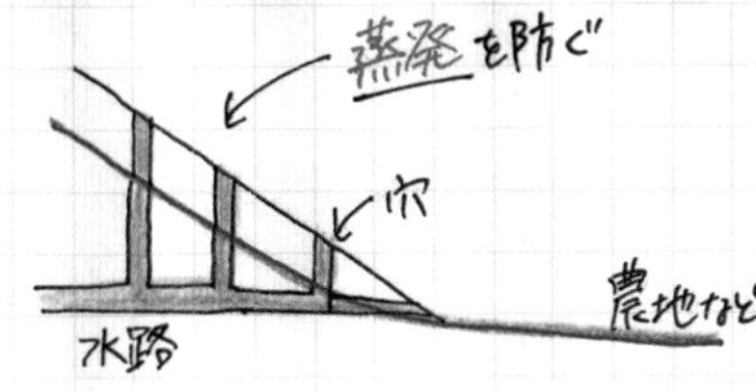

Point 49　B 気候の特徴

気候	植生	特徴	土壌
BW	ナシ（砂漠）	年中少雨	砂漠土
BS	短草草原（ステップ）	わずかな雨季	チェルノーゼム（黒色土）

○ BW・BSの分布

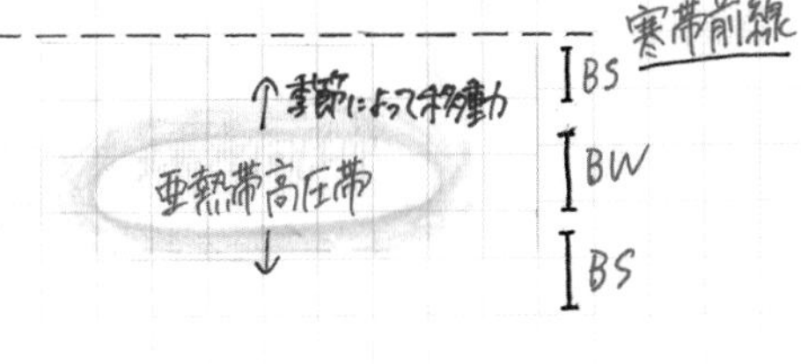

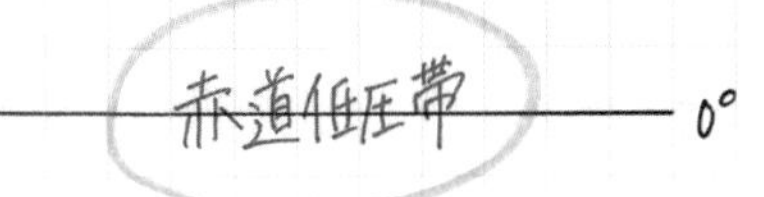

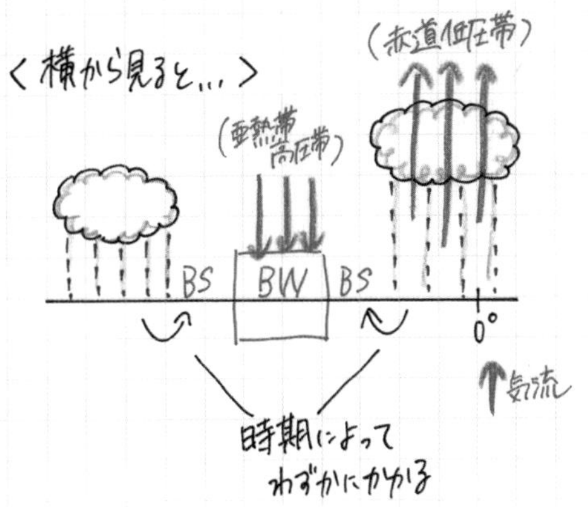

テーマ28 温帯の生活

重要度 ■■■■■

温帯の生活

温帯気候は、低緯度と高緯度の中間にあることから、両方の影響を受けやすい特徴があります。夏は低緯度の高温な気候が、冬には高緯度の低温の気候が見られ、四季が明瞭な気候区となります。平均すると、極端な高温でも寒冷でもなく過ごしやすい気候となっているため、人も活動しやすく、穀物を中心に農作物を豊富に得られることから、人口が多く都市が発達しやすいです。

乾季がある温帯

そんな温帯の中でも乾季を持つ気候区があります。夏に乾季がくる**地中海性気候**（**Cs**）と、冬に乾季がくる**温暖冬季少雨気候**（**Cw**）です。**地中海性気候**は、夏に**亜熱帯高圧帯**の影響を受けて少雨となります。一方冬は**寒帯前線**の影響などから降雨が見られ湿潤となりますが、降雨はそれほど多くありません。夏の晴天・乾燥を生かしたリゾートが多く、**オリーブ**や**ブドウ**を栽培し、冬のわずかな降雨で小麦を栽培して、牧畜を組み合わせる地中海式農業が発達します。**温暖冬季少雨気候**では、夏は海洋からの、冬は大陸からの**季節風**の影響を受け、雨季と乾季がもたらされます。夏は高温多雨、冬は気温が下がり少雨となります。夏の高温多雨期には、主にアジア地域で稲の**二期作**も見られます。樹木は、カシやシイの木など光沢のある葉を持つ常緑広葉樹が見られます。

年中湿潤な温帯

年間を通じて湿潤な温帯も見られます。大陸高緯度の西岸に見られる**西岸海洋性気候**（**Cfb**）と、中緯度の東岸に見られる**温暖湿潤気候**（**Cfa**）の2つです。**西岸海洋性気候**は、西ヨーロッパや北ヨーロッパ地域で広がります。高緯度にありながら冬でも温暖な気候で、**気温の年較差**が小さいのが特徴です。こうした気候を生む背景としては、**偏西風**や沿岸を流れる**暖流**の影響が大きいです。**混合農業**が発達し、穀物栽培や牧畜が見られます。また、大都市近くでは冷涼な気候を生かして**酪農**が発達している地域もあります。**温暖湿潤気候**は、夏の**季節風**や**熱帯低気圧**の影響を受けて多雨になり、冬は大陸からの**季節風**の影響で比較的少雨となりますが、温暖冬季少雨気候ほどの乾燥にはなりません。大陸西岸と比べて**気温の年較差**が大きいのが特徴です。日本は北海道を除く本州以南が温暖湿潤気候に属します。植生が多様なことがこの気候区の特徴の1つです。**照葉樹**などの常緑広葉樹も見られますが、冬に落葉する落葉広葉樹、さらに冷帯地域に見られる針葉樹も混じって分布します。このような樹林を**混合林**といいます1。**褐色森林土**と呼ばれる比較的肥沃な土壌が分布していて、農業が盛んな地域が多いです。その一方で、夏に多雨となるため、洪水などの被害が大きくなることがあります。

○温帯の主な分布

Point 50　C気候の特徴

気候	植生	分布	特徴
Cs	硬葉樹	30°〜40°付近の西岸	夏乾燥
Cw	照葉樹	Awの高緯度	冬乾燥（夏は多雨）
Cfa	混合林	30°〜40°付近の東岸	年中降雨あり 夏高温
Cfb	落葉広葉樹	Csの高緯度（主に西岸）	年中降雨あり 夏冷涼

Cfa・Cfbでは肥沃な褐色森林土（黒っぽい）

○Cs・Cwの植生

	名称	特徴	例
Cs	硬葉樹	葉が小さく硬い	オリーブ，コルク
Cw（〜cfa）	照葉樹	葉の表面に光沢	クス，シイ

└季節による少雨に耐える

○温帯の雨温図

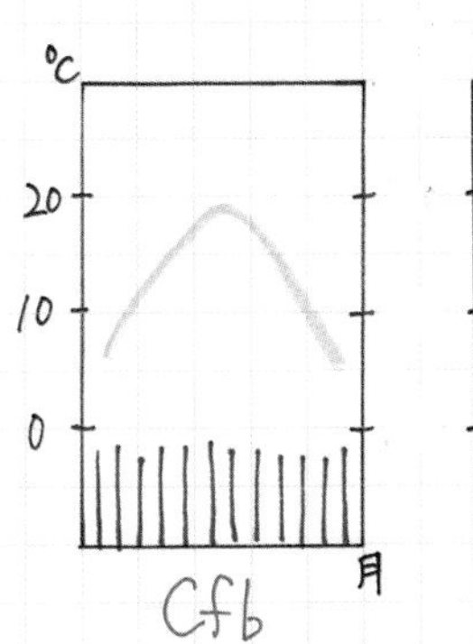

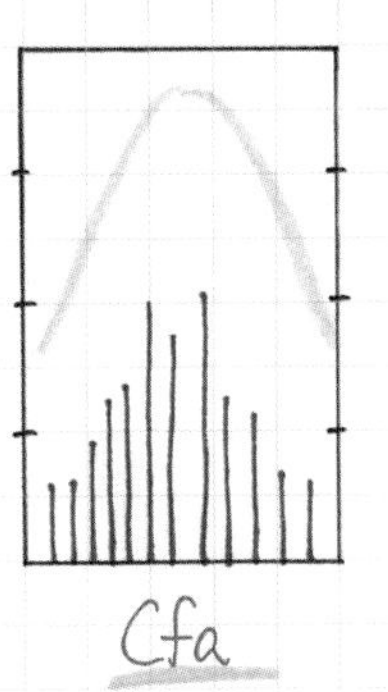

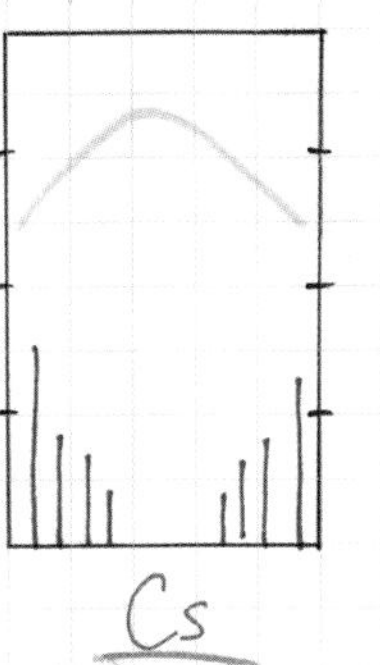

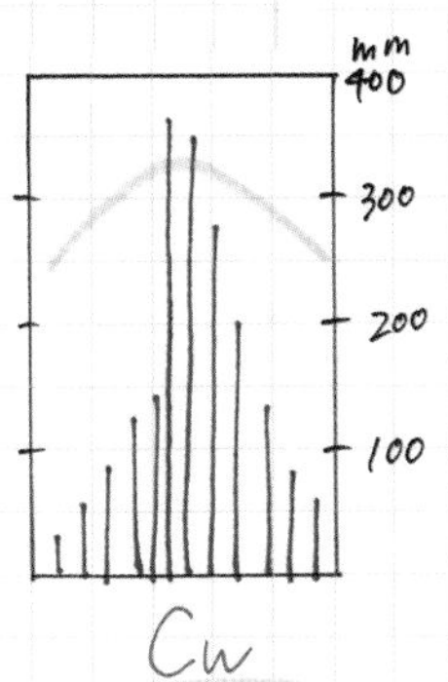

第3章 持続可能な地域づくりと私たち
第5節 自然環境と防災

亜寒帯・寒帯の生活

重要度

亜寒帯気候の特徴

亜寒帯(**冷帯**)気候と**寒帯**気候は、主として高緯度地域に分布していますが、標高の高い地域も気温が低下するため、これらの気候が見られる場合があります。中国南西のチベット高原や南米のアンデス山脈がよい例です。**亜寒帯気候**が広く分布するのは北半球の高緯度地域で、南半球にはほとんど見られません。それは、該当する南半球の高緯度側には大陸が存在しないことが原因です。**亜寒帯気候**は、年間を通じて湿潤である**亜寒帯湿潤気候**(**Df**)と、冬季に少雨となる**亜寒帯冬季少雨気候**(**Dw**)に分けられますが、後者はユーラシア大陸の高緯度東部(ロシアや中国の北部)にのみ見られる特別な気候区です。**タイガ**と呼ばれる針葉樹林が広がり、土壌は灰白色の**ポドゾル**が分布します。

寒帯気候の特徴

寒帯気候では、気温が極めて低いため樹林が形成されません。グリーンランドの内陸や南極は年間を通じて気温が上がらず、雪や氷に覆われる状態となっています。この気候を**氷雪気候**(**EF**)といいます。一方夏にわずかに気温が上昇して雪や氷が溶け、コケ類や地衣類が育つ気候も見られます。この気候を**ツンドラ気候**(**ET**)といいます。この気候区では、低温と凍土の影響で耕作は難しいですが、わずかな植生を生かして遊牧が行われています。遊牧の動物は**トナカイ**(カリブー)が中心です。北半球と南半球には、それぞれ最も気温が低下する地点(**寒極**)があります。北半球の**寒極**は、ユーラシア大陸東部のシベリアにあります。つまり亜寒帯冬季少雨気候の地域です。一方南半球の**寒極**は、南極大陸内にあります。なぜ北半球の**寒極**は北極にないのでしょうか。北極はそもそも陸地ではないからということもありますが、北極は海であるため気温の低下が大陸ほどではない、というのが適切な回答でしょう。大陸内部は気温が下がりやすく、シベリアは特に気温が下がりやすいです。

高緯度での生活

亜寒帯や寒帯地域には、地下の土壌が凍結している**永久凍土**が広く分布しています 1 。このような地域に住居を構える場合、かなり工夫が必要です。そのまま地面の上に建設すると、住居からの熱が地面に伝わり凍土を溶かしてしまいます。そのため地面が柔らかくなり、住居が傾いてしまうこともあります。そうならないためにも、特に集合住宅の住居は**高床式**にして建設することが多いです。またこのような地域では、冬に河川は凍結することが多いです。凍結した河川は交通路に利用できる利点がありますが、春に溶け始めると、河口付近が極に近い場合、まだ凍結しているにもかかわらず融雪水が流れ込み、中〜下流部で大洪水になることがあります。これを**融雪洪水**といい 2 、その被害を防止するため雪解け水を一旦貯水する**ダム**を建設することがあります。

○ 亜寒帯・寒帯の主な分布

Df
Dw
ET
EF

Point 51 D・E気候の特徴

気候	植生	分布	特徴
Df	針葉樹林（タイガ）	北半球・高緯度	気温の年較差(大)
Dw		シベリア(東)〜中国(北)	
ET	ツンドラ	北極海沿岸・高山	夏わずかに気温↑（0℃以上）
EF	なし（氷雪）	南極・グリーンランド	常に氷・雪におおわれる

（1000年ほど前の暖かい時代は草原だったらしい（グリーン））

○ 極圏・極

↳ 緯度66.6°以上の地域
（白夜・極夜が見られる）

北極 → 浮いている氷
南極 → 大陸

○ 永久凍土

↳ 夏表面の一部しか溶けない凍った土壌
↓
冬に凍結し、膨張してもり上がることもある
（凍上現象）

建物の熱で溶けると倒壊するリスク

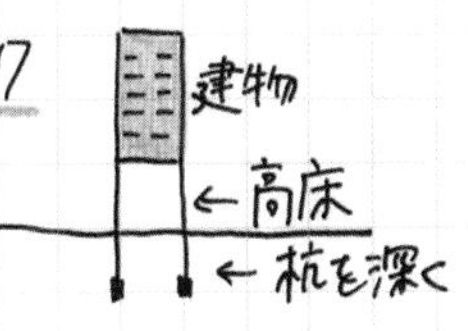

○ 融雪洪水

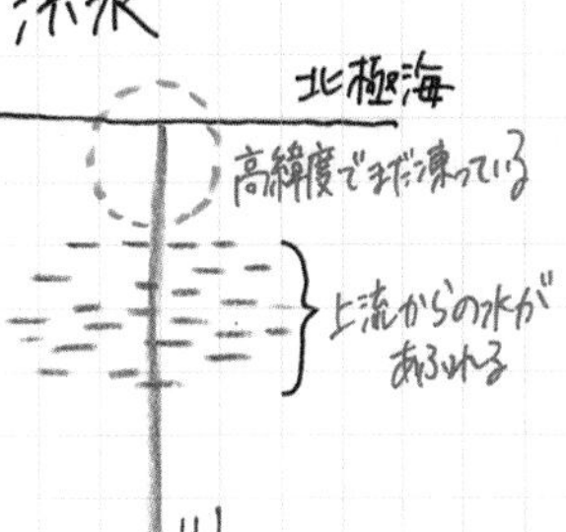

自然災害

重要度

自然災害とは

皆さんの中には、**自然災害**と**自然現象**を一緒に考えている方はいませんか。厳密にはこの2つはしっかり分けて考えなければなりません。地震や火山噴火自体は**自然現象**で、それによって引き起こされる災害が**自然災害**となります 1 。つまり地震や火山噴火が発生しても、その現象に対策が十分とられていれば、災害に至る可能性は低くなります。単純に地震＝災害とするのではなく、**自然現象**に対して準備、身構えをする必要があるわけです。災害をもたらす恐れのある**自然現象**は数多くあります。地球内部の活動である地震、火山はもちろんですが、**台風**など低気圧や前線によってもたらされる大雨、その逆の長期の日照り、異常な高温や低温も含みます。さらには生物が災いすることもあります。**ウイルス**の蔓延やバッタなどの昆虫の異常発生など、さまざまな自然現象に災害をもたらす可能性があります。

地震と火山

地震と火山は、発生しやすい地域がある程度特定できています。まず地震はプレートの境界付近で発生しやすいです。プレートの境界には**広がる境界**、**狭まる境界**、**ずれる境界**の3種類がありますが、いずれも地震多発地帯と一致します。プレートが移動する際に周辺の岩盤などを破壊したり、曲げられていたプレート自体が解放されたりする際に、地表に大きな揺れが生じることになるのです。地震の大きさは**マグニチュード**で、地震の揺れは**震度**で表します 2 。**マグニチュード**は数値で示され、数値が1.0上がると32倍ほどエネルギーが大きい地震となります。日本での**震度**は10段階で示されます。一方火山は、プレートの**広がる境界**と、プレートの**狭まる境界**のうち、沈み込み帯に集中します。またプレートの境界ではない地域でも、常にマグマが地下深くから供給され続ける**ホットスポット**と呼ばれる場所では火山が見られます。ハワイ諸島が代表例で、直線上に列島が形成されていますが、これはプレートの移動と関係があります。**ホットスポット**でたびたび噴火活動が発生し、火山島を作ります。プレートの移動によって火山島が移動し、新しくまた**ホットスポット**で火山島を作るということを繰り返して、このような列島が形成されたのです。

熱帯低気圧

熱帯低気圧による被害は、インド洋周辺や太平洋西部、大西洋西部で見られます。赤道から少し離れた海水温の高い水域で発生しやすく、発生直後は**貿易風**によって西へ移動し、その後北上すると**偏西風**によって東へ移動する傾向があります。台風は、激しい風と大量の降雨をもたらしますが、それ以外にも台風中心では上昇気流が強く、海面を吸い上げてしまいます。この上昇した海面がそのまま陸地を襲うことがあり、これを**高潮**といいます。地震の時の**津波**と間違いやすいので十分注意しましょう。

○ 自然現象と自然災害

	自然現象(natural hazard)	自然災害(natural disaster)
地質	地震	建物の倒壊，津波の被害
	火山	溶岩・火砕流の被害，火山灰による作物被害
気象	熱帯低気圧	風水害(暴風による被害，洪水による被害)
生物	バッタの異常発生	広範囲の農作物被害(蝗害)

→ 施設・防災対策・人々の取り組みなどで最小限にできる

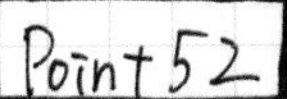

Point 52 地震・火山帯

〈地震〉
広がる境界
ずれる境界
せばまる境界

一致 ⟷ というわけではない

〈火山〉
広がる境界
せばまる境界 (沈み込み帯に多い)

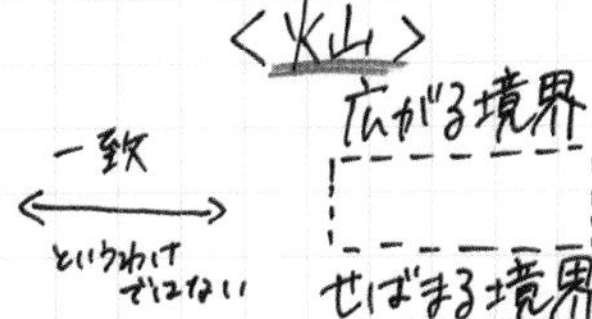

ホットスポット

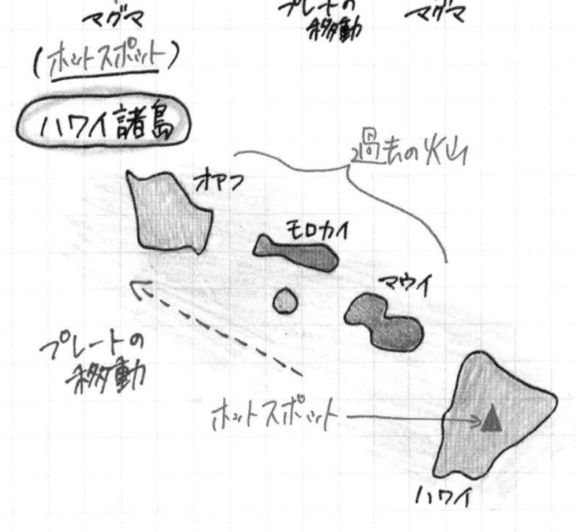

○ 地震に関するデータ

・マグニチュード：地震のエネルギーの大きさ
M2.0 大きくなるとエネルギーは 1000 倍
(1.0だと 32 倍くらい)

・震度：ゆれの大きさ
日本は 10 段階

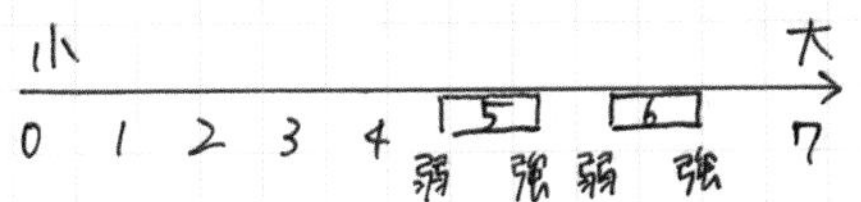

日本と災害

重要度｜■■■■■

風水害

雨や雪、風などによって発生する災害を**風水害**といいます。大雨が降ると、山間部など斜面のある地域では**土石流**や**崖崩れ**が発生しやすいです。また斜面自体が崩れ落ちる**地すべり**も危険な災害となります。平坦な地域でも、河川から水があふれたり堤防が決壊して氾濫したりする**外水氾濫**や、河川への排水が追いつかず、市街地が水浸しになる**内水氾濫**が発生することもあります。また台風が接近していると**高潮**が起き、満潮の時刻と重なると被害が大きくなります。**テーマ30**で、**高潮**は海面の吸い上げ効果で起きると解説しました。他にも強風によって海水が吹き寄せられることでさらに被害を大きくする事例もあります。台風が接近した場合は、進路や**満潮**時刻などの情報を正確に入手し、**ハザードマップ**などで危険箇所や避難場所をあらかじめ確認することが大切です。

地震や火山災害

日本列島はプレートの狭まる境界に位置し、プレートには巨大な圧力がかかっているため地震がとても多く発生します。地震には大きく2つのタイプがあります。1つはプレートの沈み込み部分の跳ね上がりが原因で起きる地震です。狭まる境界で大陸プレートが海洋プレートに引きずり込まれて大きくひずみ、それを解放しようと跳ね上がった時に発生する地震です。この時にプレートの上の海水を押し上げることで**津波**を発生させる場合があります 1 。2011年の**東北地方太平洋沖地震**による**東日本大震災**では、揺れによる被害に加え、**津波**によって甚大な被害が生じました。もう1つのタイプは、陸域の比較的浅いところで発生する**活断層**による地震です。震源が浅いことから揺れが大きく、被害が深刻になる場合があります。地震の災害は揺れや**津波**だけではありません。海岸近くの埋立地や湿地だったところでは揺れによって**液状化現象** 2 が発生し、噴砂、**地盤沈下**、道路陥没が生じる場合があります。火山災害は、噴火による**溶岩流**の被害のほか、高温のガスや砕屑物が流下する**火砕流**、火山灰の降灰による被害があります。また、火山灰と降雨が混じって流れ下る**火山泥流**も深刻です。

都市型災害

1960年代の高度成長期には、工業に大量の地下水を利用してきた地域があります。**東京東部**の**荒川**と**江戸川**流域が代表例で、この地域では地盤沈下が深刻化し、**満潮**時に標高が海水面以下になっている**ゼロメートル地帯**が広がりました。またそれ以外の大都市の河川周辺では、舗装面が拡大したことで降雨が地下に浸透せず、河川に流入するため増水が頻発し、都市内部での洪水を発生させかねない状況になりました。既存の堤防を強化したり、地下放水路を建設して処理水を増やしたりするなど、対策を行っています。さらには高規格堤防、別名**スーパー堤防**を整備して洪水対策を急いでいます。

Point 53 主な水害

山間地・斜面

土石流：斜面の土砂が水とまざり流下

崖崩れ：水を含み軟弱になった崖が崩壊

地すべり：斜面全体(一部)の土砂がまるごと移動する

平野

外水氾濫 ← 堤防の決壊 河川から水があふれる

内水氾濫 ← 排水がおいつかず浸水する

Point 54 高潮・津波

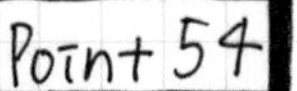

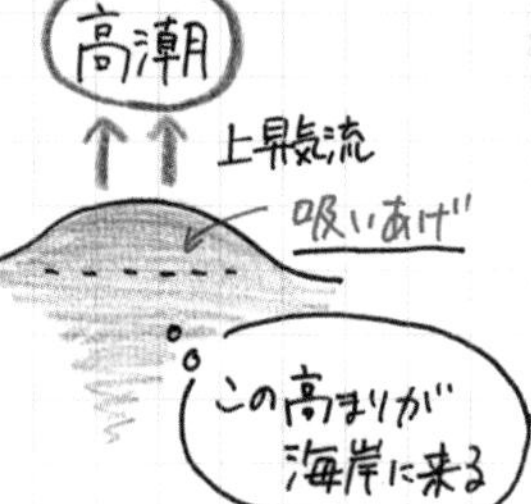

水面上昇
陸
海水が吹きよせられる
強風
L
台風

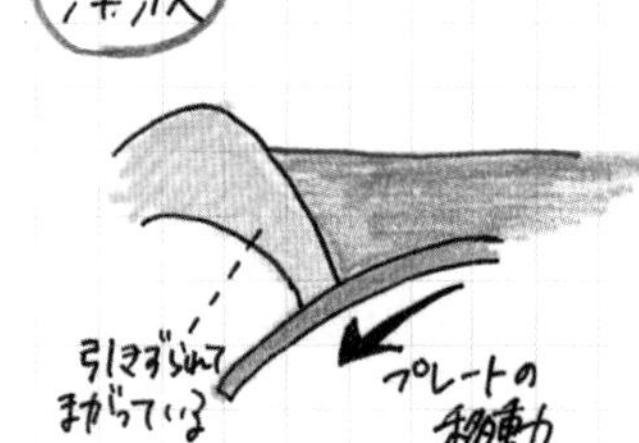

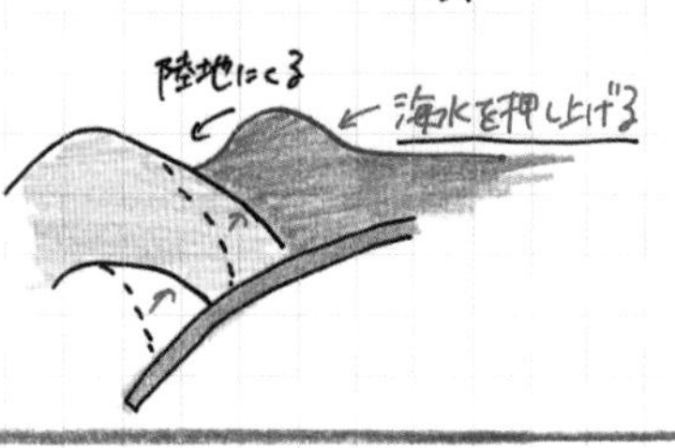

□液状化現象

埋立地，旧河道，元水田

↳ 地中に水分が多い

↓

揺れで土砂とまざり液状化

↓

液状化した土砂が噴きだす

建物がかたむく

Point 55 都市型洪水

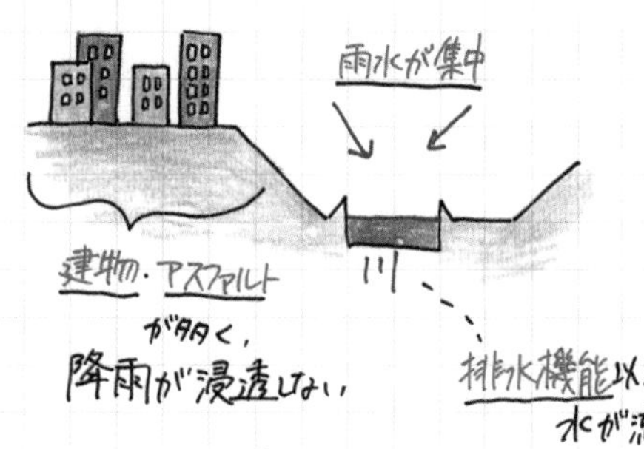

建物・アスファルトが多く，降雨が浸透しない

排水機能以上の水が流入

対策 放水路
地下貯水施設・放水路
雨がしみこみやすい舗装など

テーマ32 地域調査

重要度

地域調査の手順

身の回りの地域の課題解決に向けて重要なことの1つは、地域調査を適切に実施することです。自分の足で身の回りの地域を周り、情報を収集する**フィールドワーク**が大切です。地理の学習は、こうした地域の課題を発見し、解決するための技術を身につけることができる魅力的な教科です。この地理総合の大きな目標の1つになっている地域調査の力の育成を、こうした参考書での学習にとどまらず、ぜひ実際の調査体験で獲得してもらいたいです。地域調査では、まず地域の課題を発見することから始めます。実際に現地で取材したり、書籍やインターネットなどから情報を収集したりします。その後地域調査のテーマを考え、目的を設定します。地域を選定し、**文献調査**(ぶんけん)から行い、現地調査に入ります。ここで得られた情報を整理して、分析・考察を行った上で、他の地域と比較することでさらに調査を深めることができます。最後に調査結果のまとめと発表を行う、これが地域調査の大まかな流れです。

地域調査の事前調査

まず調査対象の地域を選定します。各種データを取り寄せ、特徴を分析します。傾向が顕著になっている地域を中心に、調査対象として適当な地域を選んでいきます。すでに作られている**主題図**を参考にしたり、**地理院地図**を利用して**地形図**や**空中写真**などを分析したりするのもよいでしょう。地域が決まったら、次は地域の特徴をつかむために**GIS**（地理情報システム）を活用して**主題図**を作成しましょう。**相対値**(そうたいち)を表現するのに適切な**階級区分図**や、**絶対値**を表現することに向いている**図形表現図**なども便利です。その際には、地域が作成している統計データや、国の統計を利用するのもよいです。**国土交通省**で公開している国土数値情報も活用したいです。ほかにも文献調査として地域の歴史がわかる書籍や、統計年鑑(ねんかん)、市政要覧(ようらん)など参考になるものを幅広く集めましょう。

現地調査から調査地図の作成

事前調査でわかったことや、さらに深く分析しなければいけないことを整理したら、いよいよ現地調査です。景観観察や聞き取り調査、現地でしか得られない情報を丁寧に収集します。地理院地図では表現できない空き家や空き店舗(てんぽ)の様子などは、実際に現地でないと情報が得にくいです。細かい土地利用、人の動きなども観察が必要です。こうして得られた事実は、この地域特有のものなのか、それとも他の地域でもある程度共通したものかを考える必要があります。その際に重要なことが、他の地域との比較です。同様の傾向を持つ地域を取り上げたり、あえて対照的な地区を比較したりすることで、地域の課題をさらに深く考察することができます。調査結果に基づいて、課題を解決するためのプランを考案しましょう。どんなプランなのか、聞く人がわかりやすく、納得できるように、グラフ化したり地図化したりと、工夫を入れることが大切です。

地域調査の例

（設定）高校生の自分
地方都市郊外の高校に通学（A町）
高校周辺でここ数年風水害が多くなった
地域の高齢者が被害にあわれている

① テーマ設定

水害に負けないA町「すべての人が安心できる町づくり」

② 地域の選定

・崖くずれが起きたB地区
・浸水時に取り残された高齢者の多かったC地区

③ 事前調査

歴史史料・文献，地形図，被害状況
人口分布データ，ハザードマップ

④ 現地調査

現地の人（住人，通勤・通学者）へのアンケート，聞きとり
建物・道路の観察，被災地の現状調査

⑤ 調査結果の整理・分析

B地区　地形・周囲の開発との関係
C地区　地域の連携・対策の実施状況

⑥ 他地域との比較

⑦ 調査結果のまとめ・発表

図1 「世界の水害発生数」を示す図形表現図
→発生数なので絶対値をつかう図形表現図が良い

図2 A町のハザードマップ
A町の取り組みと実際の被害を示す

図3 B地区の被害状況（写真）
過去の崖くずれと今回の状況の対比

図4 C地区の詳細な地図と課題
フィールドワークで調査したアンケート結果や空家の多さ，交流の少なさ，避難のしにくさを示す地図を作成

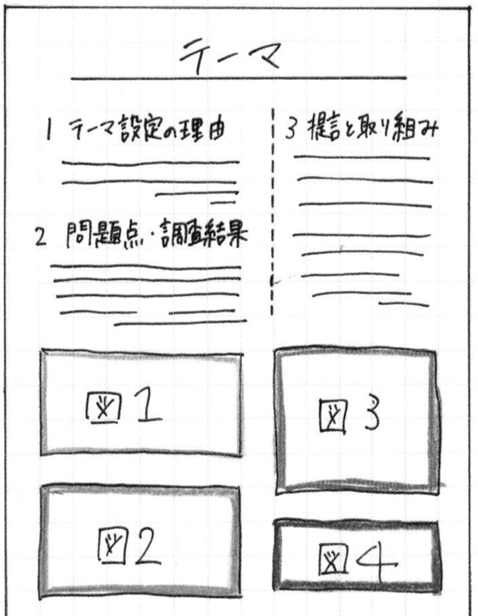

入試問題にチャレンジ❸

2009年実施　東京大学　第1問　改題

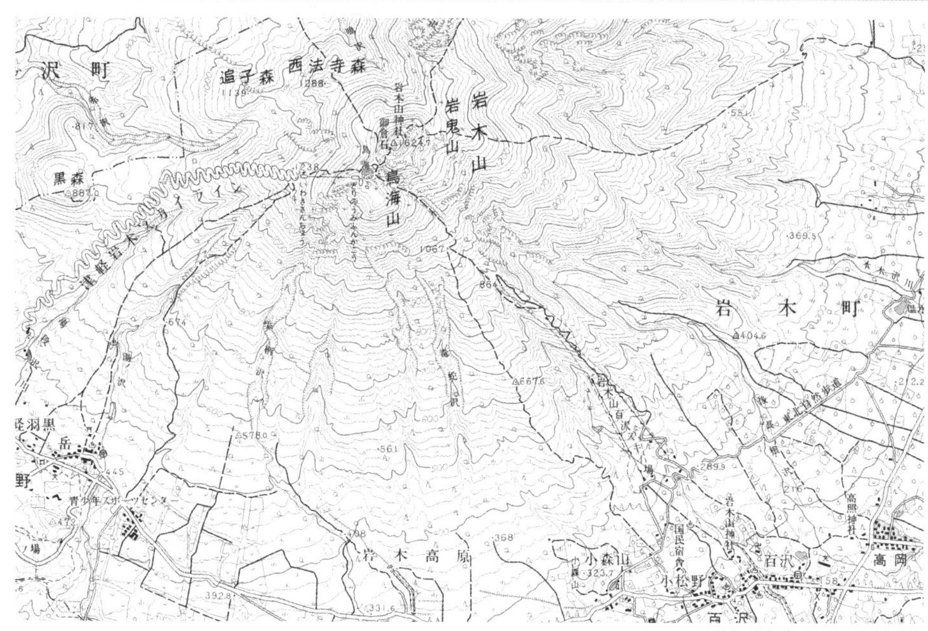

1：50,000地形図(71.6％に縮小)

上の図は、山頂部を含む、火山を示した地形図である。この地域の自然環境を生かした観光開発の特徴について、図中に見られる具体例を2つ以上挙げながら、2行以内で述べなさい。(1行は30字)

解説と解答

まず目を引くのが、中央やや北にある岩木(いわき)山・鳥海(ちょうかい)山ですね。西には**自動車道**が整備され、かなり高所まで行けますね。南東側の山麓(さんろく)には**スキー場**が、その近くの東側には**自然歩道**もあります。解答にはしませんでしたが、登山道も山頂に向かっていくつか見られます。図の南東、市街地には**国民宿舎**(しゅくしゃ)の記載があり、その「国」の字のすぐ近くに**温泉**の記号もありますよ。西には**スポーツセンター**もあり、図が切れていますが、「フ場」とあるのはゴルフ場かもしれません。問は**自然環境を生かした観光開発なので、神社仏閣は入れないほうがいいでしょう。**

解答例：冬季の多雪を生かしたスキー場、火山の景観を生かした自動車道や自然歩道、温泉など観光資源を生かし通年の観光を目指した。

この問題の魅力

東京大学の問題です。とてもシンプルな問題で、解答例を見ると、「これでいいの？」と思うくらいあっさりしていますね。でも、1人で、いざ書いてみるとなかなか時間がかかります。図は1枚、問われたことは観光開発の特徴だけ……。**どの情報をどの程度掘り下げて、どのくらい書けばよいか。**受験したみなさんは相当悩んだと思います。できるだけ多くの情報を読み取り、その上で取捨選択し、問いに合わせて解答する。**問題解決能力と呼ばれる思考力、判断力、表現力を総動員する**、とても魅力ある問題です(私が好きな問題の1つです)。

第4章 現代世界の諸地域

テーマ33 東・東南・南アジアの自然環境

重要度

東アジアの自然環境

東アジアは、西部では狭まる境界に近いところで標高の高い山脈や高原が広がり、東部では低平な平野が広がります。もう少し細かく見ると、南西部は新期造山帯にあたるヒマラヤ山脈、その北部にはチベット高原があります。東海岸付近では、黄河や長江の流域を中心に沖積平野が広がり、その中間には、四川盆地や黄土高原が見られます 1。気候では、全体的に季節風の影響を強く受ける地域が多いです。中国南部や朝鮮半島南部では冬乾燥し、夏多雨になる温暖冬季少雨気候が見られます。中国北部から朝鮮半島北部は、冬特に気温が低下し少雨となる亜寒帯冬季少雨気候が分布します。一方、内陸は乾燥地域が広がり、中国西部やモンゴルでは砂漠気候やステップ気候が広がります。チベット高原などの標高の高い地域にはツンドラ気候もあるので注意しましょう。

東南アジアの自然環境

低緯度である東南アジアの多くの地域は熱帯に属し、赤道付近では熱帯雨林気候が卓越します。その外側の地域ではサバナ気候へ変化していきます。北半球側の多くの地域では、季節風の影響を受けるため夏に特に高温多雨となります。ほぼ全域が新期造山帯に含まれ、火山島なども見られます。ジャワ島・スマトラ島の南の沖合やルソン島の東の沖合では海溝 2 も見られ、定期テストや入試でよく問われます。インドシナ半島やマレー半島は、平野は少ないものの、チャオプラヤ川やメコン川など大河川の流域には沖積平野も広がっています。

南アジアの自然環境

南アジアの地形で目立つのが、ガンジス川やインダス川などの大河川の存在です。これらの河川に沿って平原が広がっています。インド半島には台地状のデカン高原があり、北部には新期造山帯のヒマラヤ山脈があります。この山脈は狭まる境界にある山脈ですが、プレートの沈み込み帯ではないので火山はありません。インド半島西岸には、海岸と平行に西ガーツ山脈が伸びています。この山脈に夏の季節風がぶつかることで、西岸では降水量が多くなります（この地域も季節風の影響を強く受けます）。夏は南西から、冬は逆の北東から季節風が吹いてきます。夏はインド洋から豊富な水蒸気が供給され、多雨となる地域が見られます。一方冬は大陸からの乾燥した風が吹いてくるために、全体的に少雨の傾向が強くなります。なおパキスタンは年中降水量が少なく乾燥気候が広がっています。バングラデシュはガンジス川河口に位置する国で、夏になると季節風の影響で多雨になります。周辺地域も同様で、降水量が多いため河川の流量が増加します。さらに、サイクロンがたびたび襲来してさらに大雨をもたらしたり、高潮の影響で浸水したりすることが多いです。国土の大部分が低湿地で人口増加によって居住地が危険箇所にまで拡大するため、被害が大きくなりやすいです。

Point 56 東アジアの地形

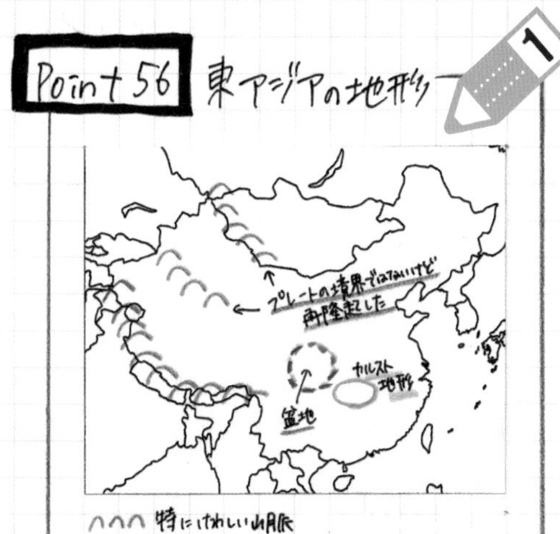

Point 57 東南・南アジアの地形

Point 58 東アジアの気候

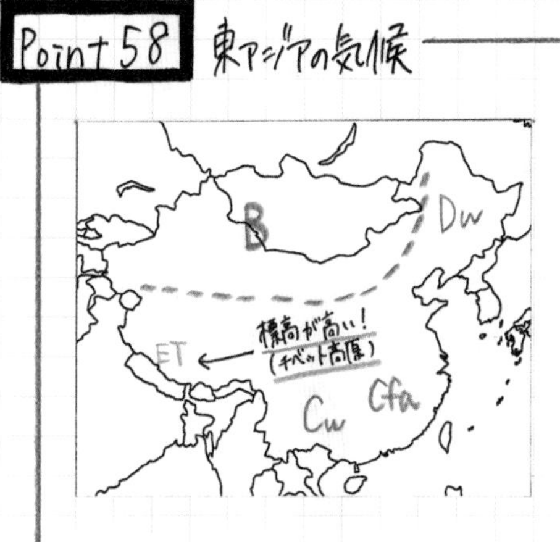

Point 59 東南・南アジアの気候

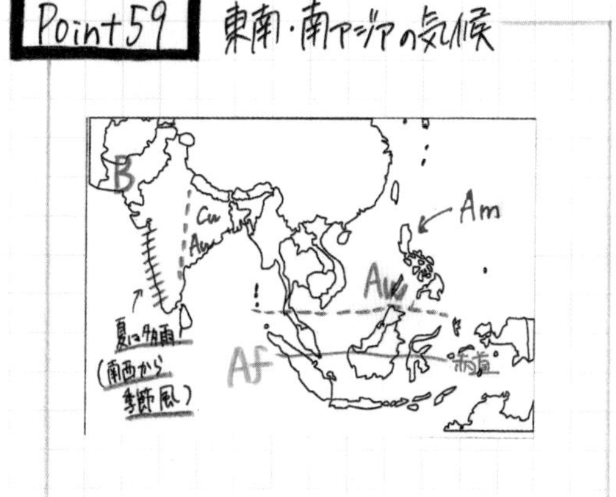

○ 南アジアの多雨地域

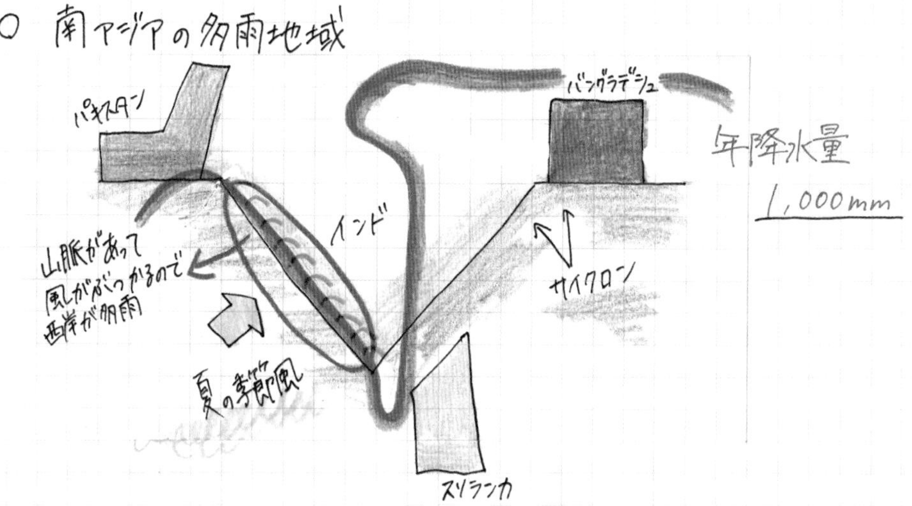

34 東・東南・南アジアの生活

重要度 ■■■■□

宗教の分布

東南アジアや南アジアでは、国ごとに信仰している宗教が異なります。インドシナ半島の国々では**仏教**を信仰している人が多く、マレー半島やインドネシアの島々では**ムスリム**（**イスラム教徒**）が多く居住しています。フィリピンは植民地時代の影響を受けて**キリスト教**（**カトリック**が多い）を信仰する人が多いのですが、ミンダナオ島には**イスラーム**（**イスラム教**）を信仰している民族もいます。南アジアでは、バングラデシュとパキスタンはともに**ムスリム**が多く、インドは**ヒンドゥー教**を信仰している人が多いです。インドとパキスタンの国境付近では**シク教**を信仰している人々もいます。**シク教**は、16世紀頃に**ヒンドゥー教**や**イスラーム**（**イスラム教**）をもとにインドで生まれた宗教です 1。なおスリランカは**仏教徒**が多くなっています。東アジアの宗教の分布はやや複雑です。中国では**儒教**（じゅきょう）や**道教**（どうきょう）、**仏教**の考えが生活に影響を与えています。韓国では**無宗教**の人も多いですが、**キリスト教**や**仏教**を信仰している人も多いです。

言語

この地域では、独自の言語を公用語として利用している国が多いです 2。ちなみに「中国語とタイ語」はシナ・チベット語族で、「ヒンディー語とウルドゥー語など」はインド・ヨーロッパ語族にあたり、同じ語族です。特徴的なのは、シンガポールでしょう。シンガポールは4つの言語を公用語にしています。もともと地域で使われていた**マレー語**に加えて、建国の中心となった中国人の**中国語**、そして**英語**と**タミル語**の4つです。**英語**は国際交流の上で必要ですし、シンガポールは国際交易の重要な要衝（ようしょう）であるマラッカ海峡（かいきょう）に面する**都市国家**なので、貿易をする上でも利点があります。**タミル語**はインド南部の言語で、マレー半島がイギリス植民地だった頃に、インドから多くの労働者が移動してきたので、**タミル語**を使用している人も多いです。

経済成長と生活の変化（東南アジア）

第二次世界大戦後の東南アジアは、大きく社会主義の国と資本主義の国に分かれました。社会主義陣営（じんえい）の国はミャンマーやベトナムなどです。ともに計画経済による国づくりを行い、宗教は大きく制限されていました。資本主義陣営では、外国資本の導入が進んで経済成長を遂げた国も見られるようになりました。経済水準（すいじゅん）は向上し、教育にも力を入れた国も多いです。インドネシアは、世界最大の**ムスリム**が居住する国です。経済成長が始まり、欧米（おうべい）の文化も流入するようになりましたが、**イスラーム**（**イスラム教**）の教えとバランスをとりながら生活しています。もともと多様な宗教が信仰されている地域であったため、現在でも「バランス」「穏健」「寛容」の3つの価値観を重視しています。こうした文化的障壁の低さが、他の国との交流に生かされており、今後の経済発展が期待されています。

Point60 東南アジアの宗教

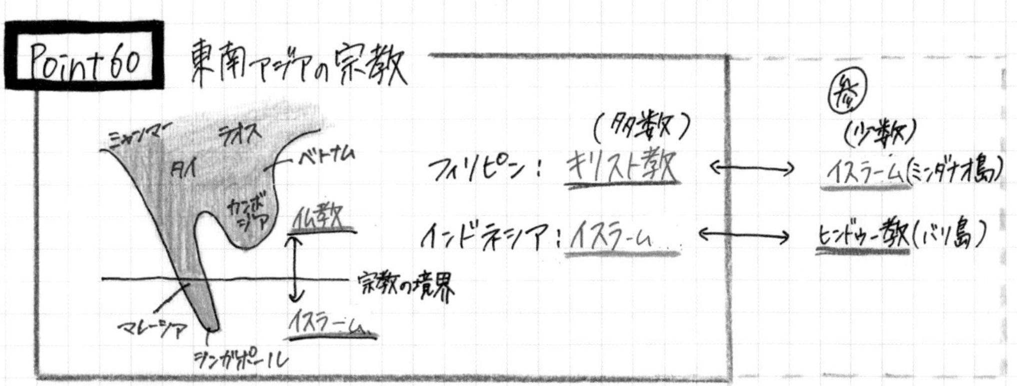

Point61 南アジアの宗教

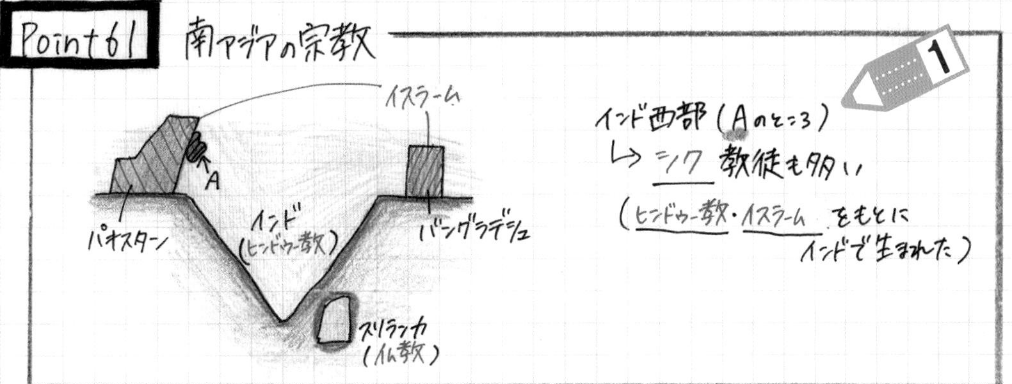

○ シンガポールの公用語：マレー語・中国語・英語・タミル語

○ 主な国の言語

国	言語	国	言語
ベトナム	ベトナム語	インド	ヒンディー語，英語(連邦準公用語) 他複数の各州言語
カンボジア	カンボジア語	バングラデシュ	ベンガル語
タイ	タイ語	パキスタン	ウルドゥー語(英語も)
ミャンマー	ビルマ語	スリランカ	シンハラ語(タミル語も)

㊟ インドネシア，マレーシア ⟶ 宗教：イスラーム

言語：マレー語 ⟵ アラビア語ではない！

(インドネシア語ともいう)

中国の生活

重要度

世界の工場としての中国

中国が経済発展を遂げる大きな転換点が、1970年代末の**改革開放政策**の実施でした。それまでの中国は**計画経済**のもと重化学工業を行っていましたが、社会主義体制の課題に直面して十分な成長ができない状態でした。1978年に**改革開放政策**を導入して以降は、**経済特区** 1 や**経済技術開発区**を設置し、**輸出指向型工業**を積極的に進めます。政治的には社会主義を維持したまま経済では**市場経済**を導入する**社会主義市場経済**が進められ、急成長を遂げました。2001年には**世界貿易機関**（**WTO**）に加盟し、世界貿易がさらに活発になり、世界の工場と呼ばれるほどになったわけです。もともとは安価な人件費を背景に、繊維業や組み立て工業などを積極的に誘致し、安い工業製品を大量に輸出する体制でしたが、近年その形は変化しつつあります。

世界の市場としての中国と課題

特に経済成長を遂げた大都市などでは、所得が大きく向上しました。そのため購買意欲も高まり、あらゆるものが飛ぶように売れるようになりました。巨大人口を抱え、所得の向上による購買力の高まりは、中国国内だけでなく世界の企業に注目されました。日本でも、小売店や飲食店などが相次いで進出したのはこの影響です。多くの外国企業が進出し、中国の都市部は短期間で一気に開発が進み、様変わりしました。しかしこうした恩恵を受けられているのは都市部だけです。農村では経済成長は緩やかで、都市との格差が問題となっています。**郷鎮企業**と呼ばれる、地方や個人が経営する一部の企業が成長していますが、こうした企業が少ない地方は経済発展から取り残されてしまいました。そのため都市部への出稼ぎが増加し、都市部で大量の人口流入が問題となったのです。中国では**都市戸籍**と**農村戸籍**で戸籍を区別し、人口移動を抑制する制度を取りましたが、格差の拡大が激しく、戸籍の統一化が進められているほどです。こうした格差を解消するため、2000年に**西部大開発**を実施します。鉄道やインフラ整備を西部にも拡大させる政策で、大規模投資が進められています。

巨大人口を抱える中国

中国は14億人を超える人口を抱えています。特に人口が増加していた時期には、将来の食料問題が懸念され、**人口抑制政策**を取らざるを得なくなりました。1979年から実施された**一人っ子政策**は有名です。これは、一組の夫婦に対して子どもを1人に制限する強い政策です。ところがあまりに強い政策であったため、人口抑制が激しく、少子化が進展しました。このままでは将来に急激な高齢化が生じる懸念が出てきたわけです。こうした**少子高齢化**は経済成長によくない影響を与えかねないと考えられ、2015年には一人っ子政策は廃止されました。

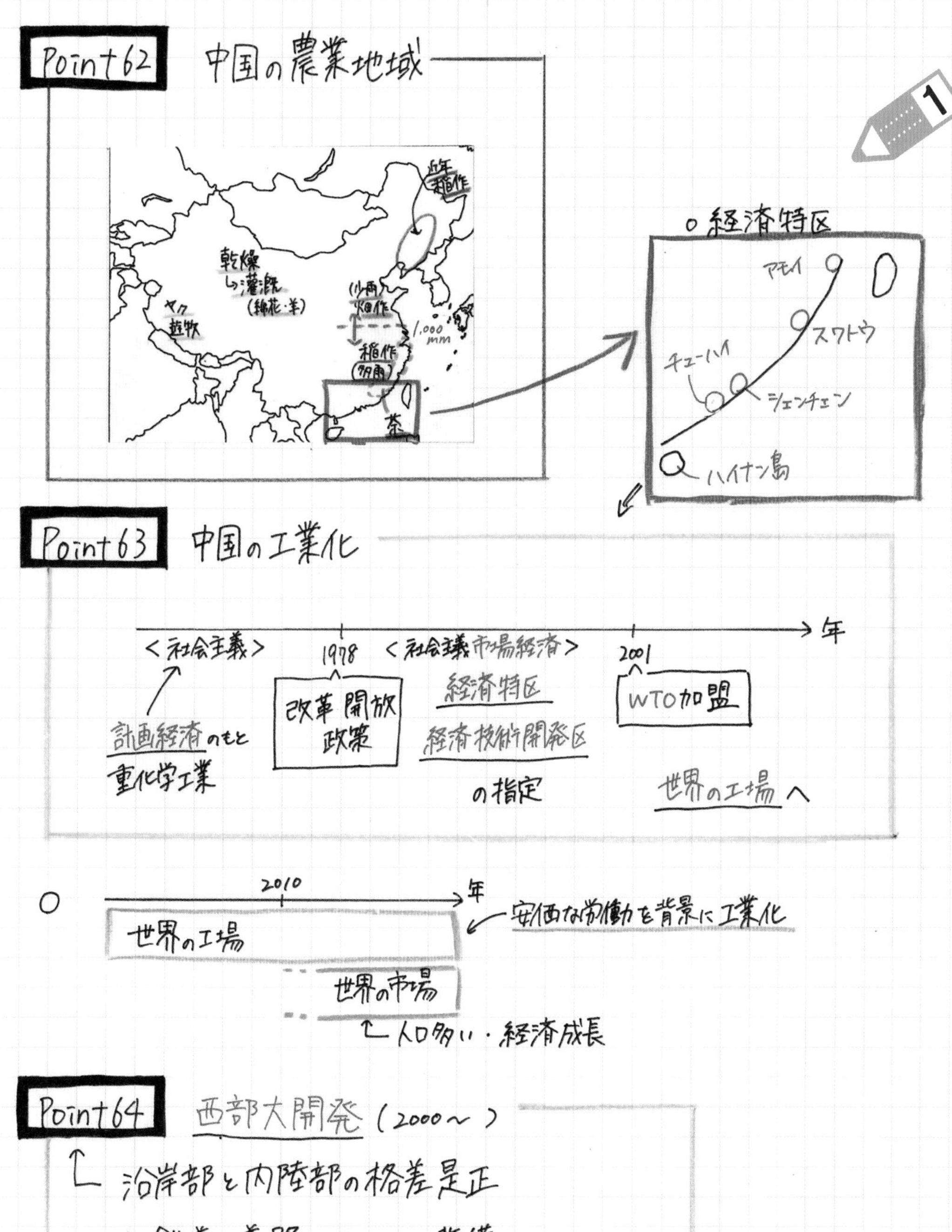
Point62
中国の農業地域
近年 稲作
乾燥
↳灌漑
(綿花・羊)
ヤク
遊牧
(少雨)
畑作
1,000 mm
稲作
(多雨)
茶
○経済特区
アモイ
スワトウ
チューハイ
シェンチェン
ハイナン島
Point63
中国の工業化
年
<社会主義>
1978
<社会主義市場経済>
2001
計画経済のもと
重化学工業
改革開放
政策
経済特区
経済技術開発区
の指定
WTO加盟
世界の工場へ
○
2010
年
世界の工場
安価な労働を背景に工業化
世界の市場
↳人口多い・経済成長
Point64
西部大開発(2000～)
↳沿岸部と内陸部の格差是正
ex.)鉄道・道路などのインフラ整備
(大規模な公共投資)

テーマ36 韓国の生活

重要度

工業化した韓国

1950年代に勃発した朝鮮戦争が終了したのち、韓国は軍事独裁政権（1987年に民主化宣言）が誕生しました。この政権のもとで、外資を導入する**輸出指向型**の工業化が進みます。当初は**軽工業**が中心でした。70年代に石油危機が起き、多くの工業国が打撃を受ける中、韓国は経済成長を続けて**鉄鋼**や**造船**など重化学工業の発展も見られました。首都ソウルを流れる漢江の名前から「**漢江の奇跡**」と呼ばれました。台湾や香港、シンガポールと並んでアジアNIEsに数えられるまでになり、1988年には**ソウルオリンピック**が開催されました。農村部の発展も、**セマウル運動**と呼ばれる農村振興運動によって促されていきます。

現在の韓国

1990年代末に**アジア通貨危機**が発生し、韓国は打撃を受けましたが、産業構造の転換などを進めて自動車や高機能家電などの生産、半導体生産などで経済を回復させていきました。もともと人口が少なめで国内市場が大きくない韓国では、輸出依存が強いです。そのため物流の拠点を設けることを重視し、空港や港湾を整備しました。有名なものがソウル近郊の仁川国際空港で、東アジアの巨大**ハブ空港**として機能しています。また韓国南部の人口第2位のプサンには、コンテナ貨物の物流拠点として有名な**ハブ港**であるプサン港があります。こうした経済発展の一方で、韓国には大きな課題が2つあります。1つは都市と農村、**財閥**系の大企業と中小企業の格差問題です。もう1つが、こうした格差により受験競争が激化したことなどを受けて、出生率が低下している問題です。韓国の**合計特殊出生率**は極めて低く、将来の少子高齢化が懸念されています。

韓国の文化

韓国では、都市部を中心に**キリスト教**を信仰する人が多いです。アジアの国でキリスト教徒の割合が高いのはフィリピンと韓国です。韓国では韓国語が使われますが、文字は**ハングル**という表音文字が使われています。李氏朝鮮時代に考案された文字で、識字率を上げるためにわかりやすい表音文字が採用されました。伝統的な住居では、炊事の時に出る煙を床下に通して部屋全体を温める床暖房の**オンドル** 1 が見られます。また朝鮮半島の民族衣装、**チマ・チョゴリ**、パジ・チョゴリは有名ですね。アジアの通貨危機による経済不況からの回復のため、韓国では**コンテンツ産業**にも特に力を入れるようになりました。音楽やドラマ、映画などを積極的に支援し、世界へ輸出しています。韓国の人気音楽グループがたびたび話題になり、日本でも人気になっています。特に2000年代初頭には韓流ブームが起き、韓国のテレビドラマやK-POPの流行が話題になりました。

Point 65 韓国の工業化

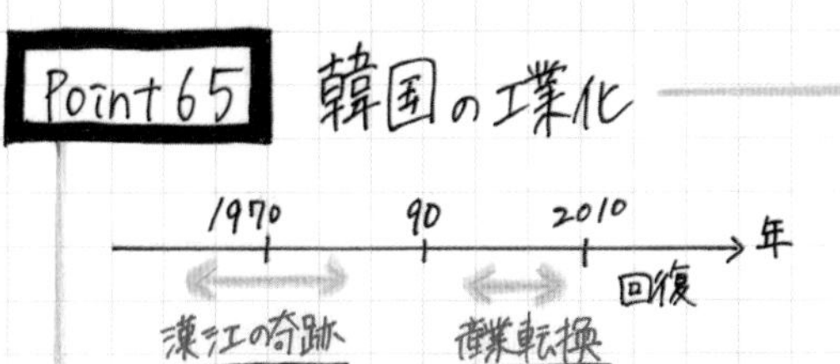

輸出指向型へ転換

アジア通貨危機で景気↘

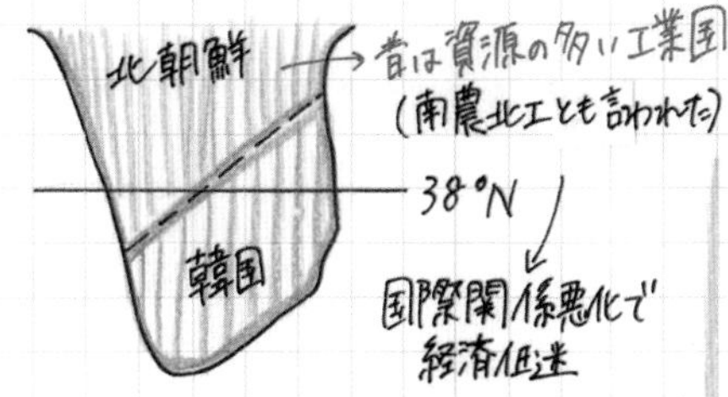

今 自動車, テレビ, スマートフォン(高機能)
半導体 生産 ← 財閥が強い力を持っている

○ 韓国の文化

言語 韓国・朝鮮語　　宗教 儒教・キリスト教

文字 ハングル文字　　衣装 (女) チマ・チョゴリ
(男) パジ・チョゴリ

住宅の工夫 床暖房(オンドル)

昔 かまど あたたかい煙

今 ボイラー → 温水を利用してあたためる

○ 韓国の課題

・経済格差

上		下
都市	>	農村
大企業(財閥)	>	中小企業

↑ 大学生など就職で人気!
(超学歴競争)

・少子化 合計特殊出生率 1.0以下になることも…

(参) 主な都市

ソウル: 首都(人口集中)

インチョン: ハブ空港がある

プサン: 南東・人口第2位の都市
コンテナ取扱い多い港

ウルサン: 自動車メーカーの拠点がある

インドの生活

重要度

人口増加と食糧問題

インドは13億人を超える人口を抱える巨大な国です。その人口を支える農業生産は、インドにとって最も重要な産業となります。ガンジス川流域では人口が集中し、そこでの食糧供給不足がたびたび問題となっていました。1960年代には「**緑の革命**」を進め、食糧増産に努めるようになります。**緑の革命**は、**高収量品種**を導入するなど積極的な農業投資を進め、米や小麦などの穀物栽培を拡大させる動きのことです。灌漑設備が充実したことで、乾季にも稲作ができるようになるなど生産力が高まり、米についてはほぼ自給できる状態となりました。穀物以外にも、「**白い革命**」と呼ばれる乳製品供給を高めようとする動きも見られるようになります。具体的には1970年代から行われている取り組みで、全国に酪農の協同組合を作って、流通ルートを整備して都市への乳製品供給を充実させ、酪農家の貧困を解消させる農業改革です。

インドの工業化

南アジアの工業といえば、ガンジス川下流で栽培される**ジュート** 1 や、デカン高原で栽培される**綿花**を使った**繊維工業**です。現在もインド、バングラデシュでは重要な輸出品となっています。また安価な人件費を背景に、こうした繊維を加工する工場も多く集まるようになりました。日本でも有名なメーカーが生産拠点をインドに置いています。伝統的な工業が盛んな南アジアですが、一方でインドでは**ICT産業**が急成長しました。インドは真裏の位置にあるアメリカ合衆国との**時差**を利用し、24時間体制で作業できるメリットを生かしアメリカ合衆国と連携してソフトウェアの開発を行うことで、産業を振興しました。**英語**が準公用語であることや、**理数教育**が充実していたことも背景にあります。なおこの時差の利用は、ソフトウェア開発だけでなく、**コールセンター業務**にも生かされています。インターネットを利用した電話の登場で電話代が安くなったことで、深夜の電話担当業務を、人件費が安いインドで賄おうとしたわけです。

インドが抱える問題

気候変動の影響から、ヒマラヤ山脈の**氷河**の融解が加速しているとの報道があります。もともとヒマラヤ山脈の山麓にあるネパールやブータンには氷河が多く残っていて、その雪解け水がガンジス川の水源となっています。しかし**地球温暖化**の影響などからその氷河の融解が特に多くなり、山間部で洪水が発生するようになりました。なおこの洪水のことを**氷河湖**決壊洪水（GLOF）といいます。その一方で、インドの居住地域では衛生的な水を得ることが困難なところがまだまだ多いです。そのため感染症が拡大しやすく、乳児の死亡率が高くなりやすいです。先ほど学習した**緑の革命**も問題を生じさせています。生産力は向上しますが、**高収量品種**は肥料と農薬が大量に必要なためコストがかかります。そのため裕福な農家のみが恩恵を受け、農民間の貧富格差が拡大しました。

Point66 南アジアの農業

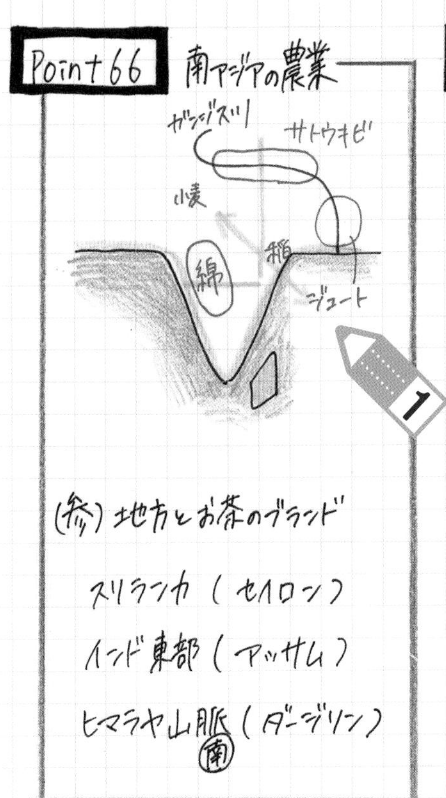

(参) 地方とお茶のブランド

スリランカ（セイロン）
インド東部（アッサム）
ヒマラヤ山脈(南)（ダージリン）

Point67 南アジアの工業

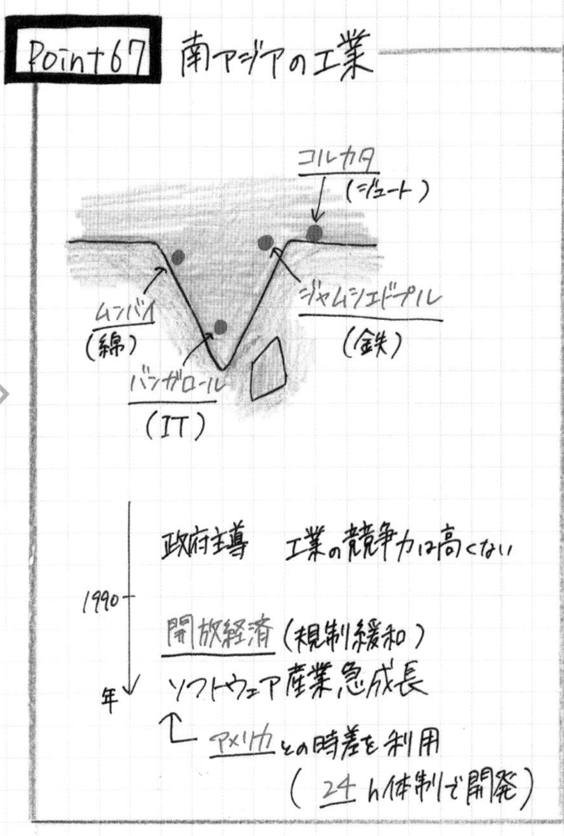

政府主導　工業の競争力は高くない

1990年
開放経済（規制緩和）
ソフトウェア産業急成長
↑ アメリカとの時差を利用
（24h体制で開発）

○ デカン高原

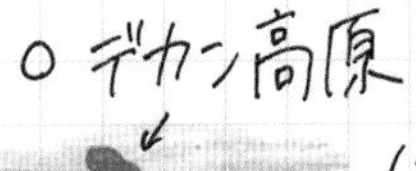

（溶岩）台地

レグール土が分布
肥沃で水もちがよい
↳ 綿花栽培に利用

○ ヒンドゥー教の特徴

多神教，輪廻転生の思想
聖地：ヴァラナシ
ガンジスヅリでの沐浴が有名
身分制（カースト）
菜食主義の人も多い
牛の肉は食べない ← 聖なる動物だから

○ 緑の革命・白い革命（インド）

<緑の革命> ← 小麦・米
1960年代～　高収量品種の導入
灌漑設備（二毛作が可能）
1年で2回，同じ場所で2種類の作物を耕作

<白い革命> ← 乳製品
1970年代～　全国に協同組合
生乳の集荷ルート整備

(参) 鶏肉の増産
↳ ピンクの革命といわれる

テーマ38 ASEAN

重要度

ASEANの結成

ASEAN（アセアン）の結成の背景は、第二次世界大戦後の東南アジア諸国の２つの陣営（じんえい）間の摩擦（まさつ）でした。1つは資本主義陣営、もう1つが社会主義陣営です。資本主義側は西側とも呼ばれ、アメリカ合衆国、ヨーロッパ諸国側（東ヨーロッパを除く）で、日本もこのグループに含まれます。一方社会主義側は東側とも呼ばれ、旧ソ連、東ヨーロッパや中国などが含まれます。東南アジアにもこの東西の対立が出ていました。ベトナム・ラオス・カンボジア・ミャンマーは社会主義側に、それ以外の多くの国は資本主義側となりました。特に資本主義側の警戒感は強く、1967年に資本主義側の国々でASEAN（アセアン）を結成して連携（れんけい）を強めようとしたわけです。発足時の参加国はシンガポール、マレーシア、インドネシア、タイ、フィリピンの5カ国で、ASEAN5とも呼ばれています 1。その後カリマンタン島（ボルネオ島）の西岸にあるブルネイが1984年に加盟します。東西冷戦（れいせん）が終結するのは旧ソ連が解体した1990年代初頭で、そこから他の東南アジアの国も一気に加盟するようになります。95年にベトナム、97年にラオスとミャンマー、99年に最後のカンボジアが加盟します。こうして現在の加盟国10カ国体制は完成したことになります。

ASEANの経済連携

ASEAN加盟国間による域内間貿易は規制や制限が緩やかで、相互の貿易が活発です。そのためASEAN域内では、部品を分担して工業品を生産する国際分業体制がとられています。ASEAN加盟国の現在の貿易品目を見ると、輸出の上位に工業品が含まれていますが、その多くが完成品ではなく部品が多いことが特徴になっています。今までのように先進国が部品を生産して、その組み立てを途上（とじょう）国が行う体制とは異なりますね。このようなASEANでの国際分業体制はアジア新国際分業と呼ばれています。ASEANは相互（そうご）の経済交流を活発化させ、自由貿易体制をより生かそうとしています。2015年に発足したASEAN経済共同体（AEC）はEUをモデルとした自由貿易圏（けん）で、世界が注目する巨大人口を抱えた経済圏となりました。さらに、ASEANは中国や日本などとも連携を強め、RCEP（アールセップ）（地域的な包括（ほうかつ）的経済連携）を提携し 2、経済統合の動きを加速させています。

ASEANの課題

順風満帆なASEANですが、課題もあります。その1つが民族間の格差問題です。民族の違いによって、現在でも所得や教育面での格差があります。また、国内に民族対立問題を抱えている加盟国もあります。こうした民族間対立は加盟国間の摩擦となる場合があるため、解決への動きが進められています。もう1つが、国際的課題への姿勢が加盟国で異なる点です。歴史的経緯や、周辺国との外交、貿易関係が全ての加盟国で同じではありません。国際的課題が生じると加盟国間で差が出ることがあり、連携を弱める可能性が指摘されています。

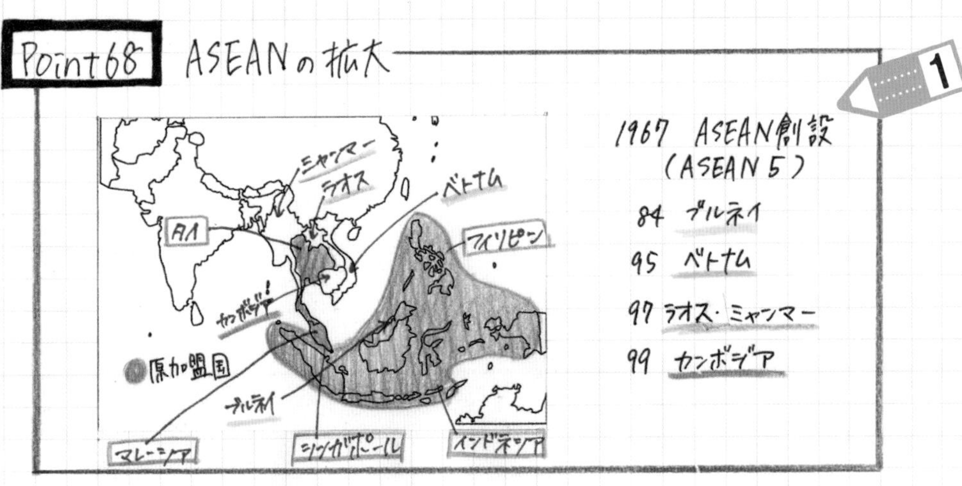

○ RCEP（地域的な包括的経済連携）

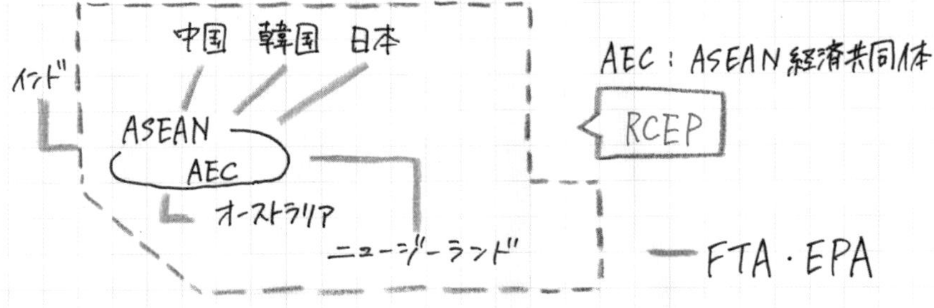

○ 日本とASEAN

↳ EPA（経済連携協定）締結

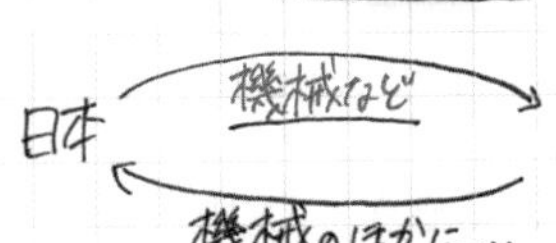

天然ガス　食料品　衣類

ASEANからの訪日外国人 ⤴（ビザの発給要件緩和）

西・中央アジアの自然環境

重要度

西アジア・中央アジアの地形

西アジアはトルコから東のイラン・イラク・サウジアラビア、中央アジアはカザフスタンから南のトルクメニスタンなどの国々を指します。アラビア半島以外は新期造山帯に属する山脈や高地が広がり 1 、この地域ではたびたび**地震**が発生し、災害に発展することが多いです。アラビア半島は**安定陸塊**に属し、平坦な土地が見られます 2 。黒海とカスピ海の間に伸びるカフカス山脈は、新期造山帯の山脈で険しく急峻です。アラビア半島の南西にある紅海は**広がる境界**にあたります。イスラエルとヨルダンの国境にある死海は、この広がる境界の北側にある湖です。現在は海と切り離されてしまい、蒸発が著しく、湖面の高さが平均下位水面よりも低くなっています。**塩分濃度**が最も高い湖であることも有名です。

西アジア・中央アジアの気候

西アジアから中央アジアは**乾燥気候**の地域が多いです。アラビア半島は**亜熱帯高圧帯**の影響を受けて砂漠が広がります。一方中央アジアも北部を中心に砂漠が見られますが、これは大陸の内陸部で水蒸気の供給量が少ないために形成された砂漠です。砂漠の周辺には**ステップ気候**が広がります。カザフスタンには**カザフステップ**と呼ばれる起伏が緩やかな草原が見られます。今でも遊牧民たちが水と草を求めながら移動し続ける**遊牧**が見られます。トルコの沿岸部やカスピ海の南岸、中央アジアの一部には**地中海性気候**が見られます。夏の少雨を生かして果実栽培を行っている地域もあります。

人々の生活

乾燥地域では**遊牧**が見られます。主に**ラクダ**や羊が多く、遊牧民は家畜と共に移動して生活しています。以前は**ラクダ**に乗って移動して交易などを行う隊商(**キャラバン**)が見られましたが、時代とともにその数は減っています。この地域では降水量が少ないため、河川の水や**オアシス**で得られる水などを利用して農業を行います。技術が高まった現在では井戸を深く掘ったり、海水を**淡水化**したりして利用することもあります。こうした灌漑農業では主に**小麦**、**綿花**、**ナツメヤシ**などを栽培します。水源から農業用地まで水を移動させる時には**地下水路**を使います。地表に水路を作ってしまうと乾燥によって蒸発してしまうからです。**地下水路** 3 は地域で呼称が異なり、イランでは**カナート**、カザフスタンなどでは**カレーズ**といいます。なお北アフリカでも地下水路を使っていますが、こちらは**フォガラ**と呼びます。西アジアの乾燥地域では、住宅の建材が手に入りにくいので、**日干しれんが**を使った住居に住むことが多いです。住宅の屋根は平らで、窓をできるだけ小さくします。屋根が平らなのは少雨の証、窓を小さくしているのは熱風や砂が室内に入らないようにするためです。

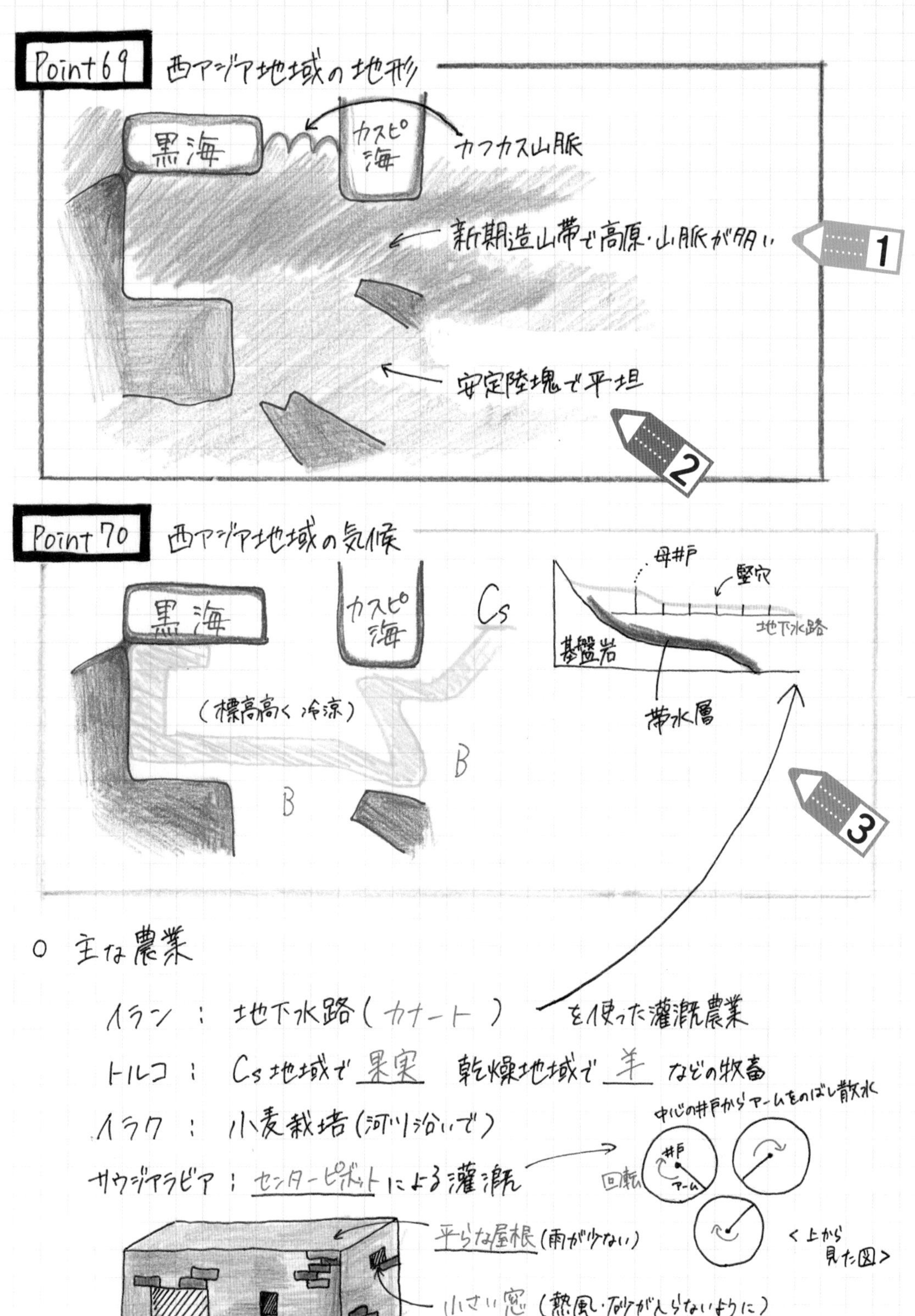
Point69 西アジア地域の地形
黒海
カスピ海
カフカス山脈
新期造山帯で高原・山脈が多い
1
安定陸塊で平坦
2
Point70 西アジア地域の気候
黒海
カスピ海
Cs
(標高高く冷涼)
B
B
母井戸
竪穴
地下水路
基盤岩
帯水層
3
○ 主な農業
イラン : 地下水路(カナート)を使った灌漑農業
トルコ : Cs地域で果実 乾燥地域で羊 などの牧畜
イラク : 小麦栽培(河川沿いで)
サウジアラビア : センターピボットによる灌漑
中心の井戸からアームをのばし散水
井戸
回転
アーム
<上から見た図>
平らな屋根(雨が少ない)
小さい窓(熱風・砂が入らないように)
日干しれんがを使った家

西・中央アジアの産業と生活

重要度

西・中央アジアの主な産業

西アジア・中央アジア地域では工業化が進み、工業製品の輸出を積極的に行っている国はわずかです。ほとんどの国は農業生産品か、国内で採掘される石油などの資源に依存しています。特に西アジアの国では油田(ゆでん)を持つ国が多く、第二次世界大戦前から**国際石油資本**(**石油メジャー**)によって油田が開発されてきました。戦後になると石油需要(じゅよう)が高まり、西アジア地域では生産を増やし、世界最大の供給源にまでなりました。しかし当初は開発元だったメジャーが利益の多くを奪っていたため、**メジャー**に対抗すべく1960年代に石油輸出国が連携(れんけい)して**石油輸出国機構**(**OPEC**(オペック))を結成しました。この組織を後ろ盾(だて)に、自国の油田を次々国有化し、利益を自国に還元できるようになりました。その一方で、西アジア情勢によって**OPEC**が生産量を調整することができるようになったため、石油価格が不安定化する懸念も生まれました。中央アジアでも油田開発が進み、石油が貴重な輸出品になっている国もあります。他の鉱産(こうさん)資源に恵まれている国も見られ、輸出品目上位になっていることも多いです。乾燥気候を背景に**綿花**(めんか)栽培を行っている地域が多く、**繊維**(せんい)・**綿**が重要な産業になっています。

言語と宗教

トルコの言語は**アルタイ諸語**に含まれ、この語族には他に**モンゴル語**が該当します。このトルコの言語は中央アジア地域に影響しており、**チュルク語派**(**トルコ系言語**)とまとめられることもあります。地図1で見ると、トルコとモンゴルを結んだ地域でこの**アルタイ諸語**の言語を使っている場合が多いのですが、途中のイランは異なります。イランの言語は**ペルシャ語**で、**インド・ヨーロッパ語族**に含まれます。イランは**アラビア語**ではないことに注意したいです。ユダヤ人の多いイスラエルは**ヘブライ語**を使用し、それ以外の西アジアの国では**アラビア語**を使っています。なお**アラビア語**は、**アフリカ・アジア**(**アフロ・アジア**)**語族**に含まれ、イスラエルの**ユダヤ語**もこの語族です。宗教は、**ユダヤ教**を信仰する人の多いイスラエルを除いて、**イスラーム**(**イスラム教**)を信仰する人が多いです。

トルコ、イスラエルの経済成長

このページの上の部分で学習しましたが、資源や農業生産に依存した国が多い中、工業化が進んで工業品も輸出している国も見られます。トルコは、ムスリム(イスラム教徒)の多い国ですが、政治と宗教を分離する**政教分離**(せいきょう)を進めてきた国です。そのため欧米の資本が入りやすく、トルコの位置がヨーロッパとアジアの結節点にあること、黒海や地中海などの水運が利用できることなどから工業化に成功しました。イスラエルはヨーロッパやアメリカ合衆国との関係が強く、外国資本が入りやすいこと、歴史的経緯から**ダイヤモンド**取引が盛んだったことから経済成長できた国です。

○ OPEC（石油輸出国機構）

OAPEC（アラブ石油輸出国機構）← アラブの国のみ加盟できる

↳ 国際石油資本（石油メジャー）に対抗するため結成（60年代）

・油田を国有化 ⇒ 産油国に大きな利益・価格決定にも力を持つ

Point71 西アジアの言語

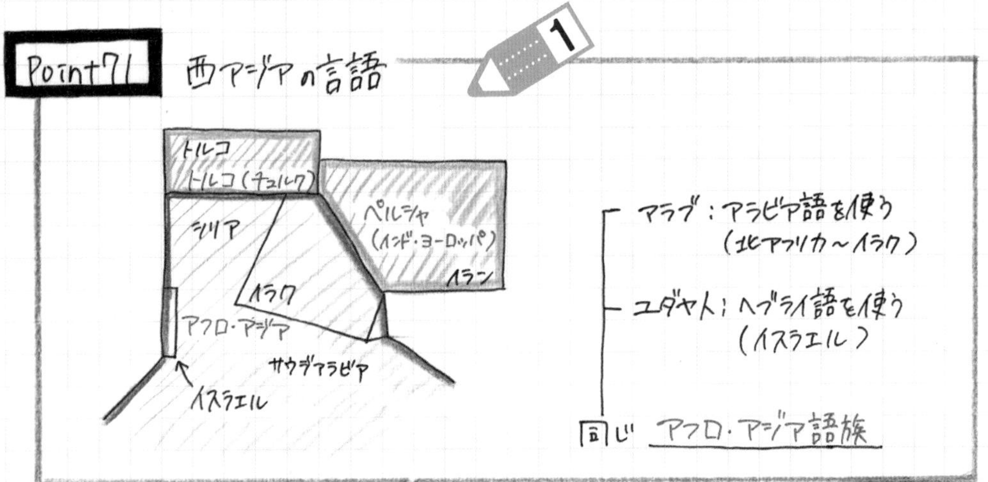

○ パレスチナ問題

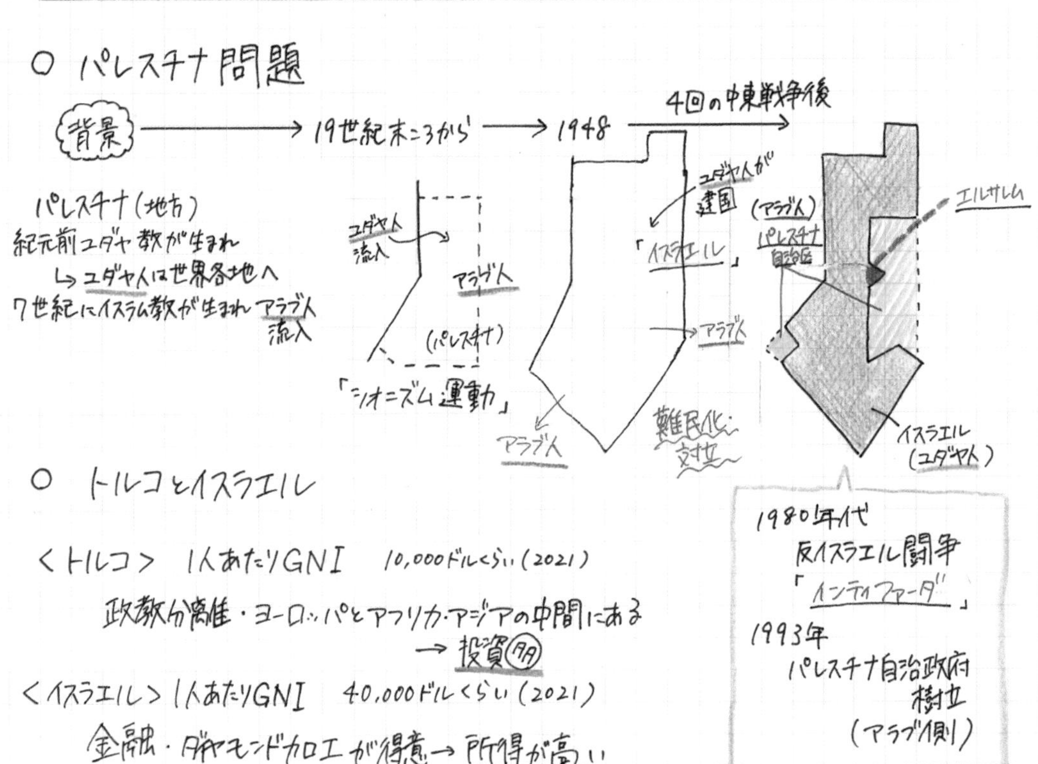

○ トルコとイスラエル

＜トルコ＞ 1人あたりGNI 10,000ドルくらい（2021）

政教分離・ヨーロッパとアフリカ・アジアの中間にある

→ 投資（多）

＜イスラエル＞ 1人あたりGNI 40,000ドルくらい（2021）

金融・ダイヤモンド加工が得意 → 所得が高い

第4章 現代世界の諸地域　第8節 西・中央アジア

イスラーム圏での文化

重要度

イスラーム圏と中東

中東という表現は、多くの国で西アジアと同義で使用しています。元々はイギリスを中心にアジアを「東」の地域という大きなとらえ方で見ていて、最も東の極東、近い東側の地域の近東、その中間の中東という分け方をしていたことからきています。一部では、西アジアはアフガニスタンを含むが中東はアフガニスタンを含まないとか、西アジアにはエジプトを含まないが中東にはエジプトを含むなど、さまざまな区分があるようです。ここでは中東と西アジアは同じと考えます。中東にはイスラーム（イスラム教）を信仰している人がとても多いです。イスラームは7世紀にムハンマドによって創始された宗教です。地域によって教義が異なり、大きくエジプトやサウジアラビアなどのスンナ派と、イランやイラクなどのシーア派に分かれます。地理総合ではイスラームには教義によっていくつかの区分があり、大きくスンナ派とシーア派があるということを理解しておきたいです。

イスラームの社会

イスラーム（イスラム教）は預言者ムハンマドが神からの啓示を受け、その教えを残した聖典クルアーン（コーラン）を中心に信仰している宗教です。この中にはムスリム（イスラム教徒）の日常生活や行動についてのさまざまなきまりが書かれています。宇宙の創造者、唯一神アッラーを信仰対象とし、偶像を禁止します。五行と呼ばれる義務を課し、豚肉やアルコールを摂取しないなどとするハラーム（禁忌）をクルアーンに記しています。勘違いしやすいのですが、ムスリムの人たちは肉を一切口にしないわけではありません。豚肉を食することは禁忌ですが、それ以外の動物の肉はある程度食べることができます。その際にはイスラームの教えに従った方法で処理することが求められ、適切に処理された食品をハラールフードといいます。日本でもムスリムが居住したり、観光客が増加したりしたので、ハラールフードを扱う飲食店や小売店が増えました。イスラームでは金曜日に礼拝が行われます。モスクという寺院で多くの人が集まって礼拝をします。女性は人前で顔や手以外の肌を見せてはいけないとされ、ヒジャーブという布で体を覆いますが、地域によってかなり差があります 1 。

アラブ首長国連邦とサウジアラビア

中東でもよく知られているアラブ首長国連邦とサウジアラビア、ともに産油国で経済成長を遂げた国ですが、詳しく見てみると違いがあります。アラブ首長国連邦の中でも、構成国（首長国といいます）の1つであるドバイは経済成長が著しいです。古くから入江の地形を生かして港を発展させ、中継貿易拠点として整備してきました。金融や物流、観光などあらゆる産業を発展させました。イスラームの聖地メッカのあるサウジアラビアは、イスラームの教義を忠実に守りながら石油資源を背景に経済成長を見せましたが、金融やサービスで遅れをとっています。

Point72 イスラームの分布

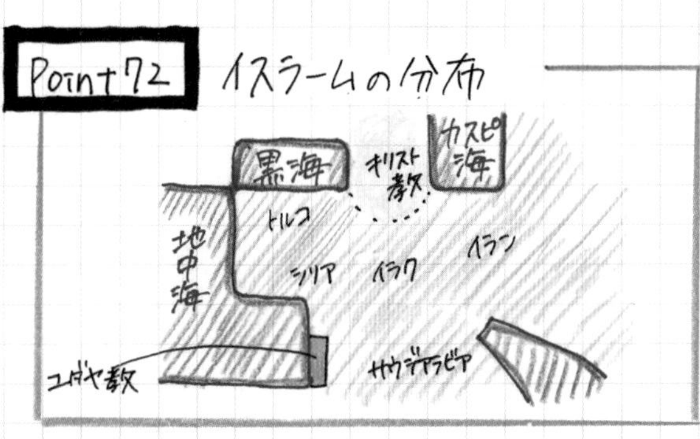

Point73 イスラームの特徴(聖典コーラン(クルアーン))

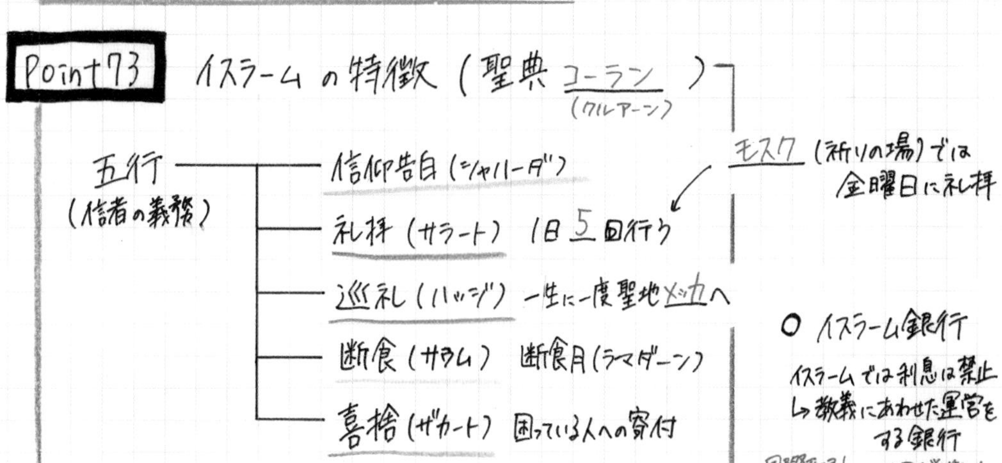

○ イスラーム銀行
イスラームでは利息は禁止
↳ 教義にあわせた運営をする銀行
国際取引・外国人労働力
増加で必要に

Point74 宗教と禁忌(タブー)

ヒンドゥー教　牛肉 ←「牛は聖なるもの」カースト上位の人の中には菜食主義の人も多い

イスラーム　豚肉　アルコール(豚肉以外はイスラームのルールに従って処理していればOK)
↓
「ハラールフード」という

ユダヤ教　豚肉　エビ・イカ・タコも
(乳製品と肉を一緒に食べることもNG)

○ イスラム教徒の女性の服装

↳ 肌の露出を禁止

北アフリカの自然環境

重要度

北アフリカの地形

北アフリカの地形は東西で大きく異なります[1]。西側の北部に伸びた半島部分には、新期造山帯に属するアトラス山脈が東西に伸びています。一方でその山脈から東側は平坦な土地が広がります。安定陸塊に属していて、けわしい山脈はほとんど見られません。しかし東海岸付近を見ると様子は異なります。プレートの広がる境界が伸びていて、境界沿いの両側には比較的標高の高い地域が見られます。エジプトの北東にあるシナイ半島の西にはスエズ運河があります。地中海と紅海を結んでいて、ヨーロッパとアジアを結ぶ重要な航路となっています。この運河はプレートの広がる境界の先にあり、映像などで見てみると紅海の沿岸部には切り立った崖のような地形が見えます。エジプトには外来河川のナイル川が流れています。ナイル川は大きな三角州を形成していて、首都カイロは三角州の南端に位置しています。ナイル川はたびたび洪水を起こし、そのたびに上流からの肥沃な土壌が供給されたため、農業が盛んでした。「エジプトはナイルの賜物」と呼ばれた理由の1つです。

北アフリカの気候

北アフリカは亜熱帯高圧帯の影響を年中受け、砂漠が広がっています。西部の半島部の沿岸地域は若干緯度が高いこともあり、地中海性気候になっています。北アフリカの北岸は全て地中海性気候だと思っている人も少なからずいますが、実際は西側の一部だけが地中海性気候です[2]。なお西岸の沖合には寒流が流れています。そのため西岸の地域は夏でも気温が上がらず、気温の年較差が小さくなります。

アスワンダムとアスワンハイダム

ナイル川にはエジプト国内に2つの巨大ダムがあり、アスワンダム（アスワンロウダム）のほうが下流にあって、アスワンハイダムのほうが上流にあります[3]。アスワンダムが完成したのは1902年のことでした。アスワンハイダムは1970年に完成しています。アスワンダムは氾濫防止と灌漑用水の確保が目的でしたが、建設技術が高くない頃のダムのため、役割を十分に果たせない状態でした。そこで当時のナセル大統領がソ連の支援などを受けて巨大ダム建設計画に着手したわけです。それがアスワンハイダムです。この巨大ダムによってダム湖が作られました。このダム湖の名前をナセル湖といいます。功績をたたえるため、大統領の名前がつけられました。このダムでは水力発電もできるようになり、用水取水や氾濫防止など多目的に利用されています。しかし肥沃な土壌が下流に流入しなくなったり、土砂供給が減少して海岸侵食したりと課題もあります。以前の教科書などでは古くからあるほうがアスワンダム、もう1つの新しいダムがアスワンハイダムと記載していました。現在ではアスワンダムというと、アスワンハイダムを指すことが多く、もう一方のただのアスワンダムはアスワンロウダムと使い分けています。

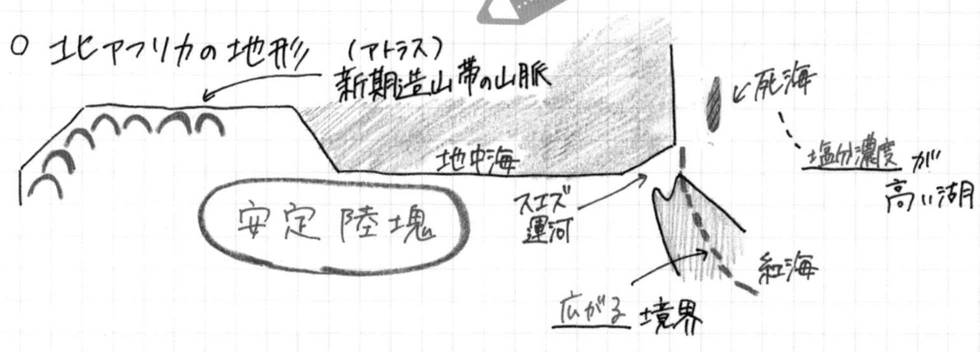
1
○ 北アフリカの地形
(アトラス)
新期造山帯の山脈
地中海
安定陸塊
死海
塩分濃度が
高い湖
スエズ
運河
紅海
広がる境界

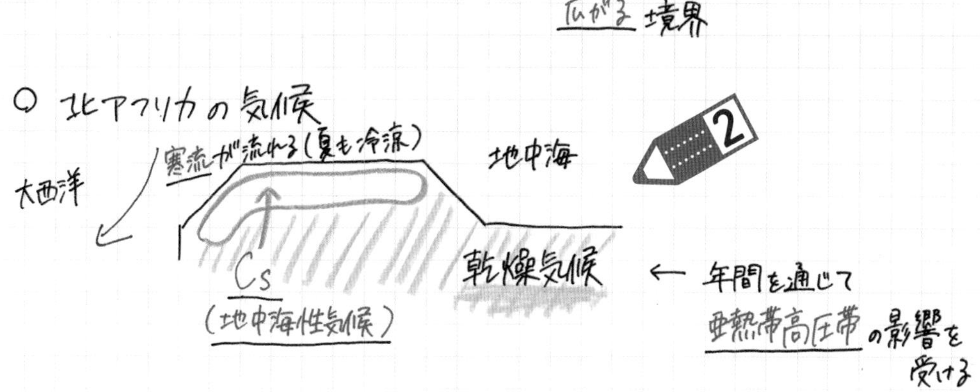
○ 北アフリカの気候
2
寒流が流れる(夏も冷涼)
大西洋
地中海
Cs
(地中海性気候)
乾燥気候
年間を通じて
亜熱帯高圧帯の影響を
受ける

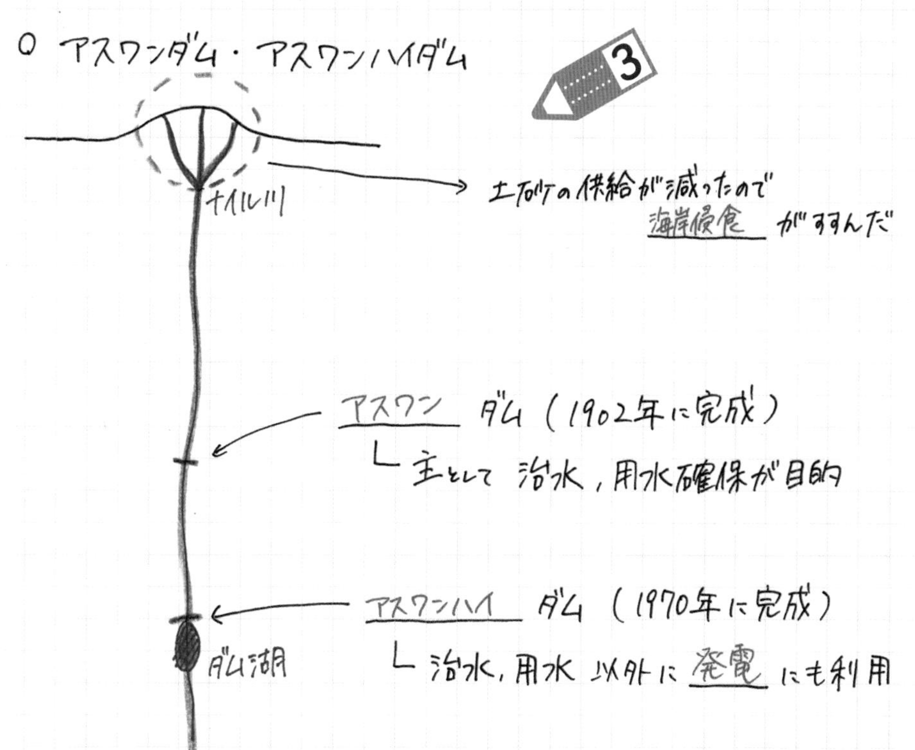
○ アスワンダム・アスワンハイダム
3
ナイル川
土砂の供給が減ったので
海岸侵食がすすんだ
アスワンダム(1902年に完成)
L 主として治水，用水確保が目的
アスワンハイダム(1970年に完成)
L 治水，用水以外に発電にも利用
ダム湖

北アフリカの生活

重要度 | ■■■□□

北アフリカの農業

北アフリカでは乾燥気候の地域が広がるため、農業が行える地域は限定的です。水の得られる限られた地域で牧畜を行ったり、河川や湧水から得られる水を利用して**オアシス農業**を行ったりしています 1 。特に**フォガラ**と呼ばれる地下水路を使った農業が有名です。ナイル川沿いでも、豊富な河川水を利用して農業が営まれています 2 。**灌漑設備**によって**小麦**や**綿花**、**ナツメヤシ**も栽培されていますが、1990年代頃から**稲作**が行われるようになり、単位面積あたりの収量も高いことが注目されました。気温が高く、灌漑が充実できたことが背景ですが、その一方で他の地域の水不足につながりかねないという懸念も上がり、稲作の拡大には慎重な対応もとられています。北西部の**地中海性気候**の地域では、**果樹**栽培のほか、冬の降水を利用した小麦などの穀物の栽培、温暖な気候を生かした**野菜**栽培が行われている地域もあります 3 。

農業以外の産業

この地域の産業といえば、真っ先に思い浮かぶものは資源関連産業ではないでしょうか。特に石油が有名です。**石油輸出国機構**（OPEC）に加盟している国もあります。中でもアルジェリアとリビアは油田に恵まれ、産出量も多いです。エジプトやチュニジアにも油田があり、両国の経済面を支えています。北西部のモロッコではリン鉱石が産出され、重要な輸出品になっています。こうした資源以外にも、チュニジアやエジプトは古代の遺跡があり、**観光**産業も発展しています。また、モロッコは**タコ**などの漁業も盛んで、日本に多くの水産物が輸出されています。以前は、**タコ**がヨーロッパなどで食されることは限定的でしたが、最近食材として見直されたため需要が高まったことで、日本向けの**タコ**を確保することが以前と比べて難しくなってきたとの報道もあります。このようにアフリカ大陸全体を見たとき、北アフリカ地域は資源などに恵まれた国が多いため、アフリカ大陸の中では1人当たりGNIが高い国が多くなります。

言語と宗教

北アフリカ地域はアラブ諸国に該当します。アラブとは、**アラビア語**を使用する人々を指すことが多いです。アラビア語は**アフロ・アジア語族**の言語で、イスラエルの**ヘブライ語**と同じ語族でしたね。また、宗教は**イスラーム**（**イスラム教**）を信仰している人々がとても多いです。これらは、かつて**ムスリム**（**イスラム教徒**）**商人**との交易が盛んだったことがあり、その影響でイスラームの教えが広がり、イスラームの聖典**クルアーン**の言語である**アラビア語**も広まったと考えられています。なお**ムスリム**の人々は、地中海沿岸の諸国だけでなく内陸の国にも多く居住しています。サハラ砂漠が境界線のようになっていて、そこからサハラ砂漠を含む北の国は**ムスリム**、サハラ以南では**キリスト教**や現地の古くからの宗教を信仰している人が多くなります。

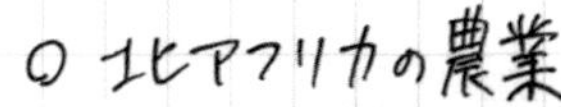

○ 北アフリカの農業

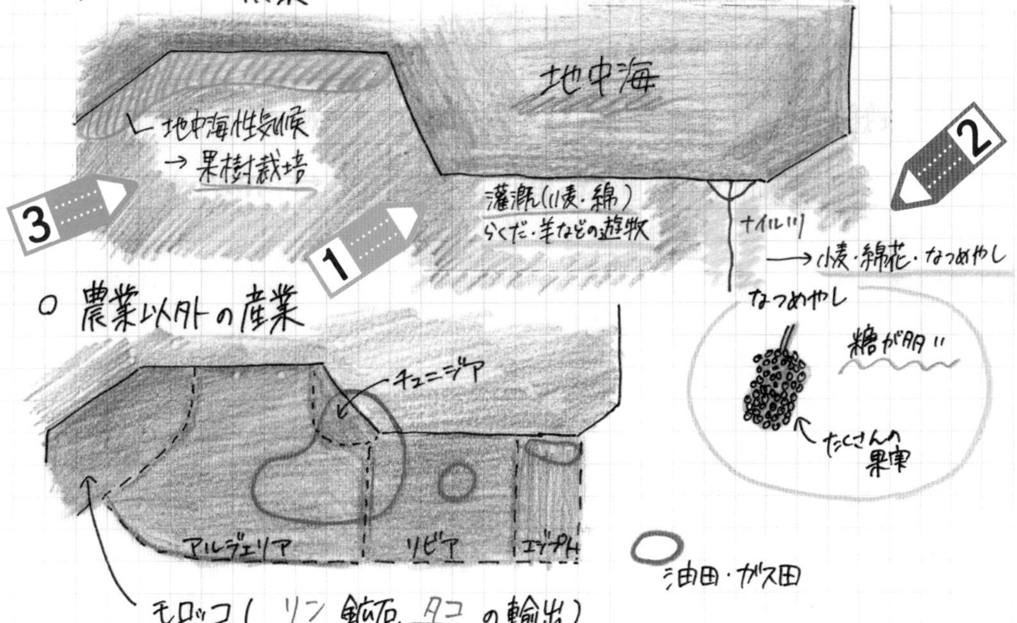

○ 言語と宗教

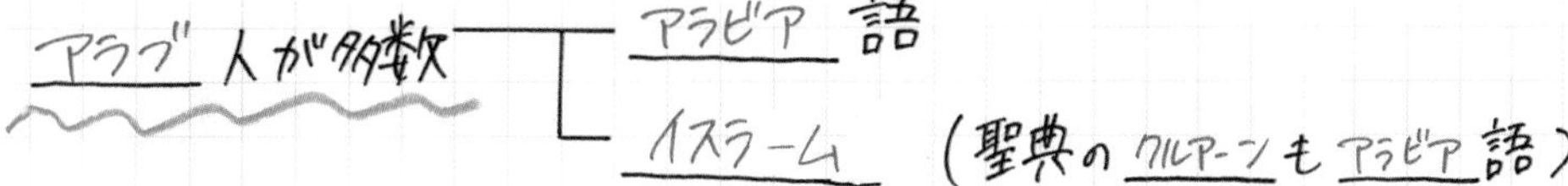

(参) モロッコ,アルジェリアなど一部の地域には ベルベル人(少数民族)が居住

○ チュニジア

2011年に反政府デモが発生 ← 高い失業率 ・ 長期政権 への不満

↓

民主化 運動が各地に広がる

ジャスミン革命

ジャスミンは チュニジアを 代表する花!

アラブの春 … エジプト・リビアでは 政権崩壊
シリアでは内戦が続く

サハラ以南アフリカの自然環境

重要度

サハラ以南アフリカの地形

サハラ以南アフリカの地形は、地域によって大きく様子が異なります。全体としては**安定陸塊**に属しているため平坦な土地が広がっているように見えますが、よく見ると一様に平野や高原が広がっているわけではありません。サハラ以南、ギニア湾の周辺は、**安定陸塊**らしい平坦な地域が広がっていて、急峻な山脈や高原のような地形はほとんど見られません。赤道付近に注目すると、海岸付近は傾斜が強く急流や滝も見られ険しいですが、内陸に入ると傾斜が落ち着いてきて**コンゴ盆地**という大きな盆地を形成しています。さらに東部に目を向けると、プレートの**広がる境界**である**大地溝帯**が南北に伸びていて、標高の高い火山などが見られます。この地溝帯の周辺は高原が多く、他の低地と比べて気温が低くなっています。南に目を向けると**安定陸塊**の平坦な土地も見られますが、南西部にあるドラケンスバーグ山脈のように山地になっている地域もあります。なおドラケンスバーグ山脈は古期造山帯に属し、アフリカ大陸は北西部に新期造山帯のアトラス山脈が、南東部に古期造山帯のドラケンスバーグ山脈があり、それらに挟まれるように**安定陸塊**が広がっているわけです。

サハラ以南アフリカの気候

赤道付近から整理してみましょう。赤道付近の特に中央から西側にかけて、**熱帯雨林気候**（Af）が広がります。その周囲を取り囲むように**サバナ気候**（Aw）の地域が分布します。サハラ砂漠の南側は**ステップ気候**の地域が東西に伸びています。南のほうに目を向けると**サバナ気候**地域の高緯度側には**温暖冬季少雨気候**の地域が見られますが、注意したいのは南西部の沿岸地域です。アフリカ大陸南端のケープタウン周辺は、**地中海性気候**の地域が狭いながら分布しています。その北側、ナミビアの沿岸部は、海岸で水蒸気の供給が多い地域であるにもかかわらず**砂漠**が広がっています。これは沖合を流れるベンゲラ海流が**寒流**であるため、気温が高くならず大気が上昇しにくくなっているので雨が少なく、砂漠が形成されているのです（**海岸砂漠**）1。なお、アフリカ大陸の東にあるマダガスカルでは、年間を通じて南東から**貿易風**が吹き付けています。それにより、東部の沿岸付近は年間を通じて雨が多くなります。そのため**熱帯雨林気候**が見られるのですが、西側では島を乗り越えてきた風が吹きつけ、**下降気流**が卓越するので、砂漠が広がっています。東西で極端に気候が異なるので興味深いです2。

気候変動と砂漠化

現在では広大な砂漠となっているサハラ砂漠ですが、7000年ほど前には当時急激に生じた温暖化が影響し、草地が広がっていたそうです。その後砂漠が広がるようになり、現在も拡大途中です。こうした気候変動だけでなく、サハラ砂漠南縁の**サヘル**では気候変動と人口増加によって砂漠が広がり、安全な水を手にしたり食料を確保したりすることが困難になっています。

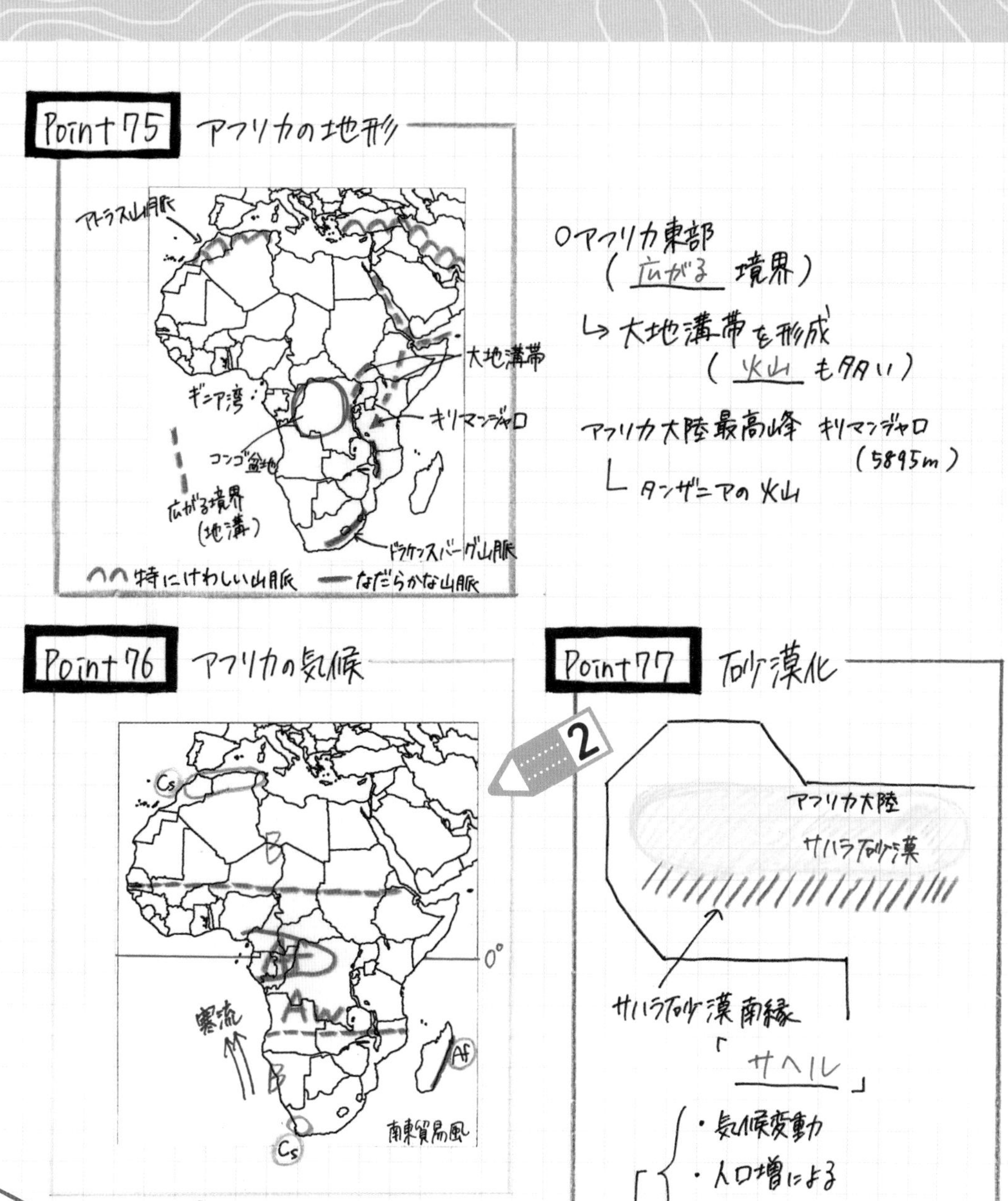

・人口増による

過耕作・過放牧・薪炭材
過剰伐採

→砂漠化進行

ナミブ砂漠

寒流
↓
気温低下 → 上昇気流が生じにくい
= 雲が形成されない → 砂漠

アフリカ大陸

サハラ以南アフリカの生活

重要度

サハラ以南アフリカの産業

農業から見てみましょう 1 。赤道周辺から**熱帯**地域では、主食用として焼畑(やきはた)による**イモ類**の栽培(さいばい)が盛んです。これらはあくまで**自給的**に栽培されているので、農業の規模は小さいです。一方で、ギニア湾岸などの沿岸部では**カカオ**など輸出用の**商品作物**を栽培している地域も見られます。**大地溝帯**(だいちこうたい)の高原では**コーヒー**や**茶**の栽培が同じように大規模に展開されていますが、これらは植民地(しょくみんち)時代に宗主国(そうしゅこく)の主導で開発された大農園（**プランテーション**）による栽培で、現在でも続いています。温暖な南アフリカ共和国では**企業的**な農業が行われていて、とくに南西部の**地中海性気候**の地域ではブドウ栽培が盛んで、ワインの一大産地となっています。農業以外の産業は多くは見られませんが、資源関連産業が盛んな国は見られます 2 。ナイジェリアの海岸付近からは**石油**が、コンゴ民主共和国南部から隣国のザンビアでは**銅**が、アフリカ中央から南部の地域では**ダイヤモンド**が産出され、国の重要な資源となっています。南アフリカ共和国は、**金**、**ダイヤモンド**の産出が古くから続いていますが、その産出量は減少傾向です。代わりに**プラチナ**などの資源の産出が多くなっていて、豊富な資源を背景に経済成長が続いています。

サハラ以南アフリカの民族

サハラ砂漠以北では**アラブ**系の住民、**アラビア語**を話す**ムスリム**（**イスラム教徒**）の人々が多く居住していることは**テーマ44**で学びました。サハラ以南アフリカ地域は、北アフリカと民族が大きく異なることが特徴的です。この背景には16世紀以降の奴隷(どれい)貿易、19世紀後半までの植民地の獲得競争があります。サハラ以南に限らずアフリカ大陸は、ヨーロッパ諸国の支配を長く受けてきた国が多いです。サハラ以南ではその影響が特に強く出て、**キリスト教徒**の人々が多くなりました。一部の地域では古くからの現地の宗教（原始宗教）を信仰している人も見られます。サハラ以南の地域で伝統的な各民族の言語も広く使われていますが、公用語は**旧宗主国の言語**を使用している場合が多いです。これは、複数の民族が共存している国が多いため、1つの言語に統一するのが難しいことなどが背景にあります。

民族対立・人種問題

アフリカ諸国ではヨーロッパ諸国が植民地を広げていた時代に、宗主国のヨーロッパ諸国がその地域の民族の分布などを無視して取り決めた国境線を引いたため、1つの国で民族が複数共存したり、民族が国境で分断されたりしているケースが非常に多くなっています。ナイジェリアでは、南部の海岸で**油田**(ゆでん)が発見されたことをきっかけに複数の民族が対立し、長期の内戦（ビアフラ内戦）に発展して大きな犠牲(ぎせい)が出ました。他にもソマリア、ブルンジ、ルワンダなどでも深刻な内戦が発生していますが、こうした民族の分布を無視した国境が引かれたことが背景にあります。

Point 78 サハラ以南アフリカの農業

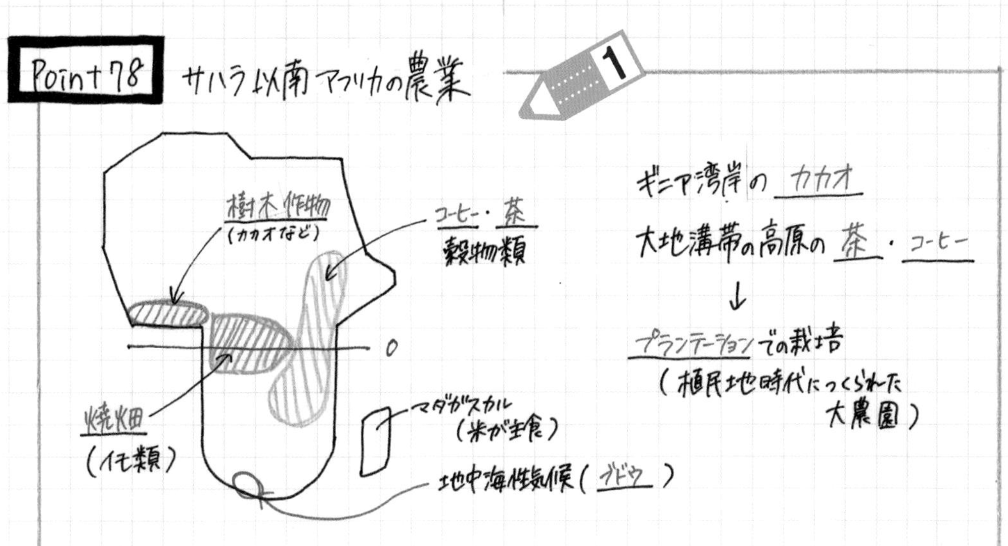

Point 79 サハラ以南アフリカの民族・人種問題

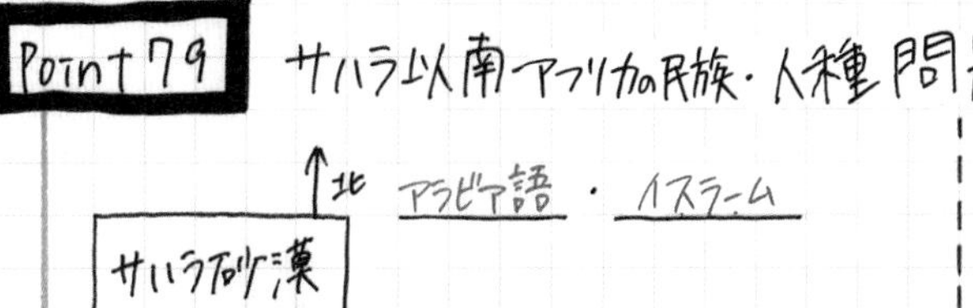

ナイジェリア	ビアフラ内戦
ソマリア	長期の内戦，海賊問題
ルワンダ	フツ族・ツチ族の対立
スーダン	南スーダンの分離独立
南アフリカ共和国	人種隔離政策（アパルトヘイト）

○ アフリカの資源

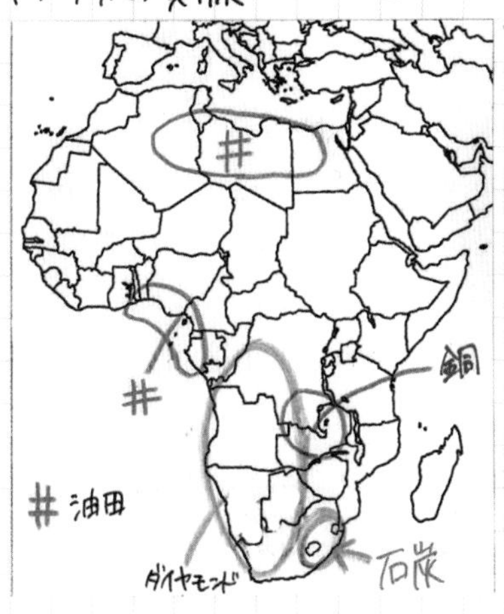

○ アフリカの植民地（旧宗主国）

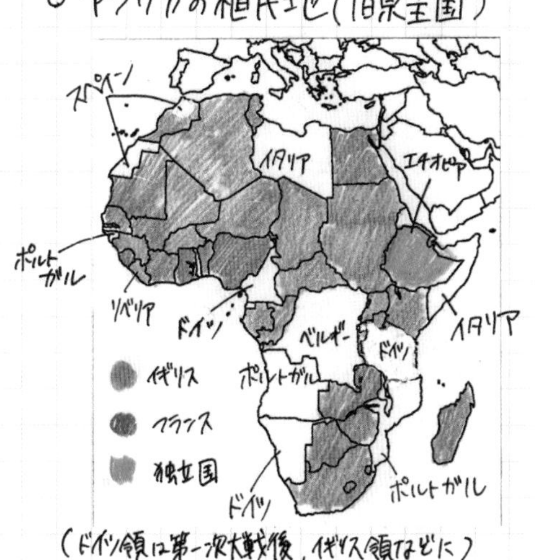

（ドイツ領は第一次大戦後，イギリス領などに）

サハラ以南アフリカの変化

重要度

モノカルチャー経済

ギニア湾を中心に、植民地(しょくみんち)時代に旧宗主国が開発した大農園で**商品作物**を栽培(さいばい)し、それらを輸出することで国の経済を支えていた国が多いです。特定の農産物や資源に依存する経済を**モノカルチャー経済**といいます。**モノカルチャー経済**は、農業の場合特定の農産物だけを栽培すればよく、すでに建設された大農園を利用するだけのため、効率がよいと考える国が多く、長くこの経済体制がとられてきました。しかしコーヒーやカカオなどの**商品作物**の栽培に特化するため、肝心の**主食作物**が栽培できず、自給率が低くなりがちです。またこうした**商品作物**は、世界経済の動向で需要や価格が大きく変化してしまうため、リスクも高いです。気候に恵まれなかったり、作物に感染症が拡大したりすると、一国の経済を揺るがしかねない状況になります。そのため**モノカルチャー経済**からの脱却を進め、農業や他の産業の多角化を進める国も見られるようになりました。

新しい産業

こうした新しい産業として注目されているものが2つあります。1つは観光産業です。アフリカの森林地帯は、耕作地の拡大や、人口増加による**薪炭材**(しんたんざい)の確保などの影響で破壊が進んできました。そのため、生育する動物たちも住む場所を奪われ、個体数を減らしてきました。環境意識の高まりから、こうした自然環境豊かな地域を**世界自然遺産**に登録し、保護する動きも出てきました。こうした豊かな自然環境は、ヨーロッパをはじめ多くの先進国の観光客に人気になり、観光ビジネスを活発化させる国も出てきました。また赤道付近の国では、年間を通して気温が安定し、中でも**大地溝帯**(だいちこうたい)の高地では暑すぎない気候が**バラ**の生産にピッタリであったため、積極的に栽培するようになりました。労働力の安さに注目した先進国企業の進出により、生産地を拡大し、航空機による低温保存輸送(**コールドチェーン**)で世界中の国々に輸出できるようになり、莫大(ばくだい)な外貨を獲得しています。当初はケニアで行われていたこの産業は、ジンバブエ、タンザニア、ザンビアにまで拡大するようになりました。

急激な経済成長と課題

1960年を**アフリカの年**といいます 1 。これはアフリカで17カ国の独立国が誕生し、植民地支配からの脱却が加速していった象徴的な年だったからです。それ以降も独立が進み、現在はほぼ全ての国が独立したことになります。**テーマ45**で学習したように、民族の分布を無視した国境などが原因となり、民族対立、地域紛争がたびたび生じ、治安が安定しない状況も続きました。また気候や医療技術の問題から感染症も拡大しやすく、他の地域に比べて経済成長が進んできませんでした。しかし安価な労働力と、今後の市場としての魅力から外国企業が進出するようになり、経済成長が見られる国が増えてきました。その一方**インフラ**の未整備、格差の拡大など課題も山積しています。

○ モノカルチャー経済

└ 1つ(特定)の資源や農産物に依存する経済 ← 植民地支配の影響

デメリット
- 気象や国際的な需給による価格変動が激しいため、経済不安定
- 工業化が遅れ、所得が上がらないこともある

○ 新しい産業

エコツーリズム

└ サバナ気候・熱帯雨林の一部
野生動物が多く生息
└ 保護のため国立公園にする
↑
観光資源に利用
(ヨーロッパなど先進国の人に人気)

フライングローズ

└ "空飛ぶバラ"

バラなどの花卉は高価格
赤道直下のケニアでは安定した気候を生かせる
高原(2,000mくらい)で大量生産
空輸で世界各地に輸出
└ 賃金が安いことを武器

○ アフリカの変化

昔
植民地支配・モノカルチャー経済

1960年 「アフリカの年」独立ラッシュ(17か国)

民族対立・貧富格差 → 不安定な国が多い

人口爆発　余剰労働力…都市へ人口移動
└ 首都が多い
(スラムの拡大　失業者の増加)

今
サハラ以南では携帯電話加入数が増
└ 比較的設置しやすい基地局・太陽光利用

ヨーロッパの自然環境

重要度｜■■■■■

ヨーロッパの地形

ヨーロッパの地形は南北で3つに特徴が分かれます。北部は古期造山帯のスカンディナヴィア山脈が目立ち、**フィヨルド**を持つ海岸も特徴的です。中部は安定陸塊に属するなだらかな平野・平原が広がります。南部になると新期造山帯に属するアルプス山脈やピレネー山脈がそびえ立ち、景観が一変します。パリ盆地では**ケスタ**と呼ばれる、緩やかな斜面と急崖が繰り返す独特の地形が見られます 1 。スペインの北西部には海岸地形の名称の語源となった複雑な海岸線を持つ**リアス海岸**があります。イタリアの北東側の隣国スロベニアには石灰岩による地形、**カルスト地形**が発達しています。ヨーロッパはかつて広大な平原に厚い大陸氷河が覆った時代があります。そのため氷河による堆積地形**モレーン**や**氷河湖**が、北部を中心に多数見られます。中でもフィンランドは広大に広がる針葉樹林と無数の氷河湖が織りなす景観が有名で、この湖沼を意味するスオミという言葉はフィンランドでの本国を指す呼称になっています。

ヨーロッパの気候

ヨーロッパの気候区は比較的シンプルにまとめることができます 2 。アルプス山脈あたりから南部は**地中海性気候**（Cs）の地域が目立ちます。夏に乾燥し、冬にわずかな降雨が見られる地域です。北部は**西岸海洋性気候**（Cfb）の地域が広範囲に広がります。高緯度であるにもかかわらず偏西風が吹き付ける地域で、暖かい大気が届くため気温が下がりにくくなります。沖合を流れる北大西洋海流という**暖流**の影響も大きいです。このため気温の年較差が小さい、安定した気候になります。一方内陸の東部(東欧のあたりから東)では冬の温度が低下し、**亜寒帯**(Df)となります。

ヨーロッパの自然災害

ヨーロッパは台風のような熱帯低気圧も少なく、安定陸塊にあたる地域が多いため地震も少ないので、自然災害がないようなイメージを持つ人もいるかもしれません。しかしヨーロッパにもたびたび自然災害が発生し、大きな被害が出ている地域があります。イタリアやアイスランドには火山があり、たびたび大規模な**火山**噴火が見られます。アイスランドの**火山**は大規模に噴火すると、広範囲に**火山灰**が広がってしまい、周囲の航空機の運行に大きな影響を与えます。また気候変動、とりわけ気温の上昇によって災害化することも多くなりました。ヨーロッパの河川は水量が豊かで安定した流れを持つものが多く、**国際河川**に利用されています。しかし降水量が極端に多くなったときに増水し、洪水を引き起こすことも出てきました。またヨーロッパは夏に冷涼な地域が多いため、暑さ対策が十分ではない家屋が多いです。そんな中、夏に異常高温が発生すると**熱中症**にかかる人が急増します。また高緯度の地域なので、突然の寒波が襲来することもたびたびあり、異常低温で多くの犠牲者が出ることもあります。

Point 80 ヨーロッパの地形

1

ケスタ 地形

└硬い地層と軟弱な地層が交互に積み重なっている

↓

雨で硬い層だけが取り残された地形

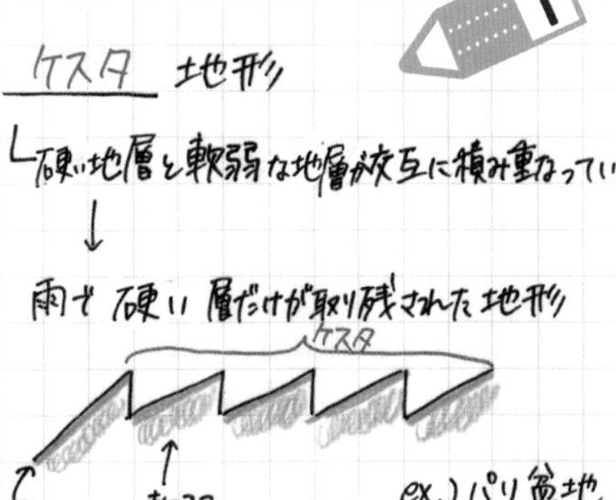

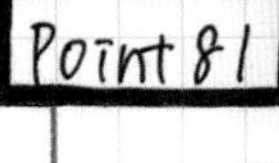

Point 81 ヨーロッパの気候

2

ヨーロッパは冬でも温暖

└ 偏西風 や

北大西洋海流 の影響
（暖流）

↓

冬でも暖かい風が吹く

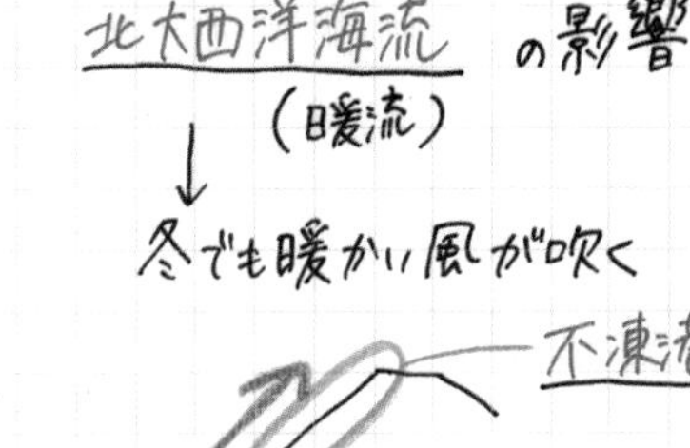

↓なだらかな地形と年間通した降雨

おだやか で 水量が安定 した河川が多い

＝

河川利用 が盛ん

ライン川，ドナウ川は 国際河川 として有名

└ 条約によってどの国の船も利用できる

ヨーロッパの生活文化

重要度

生活文化の地域差

ヨーロッパ全域を旅行すると、地域ごとに景観が大きく異なることに気づくはずです。南部を旅行すると白い壁面の家が目立ちますが、これは**石灰岩**(せっかいがん)でできた家です。地中海沿岸には**石灰岩**が多く存在するため、それを建材に利用するわけです。一方北部へ移動すると針葉樹林が広がり、木造建築の家が多くなります。中間の**西欧**(せいおう)では石と木材の両方を使った**木骨建築**(もっこつ)が見られます。またイベリア半島では、かつて**イスラム**勢力に支配されたことがある歴史的な背景から、**イスラム**文化が色濃く残った宮殿(きゅうでん)が見られるなど、気候、地形、歴史などによって多様な姿を見せています 1。

言語分布

ヨーロッパでは多くの国が**インド・ヨーロッパ語族**にあたる言語を使用しています。同じ語族でも比較的似た性格を持つ言語のグループを語派といいますが、ヨーロッパでは3つの語派の使用者が多くなっています。ゲルマン語派、ラテン語派、スラブ語派の3つです。**ゲルマン語派**は北部、**ラテン語派**は南西部、**スラブ語派**は東部で使用されています。スイスやベルギーは**ゲルマン**と**ラテン**の境界に位置しています。東欧(とうおう)諸国はスラブ語派が多いです。しかし、東欧のハンガリー、北欧(ほくおう)のフィンランドは例外で、ウラル語族という別の語族の言語です。また東欧のルーマニアも、周りがスラブ語派であるにもかかわらず、ここだけポツンとラテン語派の言語を使用しています。このように、民族の分布が島のように周りと異なることを**民族島**といいます。スペインではラテン語派のスペイン語を使用していますが、地方によって別の言語を使用しています。北部の**バスク語**と東部の**カタルーニャ語**で、これらの使用地域では以前から独立を求める声があります。

宗教分布

ヨーロッパには、広い範囲で**キリスト教**を信仰している人が多く居住しています。年中行事(ねんちゅうぎょうじ)、祝祭日、日々の生活習慣など、キリスト教に根ざしたものが多く、文化の共通性を多く感じます。しかし**キリスト教**もよく分析するといくつかの宗派に分かれています。ドイツ北部から北の地域とイギリスでは**プロテスタント**、東欧の多くの国や西・南欧では**カトリック**、バルト三国を除く旧ソ連の国々やルーマニア、ブルガリア、ギリシャでは**正教会**（**東方正教**(とうほうせいきょう)）が信仰されています。ノートに言語と宗教の分布を示しました 2 3。よく北部はゲルマン系で**プロテスタント**、南部はラテン系で**カトリック**のように大雑把(おおざっぱ)に学習する人がいますが、正確ではないので徐々に正しい分布を覚えるようにしていきましょう。またキリスト教以外の宗教では、**イスラーム**（**イスラム教**）の人が居住している地域があります。旧ユーゴスラビアのボスニアヘルツェゴビナやアルバニアに目立ちます。

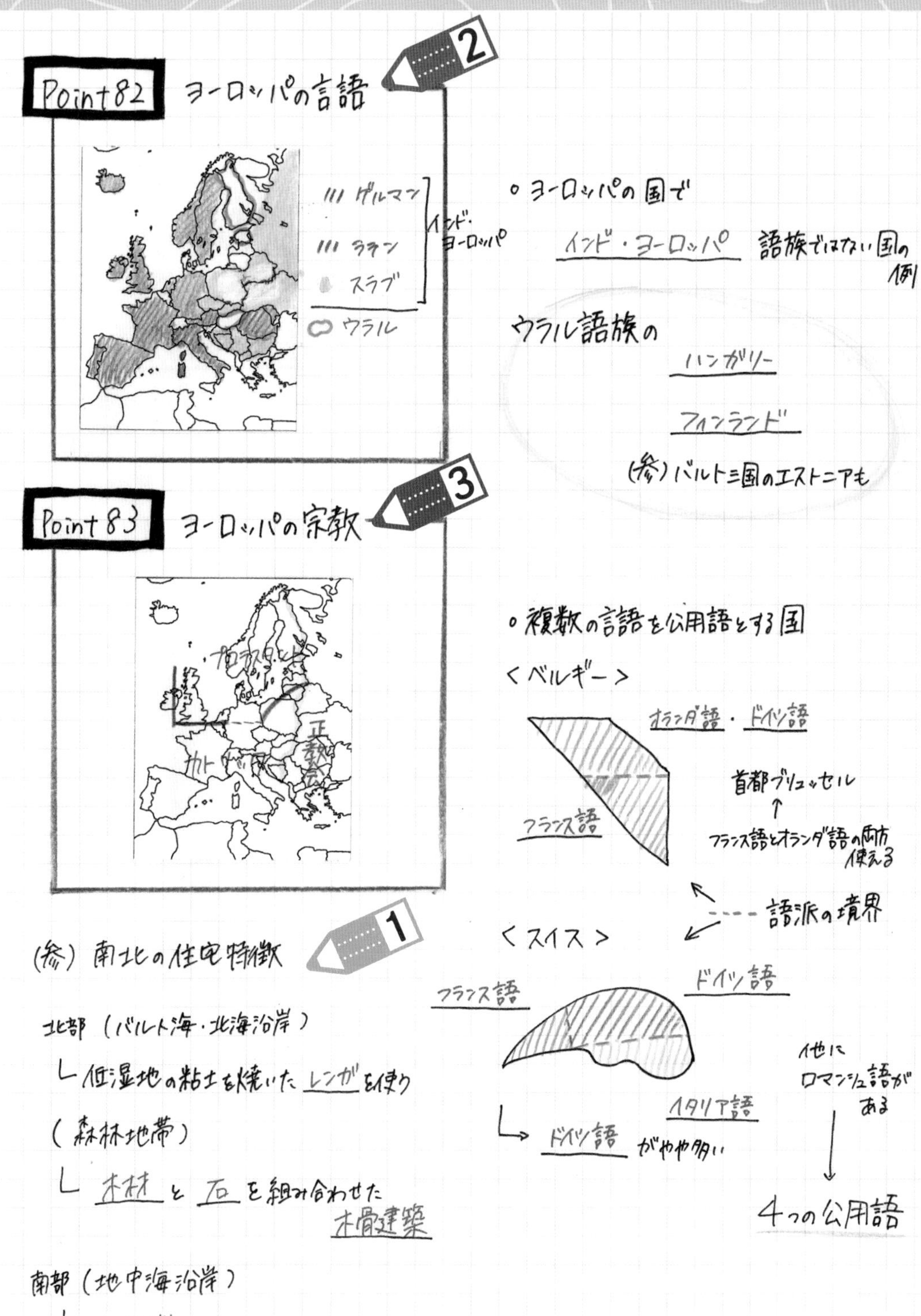
Point82 ヨーロッパの言語
2
ゲルマン
ラテン
スラブ
インド・ヨーロッパ
ウラル
○ヨーロッパの国で
インド・ヨーロッパ 語族ではない国の例
ウラル語族の
ハンガリー
フィンランド
(参) バルト三国のエストニアも
Point83 ヨーロッパの宗教
3
プロテスタント
カトリック
正教会
○複数の言語を公用語とする国
<ベルギー>
オランダ語・ドイツ語
フランス語
首都ブリュッセル
フランス語とオランダ語の両方使える
語派の境界
<スイス>
フランス語
ドイツ語
イタリア語
ドイツ語 がやや多い
他に ロマンシュ語がある
4つの公用語
1
(参) 南北の住宅特徴
北部 (バルト海・北海沿岸)
低湿地の粘土を焼いた レンガ を使う
(森林地帯)
木材 と 石 を組み合わせた 木骨建築
南部 (地中海沿岸)
石灰岩 を使った石造りの住居

ヨーロッパの農業

重要度

三圃式農業から商業的農業へ

中世のヨーロッパでは、地力をできるだけ維持して農作物を栽培しようと耕地を3つに分け、それぞれに夏作物栽培、冬作物栽培、休耕地という役割を与えて年ごとに循環させる三圃式農業を行ってきました。しかし耕地を細分化して耕作しているため、生産性は低くなります。その中で、アメリカ大陸で大規模な穀物栽培が行われるようになると、より安価な穀物が流入するようになります。ヨーロッパの穀物は競争力を失ったため、農業は大きな変化を見せることになりました。アメリカ大陸から当時は入ってこない、肉類や野菜などを生産してそれを販売することで、主食の穀物など他の食材を購入しようとします。このように主として販売目的で行う農業を**商業的農業**といい、現在もヨーロッパの多くの地域で行われています。

気候区と農業の比較

伝統的な農業は、気候区との関係がとても強いです。アルプス山脈の南側の**地中海性気候**の地域では、**地中海式農業**が発達しています。一方北側の**西岸海洋性気候**の地域では、**混合農業**が行われている地域が多いです 1 。フランスやドイツでは**混合農業**で飼育している肉牛、豚の飼育頭数が多いです。都市の近くで、**氷河**の影響などから土地が肥沃ではない地域では**酪農**が見られます。混合農業地域の一部は、都市のさまざまな食材の需要から**園芸農業**が盛んになります。スウェーデンやフィンランドのように森林が発達している地域では、農業以外にも林業が盛んになります。家畜の飼育には地域で特徴があり、イギリスでは伝統的に羊の飼育が盛んで、ヨーロッパの中では牧場、牧草地の割合が高いことが知られています。また、イベリア半島のスペインでは豚の飼育が盛んで、世界に有名なブランド(イベリコ豚)として需要が高いです。

EUの共通農業政策

ヨーロッパ連合(**EU**)では、加盟国間の格差をできるだけ小さくしようとさまざまな対策がとられています。中でも**共通農業政策**（**CAP**）はその代表的な取り組みとして知られています。**共通農業政策**は全加盟国で実施されているもので、小麦などの穀物や、牛肉などの畜産物などの品目ごとの**支持価格**(基準の価格)を定め、その価格より実際の取引価格が下がった場合は加盟国が作った機関が買い支えて価格低下を抑えています。これによって農業が保護され、特に農業に依存している経済力の低い国や農業国では、有効な補助政策となっています。しかし過剰生産と多額の補助金の問題から、2003年からは基準を満たす農家に補助金を出す制度に変わりました。また独自の取り組みをする農家への支援を強化し、地域性を生かした農業にも力を注いでいます。さらに、地域ごとの特産品の生産にも力を入れています。フランスでは大規模な**小麦**栽培が展開され、イタリアでは地中海の気候を生かした**野菜**生産が盛んです。

○ ヨーロッパの農業変化

中世

三圃式農業 → 混合農業・酪農 → 園芸農業（花を集約），フランスでは小麦の大規模・専門化

（地中海 二圃式農業） → 地中海式農業 → 果樹・野菜が中心（灌漑施設）

アルプス山脈

1

Point 84 ヨーロッパの土地利用

耕地率が高い → デンマーク

牧場・牧草地率が高い → イギリス・アイルランド

樹園率が高い → イタリア・ギリシャ

森林率が高い → スウェーデン・フィンランド

（参）ケスタの利用

○ 混合農業の例

	穀物	家畜	飼料（例）
寒冷地（ドイツ）	ライ麦	豚	テンサイ ← 砂糖大根・ビートとも
温暖地（フランス）	小麦	牛	

Point 85 EUの共通農業政策（CAP）

└ 全加盟国で実施

作物別に支持価格を設定

↑

市場価格（実際の価格）が下回ると…

EUがそうならないよう買い支える

◎ 価格を気にせず安心して生産できる

テーマ50 ヨーロッパの工業

重要度

伝統的な工業

18世紀後半に始まったイギリスの産業革命では、繊維産業が急速に発展しました。この動きはドイツやフランスにも広がり、ヨーロッパの広い地域で工業化が進んでいきました。すぐに工業は機械や鉄鋼などの重工業にも拡大します。こうした早期の工業化は、ヨーロッパの多くの国を経済的に豊かにし、現在でもヨーロッパには先進国が多くなっています。またこの背景には、イギリス、フランス、ドイツなどで資源が豊富に存在していたという理由もあります。鉄山や炭田が早期から開発され、その周囲で鉄鋼業が発達しました。イギリスのバーミンガム、フランスのロレーヌ鉄山の周辺、ドイツのルール地方やザール地方が好例です。

変化した工業

20世紀に入ると状況が変化します。国内資源の減少や、安い輸入資源の調達が可能になったことから、鉄鋼業を中心に工業立地は臨海地域に移動していきます。フランスのダンケルクやイギリスのカーディフは、臨海地域に立地移動した鉄鋼業が現在でも街の経済を支えています1。しかし素材などの工業製品は外国でも生産され、より安価なものも手に入ります。そのため高度な電子機器、医薬品などの先端技術産業へシフトが進みます。素材や家電組み立てのような部門は、1990年代に社会主義体制が崩壊した後衰退し、人件費が比較的安価な東ヨーロッパに移転が進みました。

主な工業地域

第二次世界大戦後、ヨーロッパの工業力は相対的に低下しましたが、それでも各地域では高い技術力を活かした工業が見られます。中でもドイツはヨーロッパ最大の工業国として知られています。古くから工業が発展してきたルール工業地帯でも、重化学工業だけでなく先端技術産業へのシフトが進んでいます。また南部のミュンヘンは、以前はビール生産が有名でしたが近年では自動車や先端技術産業が発達しています。フランス南西のトゥールーズには航空機の組み立て工場があり、ヨーロッパ各地から部品を調達し、ここで完成品を組み立てています。イタリア北東部ではサードイタリーと呼ばれる工業地域があります。ここでは職人による伝統工業が盛んで、デザイン性のある鞄や服飾など高付加価値製品の生産に特化しています。スペイン北東に位置するバルセロナ周辺は、自動車メーカーが集まり、巨大な生産拠点を形成しています。ヨーロッパの中心地に比較的近い割に人件費が安いことが魅力でした。なおヨーロッパ西部の、ロンドンからドイツ西部、イタリア北西部にかけてのエリアをブルーバナナと呼びます2。経済活動が活発で、人口密度も高い地域です。元々は工業が発展していた地域でしたが、現在では商業やサービス業などの第3次産業が発展しています。なお「ブルーバナナ」という呼称は、EU旗の色とエリアの形状から名づけられました。

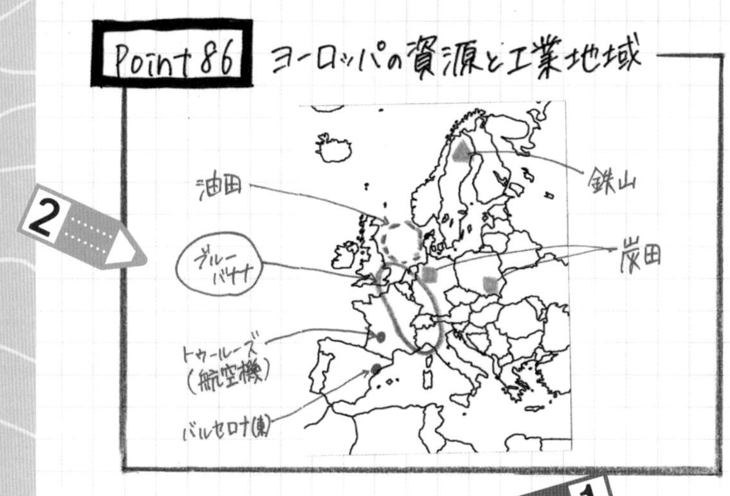

ヨーロッパの工業
18世紀後半

イギリスで 産業革命
↓
機械・鉄鋼 など重工業へ
↓ 今
先端技術産業 へ発展
(電子部品・医薬品・航空宇宙)

○ 鉄鋼業の主な移動

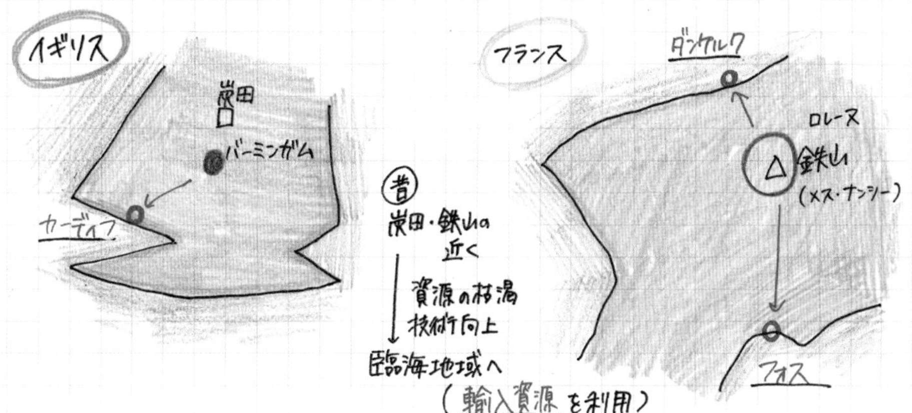

○ 工業地域とまとめ
(都市)

ブルーバナナ ： ロンドン・アムステルダム・フランクフルト・ミラノを含むエリア EUの中心

サードイタリー ： イタリア中・北東部 職人による伝統産業がさかん

バルセロナ ： 各国の自動車メーカーが集まる スペイン北東部

トゥールーズ ： フランス南西部 ヨーロッパ各地で部品などを生産し ここで組み立て

人の移動と第3次産業

重要度

シェンゲン協定

シェンゲン協定は加盟国間の移動についての**国境検査**を廃止するもので、1985年に西欧(せいおう)の5カ国で署名(しょめい)されました。なお署名されたのは船内で、投錨(とうびょう)していたのがルクセンブルクの町シェンゲン付近であったためこう呼ばれています。現在はイギリスとアイルランドを除く多くのヨーロッパの国が参加しています（ノルウェーやアイスランド、スイスのようなEU非加盟国も含まれていることに注意しましょう)。この協定によってヨーロッパの人の移動は大きく変化しました。人々の往来は大幅に自由化されたので、活発に行き来するようになり、新しい産業なども発達しました。こうした人々の移動を後押ししているのが各種交通機関です。航空交通では、ヨーロッパ各地に**ハブ空港**が整備され、利用者が大きく増加しています 1 。協定に加盟している国の人は、気軽に航空機を利用して国外に移動することができるため、ビジネスや観光に幅広く利用されています。また高速鉄道網も充実しています 2 。フランスの**TGV**(テージェーヴェー)、ドイツのICE、スペインのAVEなど高速鉄道が整備され、一部は国境を超えて利用することもできます。またイギリスとフランスの間には**海峡トンネル**(かいきょう)が開通していて、短時間でパリ－ロンドン間を移動することができるようになっています。

観光業の発展

憧(あこが)れだった国や地域に、面倒な国境検査なしで気軽に移動できることは、観光業を盛り上げました。元々所得の高い国が多く、海外旅行を好む人の多い地域でしたが、**シェンゲン協定**や各種交通機関の充実が観光業を活発化させています。古くからヨーロッパでは、アルプス山脈や地中海沿岸のコートダジュールのように**リゾート**が多く開発されてきました。フランスでは法改正によって長期休暇(きゅうか)が取りやすくなり、長期の**バカンス**が楽しまれています。近年は、農山村での体験を重視した**グリーンツーリズム**や、環境意識を高める体験・学習などを主とする**エコツーリズム**なども人気です。

人の移動の自由化と課題

人の移動は、経済を活発化させたり、文化交流を通した各国の相互理解につながったりとよい側面が強調されますが、その一方で課題もあります。人の移動が自由になったことで、テロリストのような悪意ある人の入国が簡単になってしまうという懸念(けねん)もあります。また2020年以降急速に拡大した**新型コロナウィルス感染症**の感染拡大防止などの対策も取りにくくなります。そのため一部の国では感染症拡大防止の際に、制限を強めた国も見られました。さらに、観光での移動が多くなると、受け入れ地で観光客の過剰な流入による混雑、渋滞(じゅうたい)、環境破壊などの問題が発生しやすくなります(**オーバーツーリズム**)。

Point 87 シェンゲン協定

↳ 国境検査の多くが廃止される協定
（参加国の人々の移動が自由）

参加国：EU加盟国＋ノルウェー・スイスなど
（アイルランド・ブルガリア・ルーマニア・クロアチアなどのぞく）

1

○ ヨーロッパの主なハブ空港

フランス … パリ
ドイツ … フランクフルト
オランダ … アムステルダム
→ 乗りかえ客など多い

2

○ ヨーロッパの主な高速鉄道

国	高速鉄道
フランス	TGV
イギリス	HST
ドイツ	ICE
スペイン	AVE

（TGV・HST）パリ〜ロンドン間「ユーロスター」で2時間30分でむすぶ（途中海底トンネル）

Point 88 ヨーロッパの観光業

世界遺産登録地（多）← 季節によらず多くの人が来訪
地中海沿岸 ← 夏を中心に長期休暇バカンスでにぎわう
アルプス山脈 ← 雄大な自然・避暑に，リゾートも開発

○ 人の移動の自由化と課題

- 交通機関の渋滞・混雑
- 観光地に住む人の生活に支障
- 観光客が自然環境や歴史的建造物にダメージを与える

「オーバーツーリズム」

テーマ52 EU（ヨーロッパ連合）

重要度

EU発足までの流れ

ヨーロッパは二度の世界大戦を経験しました。そのたびにヨーロッパ内で多くの国が対立し、多数の犠牲（ぎせい）を生みました。その教訓から、ヨーロッパでは二度とこのような対立、衝突（しょうとつ）を起こしてはならないという意識が高まりました。その中で、**西ドイツ**（当時）と**フランス**の間で資源をめぐる摩擦（まさつ）が生じかけます。そこで、1952年に石炭や鉄鋼（てっこう）などの戦略物資を共有することで対立を防ごうという**ECSC**（**ヨーロッパ石炭鉄鋼共同体**）が結成されました。この後に、経済関係を強化するため**EEC**（**ヨーロッパ経済共同体**）、**EURATOM**（ユーラトム）（**ヨーロッパ原子力共同体**）が作られ、ヨーロッパの統合に向けての動きが強まっていきます。1967年、この3つの組織から、現在の**EU**（**ヨーロッパ連合**）の前身となる**EC**（**ヨーロッパ共同体**）が誕生します。1980年代になると、**EC**諸国は**統一市場**の実現に向けて急速に動き出します。1990年の**東西ドイツ**の統一などを受けて今後のさらなる統合に向けて体制を強化しようと、92年に**マーストリヒト条約**（採択は91年）が調印され、翌93年に**EU**が発足しました。

EC・EU拡大

もう一度整理しましょう。**EU**の前身、**EC**は3つの組織から誕生しています。この3つの組織は、ともに6カ国で構成されていました。つまりヨーロッパの統合はこの6カ国から始まっているともいえます。その6カ国は、**ドイツ**（西ドイツ）、**フランス**、**オランダ**、**ベルギー**、**ルクセンブルク**、**イタリア**です。その後の拡大はノートの地図を見てみましょう 1▶。基本的にはエリアごとに加盟するイメージになっています。まずすぐ北の**イギリス・アイルランド・デンマーク**が1973年に、南の**ギリシャ**が81年に、西の**スペイン**と**ポルトガル**が86年に加盟します（ここまではECの加盟国）。EUになってからは、95年に北欧（ほくおう）の2国（**スウェーデン**と**フィンランド**）と**オーストリア**、2004年に**東欧**（とうおう）諸国と**バルト三国**が、07年に**ブルガリア**と**ルーマニア**が加盟し、13年に**クロアチア**が加盟しました。**イギリス**が離脱した話は**テーマ54**で説明します。ポイントになるのは1991年です。91年には**旧ソ連**が解体しています。それまで**ソ連**はとても大きな影響力を持った国で、**ソ連**に近い国や社会主義体制にあった国は目立った動きを見せることができませんでした。91年に**旧ソ連**が解体し、社会主義勢力が衰退したことで、EUの東方拡大が進んでいくことになります。

EUのメリット

EUの最大のメリットは、人やモノの移動が自由に行えるということです。域内は関税（かんぜい）が廃止されているためモノの取引が活発化し、分業も進みやすくなります。また多くの国で統一通貨（**ユーロ**）を採用してさまざまな決済、取引を簡易に済ませることができるようになりました。こうしたことで経済圏が拡大し、**アメリカ合衆国**や**中国**、**日本**などの経済大国と同等の経済力を有した一大勢力が形成できるようになりました。

Point 89　EU拡大

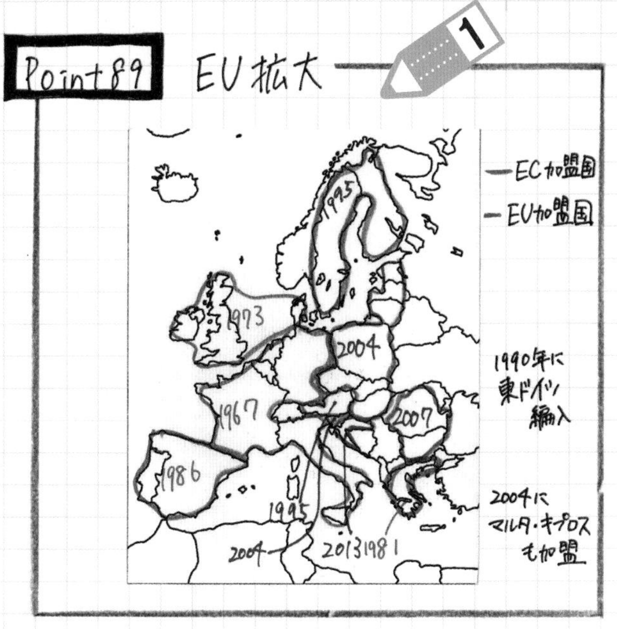

↑

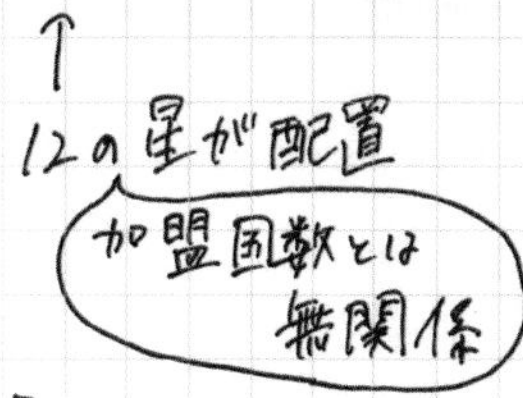

「12」が特別な数だから
（完全とか無欠のシンボル）

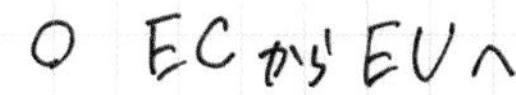

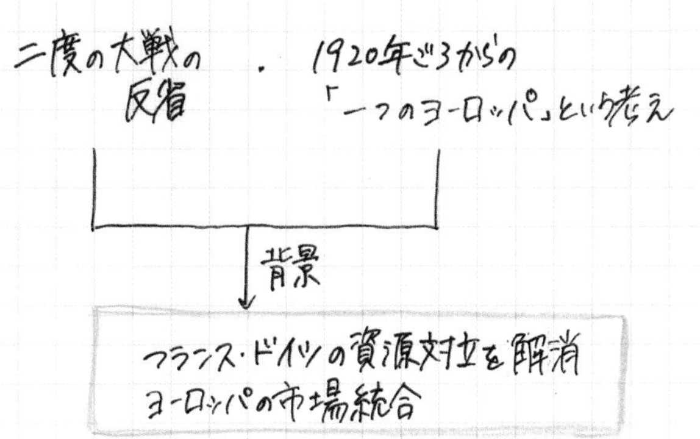

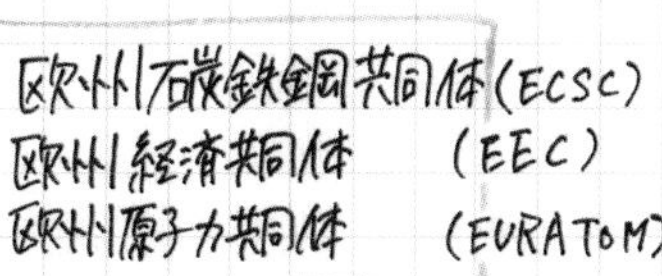

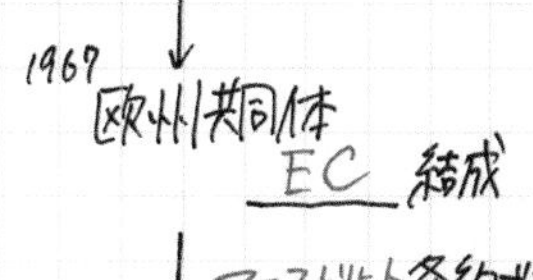

↓ マーストリヒト条約で発展

1993 欧州連合 EU

○ EUに入ることのメリット

↳人やモノ，資金，サービスの自由な移動

域内関税の廃止

統一通貨 ユーロ により為替レートが不要

} 経済活動が活発

テーマ53 政治と経済の統合

重要度

政治的統合

EUでは、マーストリヒト条約で共通の安全保障政策について取り決めが行われました。加盟国各国での外交防衛対策も行いますが、EUが1つになって、他の勢力に対し防衛等について協力しながら取り組むことが定められました。主要な国際問題に関する共通の行動や、移民、国境管理、テロ・麻薬対策などに関する協力を行っています。特に、1999年のアムステルダム条約発効以降に強化され、安全保障分野についても、これまでに文民・軍事両面で30を超える危機管理ミッションがアフリカ、中東、アジア等に幅広く派遣され、国際社会の平和と安定に貢献するなど、一丸となった取り組みが進んでいます。また先ほどのマーストリヒト条約で、加盟国国民に共通の市民としての基本的な権利（地方自治体選挙権等）を認める欧州市民権の導入、司法・内務分野の協力等が盛り込まれ、政治統合が進められています。

経済的統合

EUの経済的統合には3つの柱があります1。1つは関税同盟と共通農業政策です。「加盟国間では貿易に際して関税や数量制限は禁止します。域外の国については共通関税税率など制限を設けます」というものです。2つ目が域内市場の統合です。人・モノ・サービス・資本の移動を自由にして、1つの市場を作ろうというものです。3つ目が経済通貨同盟で、単一通貨ユーロの導入のことです。以上3つの柱はなかなか難しい内容ですが、一言でいうと域内で経済交流を活発化させるもので、そのための制限や規制はできるだけ撤廃しますということを述べています。

統合への壁

このようにヨーロッパ、特にEUは1つにまとまっていこうという動きが高まっています。まるで1つの国家のように一体化させていこうという流れですが、壁もあります。例えばデンマークとスウェーデンは市場統合に参加していますが、通貨統合には消極的で、ユーロも採用していません。政治統合でも足並みが揃わないことはたびたびあります。加盟国は独自でさまざまな貿易や外交を展開していますから、国際課題が発生したときにそれぞれの国で温度差が出やすいためです。特定の国に軍事的な圧力をかけようとしても、積極的な国と消極的な国がどうしても出てしまうのです。具体的な例としては、2003年に起きたイラク戦争の際に加盟国で対応が分かれ、国際紛争に対して一致した態度を取ることができなかったことがあります。2022年のロシアのウクライナ侵攻でも、統一した対応を取ることに苦労している様子が報道などでも示されていました。

○ EUの政治統合

国際問題 —共通行動・協力⟹ EU（A国 … B国 … C国 …）

1993年 マーストリヒト 条約

↳ 安全保障についての取り決め
他勢力からの 防衛 に協力する
主要な国際問題について 共通行動 ，協力 を行う

（参）加盟国国民 ←── 共通の市民としての権利（欧州市民権）

○ EUの経済統合

1

① 関税同盟 ＋ 共通農業政策

② 域内市場の統合

③ 経済通貨同盟：共通通貨 ユーロ の導入

三つの柱

各国で硬貨のデザインがちがう！

↘ 導入国：スウェーデン・デンマーク・東欧の一部をのぞくEU加盟国

EU加盟国同士の都市・地域間協力

↳ ユーロリージョン（産業活発化へ）

○ 統合の壁

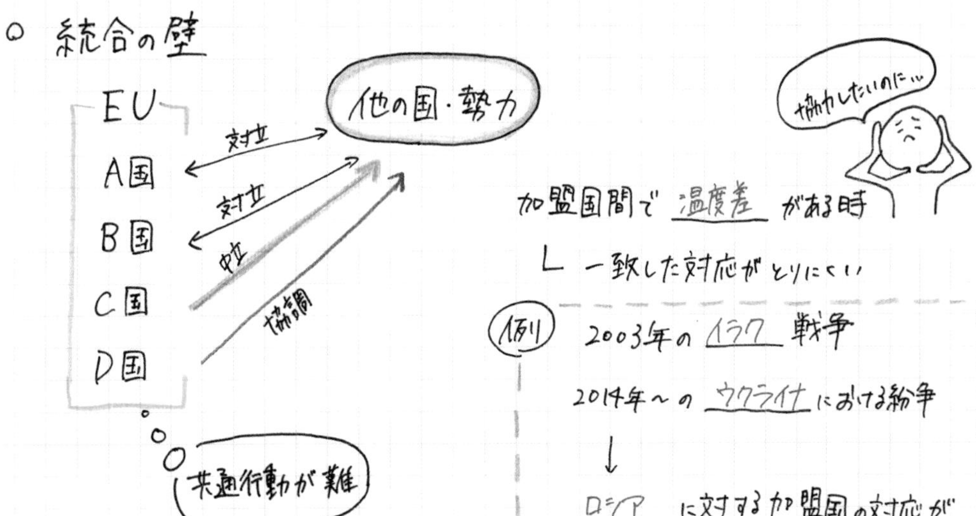

54 EUの課題

重要度

地域格差問題

EUはさまざまな統合を進め、加盟国が恩恵を受けられるよう対策を実施しています。しかし現在の状況は、その恩恵を受けやすい地域とそうではない地域に分かれ、その格差が大きくなっているのです。人やモノが自由に移動できるため、工業力のある国では輸出が拡大して利益を得やすく、農業が盛んな地域も同様に支持価格制度によって安定した農業ができるのですが、そうした工業力や農業地域を持たない国は、所得格差の影響で、若年層を中心に労働力が流出しやすくなります。東ヨーロッパではこの傾向が強く、多くの若者が西ヨーロッパへ移動しています。そのため、EUは共通農業政策によって農業の補助をさらに充実させたり、経済的に厳しい地域への助成を行うために欧州(おうしゅう)地域開発基金を創設したりしています。

移民の流入

ヨーロッパは、世界全体から見ると所得の高い国が多いです。工業力が高い国も多く、サービス業も活発です。必然的に途上(とじょう)国より雇用(こよう)機会が多いため、多くの移民(いみん)が大量に流入しています。西アジアやアフリカは比較的近距離のため移民が多く、中でも旧宗主国(そうしゅこく)へ移住するケースが多いです。さらに、EUは移民や難民(なんみん)の受け入れに積極的で、海外からの移住者の権利についても対応が充実しています。そのため、遠方からでも難民が移動してくることが多いです。中東のシリアで長期の内戦が発生した際にも、大量の難民が発生しました。その多くがヨーロッパを目指して移動したため、周辺地域を含めて混乱したことがあります。シリアの人々はムスリム（イスラム教徒）で、キリスト教文化を持つヨーロッパの人々とは文化の違いが大きいため、文化的な摩擦(まさつ)も指摘されました。また受け入れた国では、雇用(こよう)の奪(うば)い合いになるため失業への不安も高まりました。一部の移住してきた人たちが法を犯す行為をすることもあり、治安の悪化などから社会不安が拡大し、排斥(はいせき)運動にまで発展したケースも生じました。今後もこうした問題は予想されるため、EUの対応が注目されます。

イギリスのEU離脱

2020年、イギリスがEUから離脱しました（ブレグジット）。1973年の加盟から常に中心的立場にいたイギリスの離脱は、EU自体にも世界にも大きな衝撃を与えました。イギリスはなぜ離脱したのでしょうか。理由は複数あり複雑ですが、増え続ける移民に対する不満が特に大きかったとされます。またEUの規模が大きくなり、影響力が強まるほど、イギリスの自国政策にEUが干渉するようなケースが多くなったことなどが指摘されています。この離脱によってEU経済圏は大きく縮小するため、残った加盟国には大きな痛手となります。進出している外国企業も、工場移転の動きが見られるなど、大きな影響を受けました。イギリスでも、外国企業が持つ生産工場等の移転が進み雇用が減少するなど、デメリットが懸念されています。

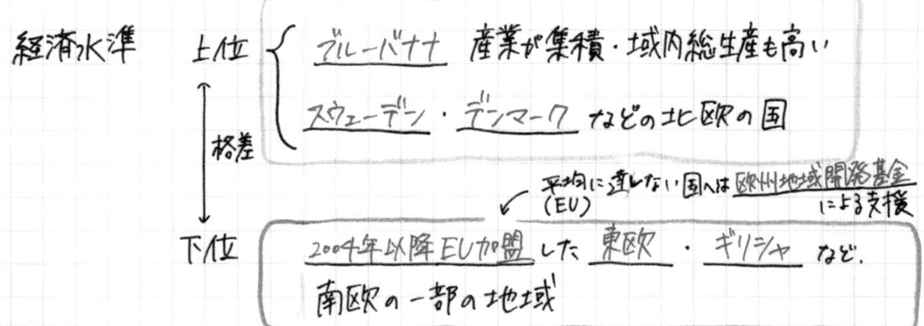

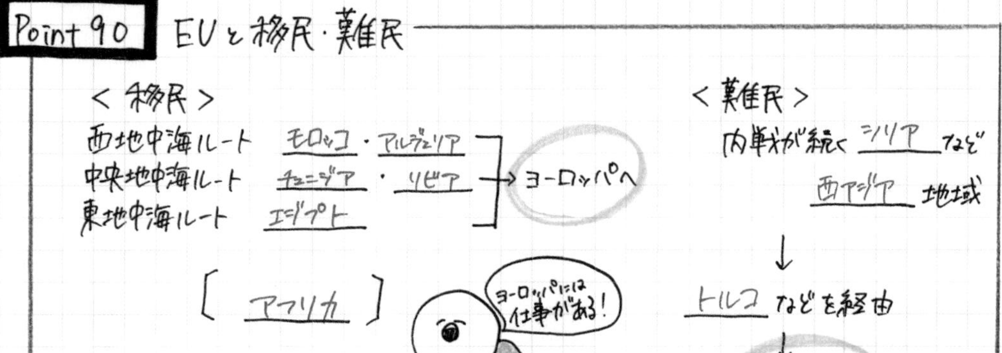

○ ブレグジット(イギリス のEU離脱)

1973年 イギリス EC 加盟

↓

EC・EU の中心的存在

- 移民 の急増 → 雇用 に対する不安や経済的負担
- EU の政策とイギリスの政策とのバランス

↓

2020年 EU 離脱(ブレグジット:Britain + Exit)

EU 経済圏の縮小

外国企業のイギリスからの移転(関税・税関検査 が復活)

西欧・北欧

重要度

パリとロンドンの都市問題

フランスの首都パリとイギリスの首都ロンドンは、古くからの大都市です。しかし抱えている都市問題は少し異なります。**中央集権国家**フランスの首都パリは、あらゆる機能が集積しています。そのためフランスを見るとパリ一極集中状態にあって、過密が顕著です。こうした機能集中を分散させるため、**副都心**（ラ・デファンス）を作りました。しかしパリ集中の状況自体は解消せず、過密による都市問題が発生しています。一方で、ロンドンは19世紀後半頃の工業化による環境悪化に悩まされてきました。1898年に発表されたハワードの**田園都市構想**では、郊外に住環境を整備した田園都市を開発することが提唱されました。第二次世界大戦後には、都心部の過密や無秩序な開発を抑制するため都市の周辺に**緑地帯**（**グリーンベルト**）を設けて抑制を図る**大ロンドン計画**が実施されました。しかし、古くからある市街地では老朽化が目立つようになります。特にテムズ川周辺の、かつての水運で使用した港や倉庫は、使われなくなり治安も悪化しました。そこで**ドックランズ**と呼ばれる河川沿いの地域を再開発したことで、商業地域やビジネス街に生まれ変わりました。

北欧・西欧のエネルギー事情

ヨーロッパの国は、経済水準が高く大量の電気を使用する生活が普通になっています。この膨大な電力をどこで作るかは各国でも重要な問題です。資源の少ないフランスは**原子力発電**の割合が高いです。スウェーデンやベルギーも**原子力発電**の割合が高めになっていて、ヨーロッパでは**原子力発電**を利用している国が多いです。一方ドイツは**原子力発電**を将来的に減らそうとしています。石炭や天然ガスを利用した火力発電もまだまだ見られますが、**風力発電**など自然エネルギーにも力を入れていて、その割合が高まっています。またノルウェーでは**水力発電**が盛んで、国内の使用電力をほとんど賄うことができています。アイスランドは広がる境界にあり火山活動が活発なことから**地熱発電**の割合が高いなど、自然エネルギーを活用している国も多くあります。

ドイツの外国人労働者

ヨーロッパは移民や難民の受け入れに寛容で、一部の国では積極的でした。**移民**や**難民**に対して、生活しやすいように一定の権利を与えるなど体制を充実させています。そのため、多くの**移民**や**難民**がヨーロッパの国を目指し移動していきます。ドイツでも**移民**や**難民**の受け入れが多いです。元々ドイツは、第二次世界大戦後の労働力不足を**外国人労働力**で補ってきたほど外国人に対して寛容な国でした。特に**トルコ**からの労働力はとても重要で、ドイツ経済を支えてきました。またポーランドや旧ユーゴスラビアからの労働力受け入れも多いです。しかし近年では国内の雇用を奪う懸念や、大量の**移民**・**難民**への保障問題などで意見が分かれつつあります。

Point 91 ロンドンの都市開発

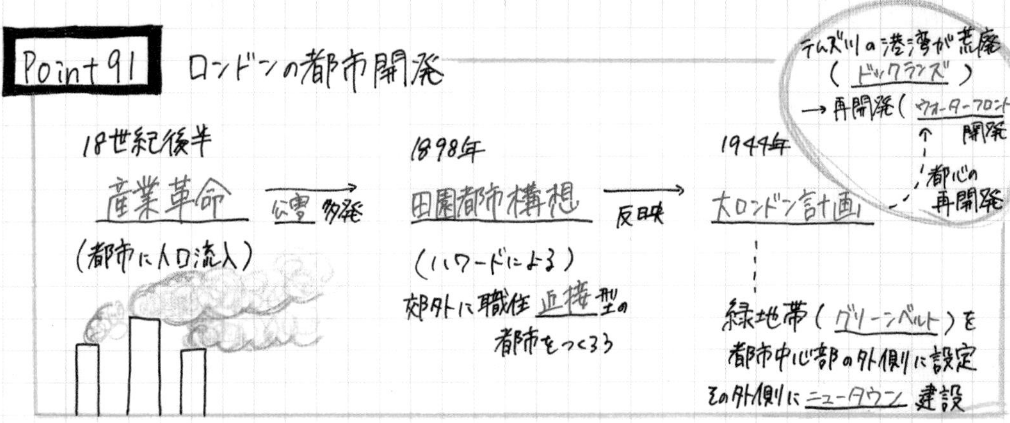

Point 92 パリの都市再開発

・副都心 建設 ←― パリ中心部の機能を分散させる目的
「ラ・デファンス」地区

・マレ地区の再開発 ←― 老朽化した地域の再開発
歴史的な景観を維持しつつ機能を向上させる

Point 93 発電構成

経済活動が活発で火力中心の国が多い

↓ 環境意識の高まり
(持続可能な社会づくり)

自然エネルギーを積極的に利用

偏西風帯 → 風力 利用
(ドイツ・デンマークなど)

火山活動 → 地熱 利用
(アイスランド・イタリア)

地形・気候 → 水力 利用
(ノルウェー)

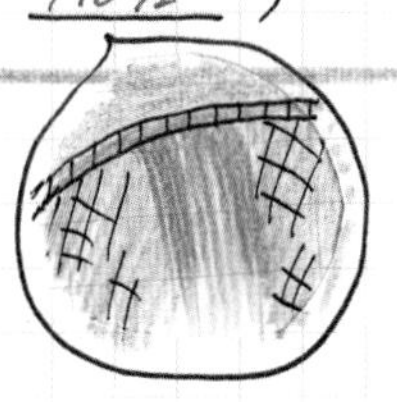

Point 94 外国人労働者

外国生まれの人口割合 10%以上の主な国

スウェーデン・ドイツ・スペイン・フランス・イタリア

↑ 経済水準が高く雇用がある
(賃金も高い)
物理的にアフリカ・西アジアに近い

外国人人口が最も多い … ドイツ
↑

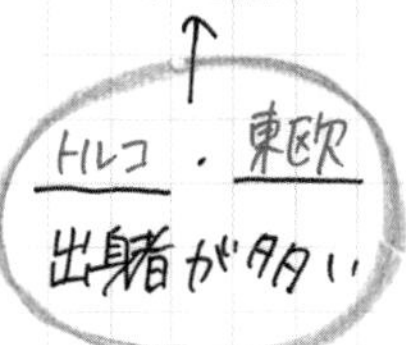

東欧・南欧

重要度

観光産業と地中海諸国

地中海沿岸は**地中海性気候**にあたり、夏は晴天が多く気温が上がるため、比較的夏冷涼な**西欧**や**北欧**から夏の陽光を求めて訪れる人が多いです。長期休暇を**保養地**（**リゾート**）でのんびり過ごす観光が好まれます。モナコ、ニース、カンヌなど世界的に有名な**観光保養都市**が並ぶ**コートダジュール**が有名ですが、多くの人が訪れるため混雑が目立っていました。そこで新しくコートダジュールから見て西側の海岸部に新しい**保養地**（ラングドック・ルシヨン）を整備しました 1 。なおここは冬も人気の観光地で、その場合は**避寒地**として利用されることが多いようです。

ギリシャなどの南欧の財政問題

2010年に、ギリシャなどの南欧を中心に一部の加盟国の財政悪化がユーロの信用を低下させ、他のユーロ使用国の経済に大きな悪影響を与えました。ギリシャや南欧の一部の国では、EUに加盟しているという信用から多くの借金（**国債**発行）を外国の投資家に対して行ってきました。ところが主要な産業は観光や農業などが中心で、工業や金融、サービス業などにはあまり力を入れていませんでした。国民の生活水準を高めるためにさらなる借金が増え、結果**財政破綻**の懸念が急激に高まったことで、ユーロの信用まで低下する事態になったわけです。こうした問題に対応すべく、EUは2014年に単一の**銀行監督機関**を創設して、域内の全ての銀行を監視するようにしました。

東欧諸国の人口問題

1990年に**東西ドイツ**が統合し、1991年に**旧ソ連**が解体して、東西冷戦時代の**社会主義**勢力が崩壊しました。東欧諸国も次々と**資本主義**経済を採用して、経済成長を目指した政策を実施しましたが、社会経済の混乱は避けられず、多くの失業者が出たり物資が不足したりするなど、不安定な状態が続きました。そのため出生率が低下し、死亡率が高まってしまい人口が減少した国も見られました。それから年月が経ちましたが、2020年以降も人口減少の状況は変わっていません。これには2004年の**EU**加盟が深く関わっています。**EU**加盟によって労働力が移動しやすい環境ができたため、より所得の高い西欧諸国へ若年層が流出してしまったのです。このことで東欧諸国では出生率が低下し、相対的に高齢者が多くなったことで死亡率も上昇し、人口減少となっている国が多い状態です。

○地中海と観光地

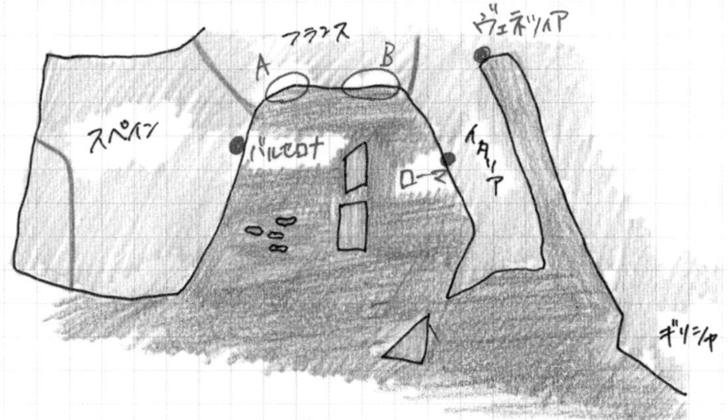

A ラングドック・ルシヨン
└ B地域の観光客分散などの目的で開発された保養地

B コートダジュール
└ マルセイユからイタリア国境まで世界的リゾート地域
ニース・カンヌ・モナコなど観光・保養都市多い

○ギリシャの財政問題

1981年 EC に加盟（EC・EU経済圏の一国として国際的信用が上がる）
↓ 多くの国債により経済水準を上げていく
…国の借金みたいなもの

2010年 財政悪化が注目（ユーロの信用低下）ヨーロッパ各国に影響
↑ 2014年 EUが単一の銀行監督機関をつくり、EU内すべての銀行を監視

○ 東欧諸国の人口問題

・1990年代 社会主義から資本主義経済への転換
↳ 経済混乱・物資不足が発生し社会不安拡大
↓
出生率が低下 死亡率が上昇し人口減

・2000年代以降 EU加盟がきっかけ
↳ 若年層の国外移動が急増（雇用・高賃金を求める）
↓
出生率が低下 相対的に高齢者率が上昇し
↳ 人口減 死亡率も上昇

ロシアと周辺国の自然環境

重要度

地形

ロシアは東経60度付近を南北に伸びるウラル山脈を境に、東をアジア（シベリア）、西をヨーロッパ（ヨーロッパロシア）と分けられます。ウラル山脈は古期造山帯で、あまり標高は高くありません。一方南部に目を移すと、東西に新期造山帯の地域が伸びています。中でも黒海とカスピ海の間にあるカフカス山脈や中央アジアの中南部は、険しい山岳地帯となっています。なお東の端にあるカムチャツカ半島、周辺地域と日本側、アラスカ側に伸びる弧状列島は新期造山帯にあたります。内陸にはいくつかの湖があり、中でもカスピ海は世界最大の湖で、周辺には油田が多くあります。アラル海はかつて巨大な湖でしたが、周辺で灌漑による綿花栽培が過剰に行われたことで、流入する河川水が減少して蒸発量が上回り、干上がってしまいました。バイカル湖はシベリアに位置する三日月型の湖で、透明度が高く世界で最も深い湖とされています。

気候

ロシアの大部分は亜寒帯に属しています。シベリア東部は亜寒帯冬季少雨気候で気温の年較差が極めて大きい一方、シベリアの西部からヨーロッパロシアにかけては、亜寒帯湿潤気候に該当します。中央アジア地域では乾燥気候が、北極海沿岸ではツンドラ気候が見られます。亜寒帯地域には大河川が見られ、このうちエニセイ川やレナ川では夏の始めに中～下流でたびたび洪水が発生します。上流付近は春の訪れが早く融雪しますが、河口付近は北極海沿岸に位置し、高緯度であるため気温が低く河川が凍結したままです。そのため大量の河川が流入しても河口で氷がブロックしてしまうため、水が溢れてしまうのです。これを融雪洪水といい 1 、エニセイ川では、上流にクラスノヤルスクダムなどのダムを建設して、洪水を防いでいます。

寒冷地での生活

寒冷地では野菜の供給が不足しやすいです。店に十分な野菜が出回らないため、都市部の人々は自家栽培しています。郊外に野菜菜園を設けた別荘（セカンドハウス）を持ち、休日をそこで過ごしながら野菜の栽培、収穫を行っています。このような別荘をダーチャといいます。また天然ガスが豊富に産出される地域では、そのガスのエネルギーを利用した温室を建てて、野菜の栽培を行っています。テーマ29でも学習しましたが、永久凍土が広がるような地域では、凍土を融けさせないため高床式の住居にしていることも忘れないようにしましょう 2 。なお冬の温度が特に低下する地域では水道管も破裂するため、湖などの氷を生活に利用します。

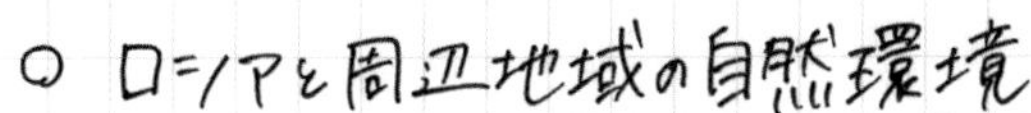
○ ロシアと周辺地域の自然環境

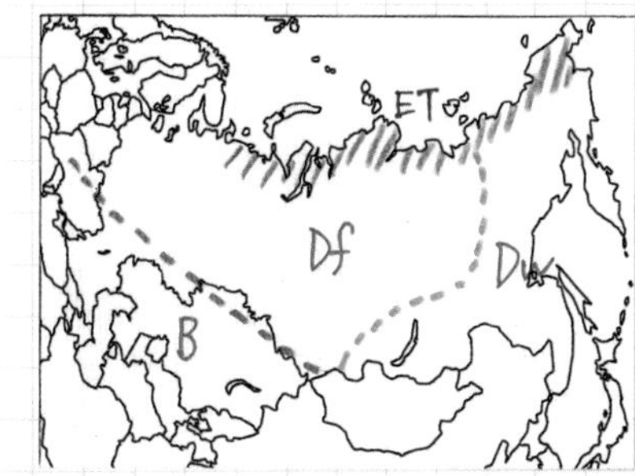

○ 永久凍土

└→ 2年以上（冬→夏→冬）にわたって凍結している土壌・地盤

夏には地表のわずかな部分だけ融解する

コケ，地衣類が生育しやすい

凍土を融けさせないよう高床式の建物にすることが多い

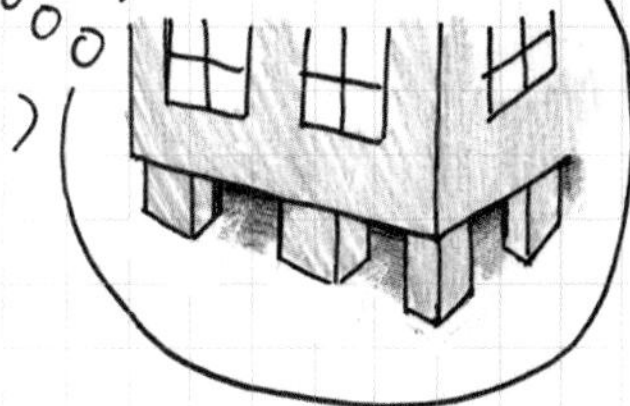

○ ダーチャ（都市郊外にあるセカンドハウス）

└ 野菜や果物を自家栽培する目的

○ 融雪洪水

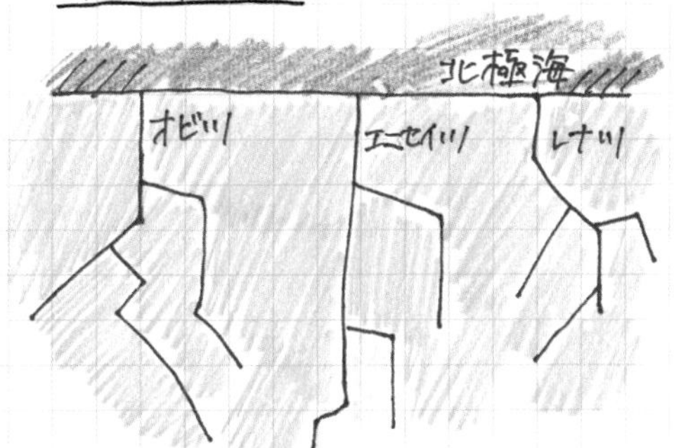

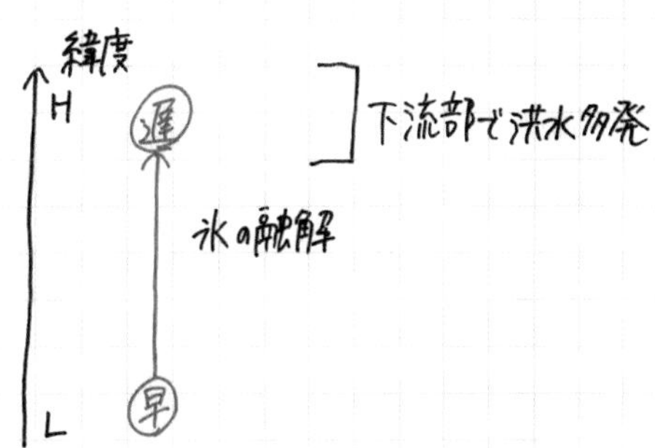

(参) 黒海沿岸：ロシアと周辺地域では温暖→保養地が形成

（2014年冬季五輪開催のソチ）

58 ロシアと周辺国の産業と文化

重要度

産業の特徴

ヨーロッパロシアの南部やウクライナの周辺では**チェルノーゼム**が分布し、肥沃土を生かして小麦の**企業的穀物農業**が展開されています。その高緯度側では、寒冷地でも生育できるライ麦や大麦などの穀物が栽培されます。一方シベリアでは広く**針葉樹林**（**タイガ**）が見られ、農業は限定的です。その代わり林業は盛んで、伐採された木材は輸出もされます。ロシアは鉄鉱石やダイヤモンドなどの鉱産資源も世界有数の産出量を誇り、大資源国として多くの国に輸出しています。また**原油**や**天然ガス**などのエネルギー資源に恵まれていて、ロシアにとって重要な輸出品となっています。2000年代の石油価格の高騰を受けてオイルマネーが流入し、ロシアは旧ソ連崩壊以降の経済低迷を脱しました。順調な経済成長を遂げ、ブラジル、インド、中国、南アフリカと並び**BRICS**と呼ばれるようになりました。その一方で、2014年のクリミア半島併合によって隣国ウクライナと対立関係が継続し、欧米各国との摩擦も高まって経済制裁が課せられ、状況は不安定化し、ロシアでは自国産業への支援を強化しています。

民族

ヨーロッパロシアには、スラブ語派にあたる**ロシア語**を使用し、正教会の**ロシア正教**を信仰している人が多く居住しています。旧ソ連の構成国である中央アジアでは、**トルコ系**の**ムスリム**（**イスラム教徒**）が多く居住しています。バルト三国は、旧ソ連が崩壊する直前に独立を果たし、現在ではEUに加盟しています。北からエストニア、ラトビア、リトアニアと3つの国が並んでいます1。言語はエストニアだけ**ウラル語族**で、他の2つは**インド・ヨーロッパ語族**（バルト語派）です。一方宗教はエストニアとラトビアが**プロテスタント**で、リトアニアだけが**カトリック**となっています。いずれもスラブ語派ではなく正教会でもないため、旧ソ連から離脱したり、EU加盟をしていたりする点も理解できます。またロシアには少数民族も多くいます。バイカル湖近くにはモンゴル系のブリヤート人が、ウラル山脈周辺にはトルコ系のタタール人が暮らしています。

ロシアの都市開発

シベリア開発で特に大きな影響を与えたのが、**シベリア鉄道**と**バム鉄道**の存在です。ともに軍事面の強化が主目的で建設されましたが、シベリア地域にある豊富な資源の運搬にも役立ち、地域の開発や入植を加速させました。この鉄道を拠点に沿線都市が次々誕生し、開発が進みました。2000年以後では**経済特区**（減税措置を受ける地区）によって外国資本を導入して都市開発を促進させます。同時に遅れていた工業技術などを近代化させる狙いもあったようです。2015年にはウラジオストクなどを**自由港**に設定し、外国企業誘致を進めて都市開発を行いました。特に中国や日本からの投資が促進され、多くの企業が参加しました。

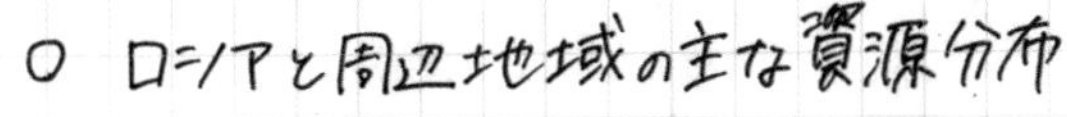

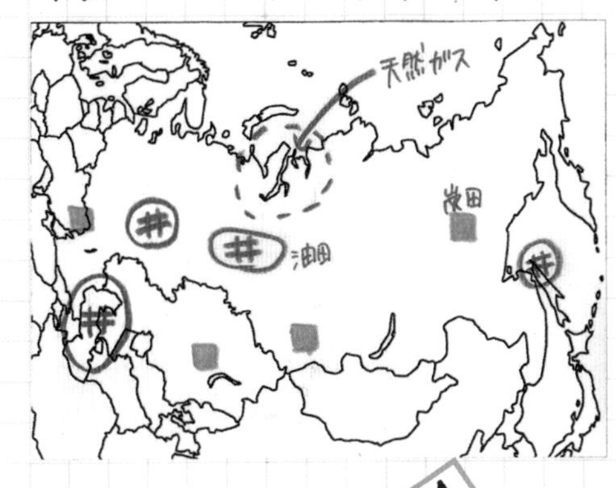

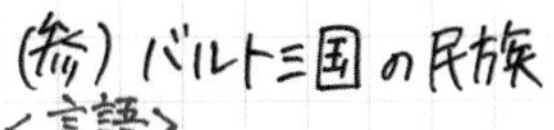

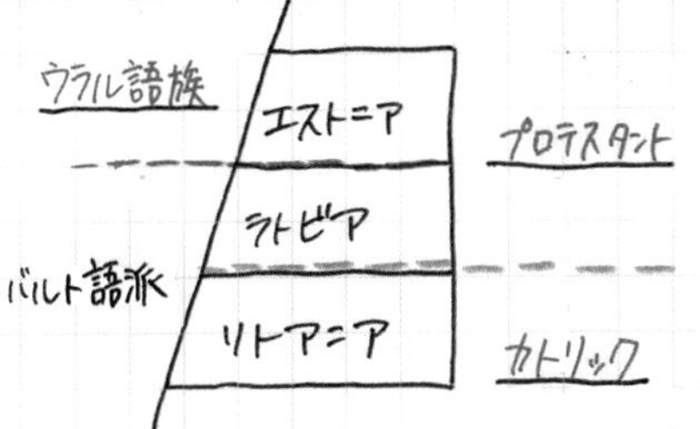

ロシア → スラブ語派のロシア語
ロシア正教の人が多い

○ 環境問題

林業・開発 → 過度な伐採・森林火災

温暖化 → 永久凍土の融解（凍土内メタン
二酸化炭素）
↳大気へ放出

北極海の海氷面積縮小

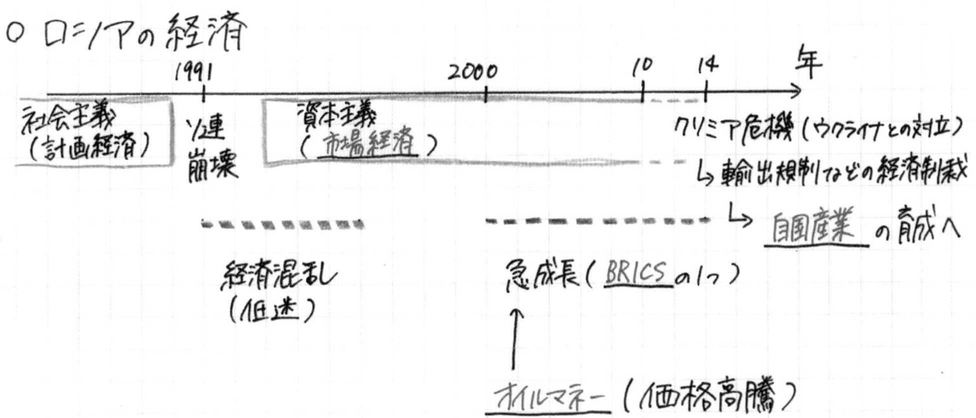

アングロアメリカの自然環境

重要度｜■■■■■

アングロアメリカの地形

アングロアメリカ西部には、急峻な新期造山帯のロッキー山脈が伸びています。なお、多くの人がロッキー山脈を海岸付近にあると誤解しがちですが、海岸付近には海岸山脈という山脈が別にあるので注意しましょう。海岸付近にロッキー山脈があるのはカナダです。南東部には古期造山帯のアパラチア山脈が見られます。なだらかな山脈で**石炭**などを埋蔵しています。この2つの山脈の中間にあるのが中央平原です。ロッキー山脈に比較的近い地域には**グレートプレーンズ**、東寄りには**プレーリー**と呼ばれる草原地帯が広がります。中央平原には大河川ミシシッピ川が流れ、その河口には独特の形状の**三角州**も見られます。カナダの西海岸には**フィヨルド**が見られます。また五大湖から流れるセントローレンス川の河口は**エスチュアリー**となっています。アパラチア山脈の東側に広がる平野は、かつての浅い海底だったところで**海岸平野**です。

アングロアメリカの気候

北から順番に気候区を見ていきましょう。北極海沿岸には**ツンドラ気候**が見られ 1 、カナダの多くの地域、北緯40度以北には**亜寒帯湿潤気候**が広がります。アメリカ合衆国では五大湖までが亜寒帯となり、北緯40度線より南側は東西で気候が大きく変化します。東側は降雨が多く**温暖湿潤気候**が、西側は降水量が減少し**乾燥気候**が見られます。南東部に位置するフロリダ半島は熱帯モンスーン気候です。Point 50（テーマ28）で学習したように北緯30～45度付近の大陸西側には**地中海性気候**があります。アングロアメリカ大陸でも同様で、サンフランシスコからヴァンクーヴァーあたりまでが該当します。なお、南西部の大都市ロサンゼルスは**乾燥気候**にある大都市です。

アングロアメリカの自然災害

アメリカ合衆国西部には、プレートの**ずれる境界**があります。ここではたびたび巨大**地震**が発生し、甚大な被害を出すことがあります。また北西部には活発な**火山**も多く、1980年に大噴火したセントヘレンズ山や、某メーカーのコーヒー飲料のパッケージに描かれていることで知られるレーニア山（山の名前を出すと商品名もわかってしまいますが）は代表的な**火山**です。またメキシコ湾では、熱帯低気圧が発達した**ハリケーン**が襲来し、暴風や**高潮**の被害をもたらすことが多いです。内陸では巨大な竜巻**トルネード**が発生し、家屋などを破壊して大規模な被害をもたらします。冬季には五大湖周辺まで**ブリザード**と呼ばれる寒風が吹き付け、寒波が襲うこともしばしばあります。経済力のあるアメリカ合衆国は災害対策にも力を入れているため、他の国で発生したときと比べても被害規模を最小限に抑えることができていますが、それでも甚大な被害になることも多いです。

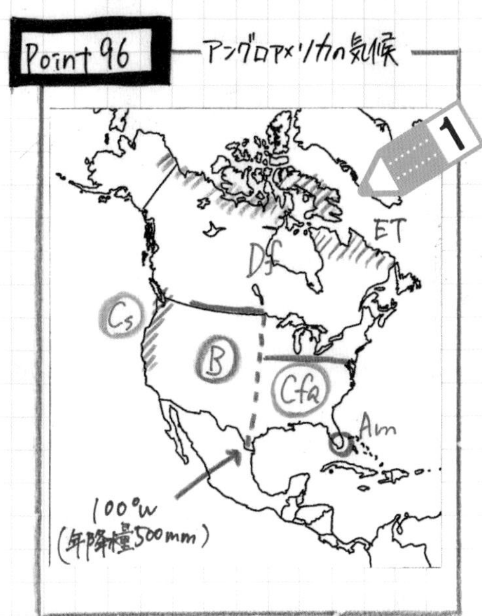

○ アメリカ合衆国で発生する自然災害

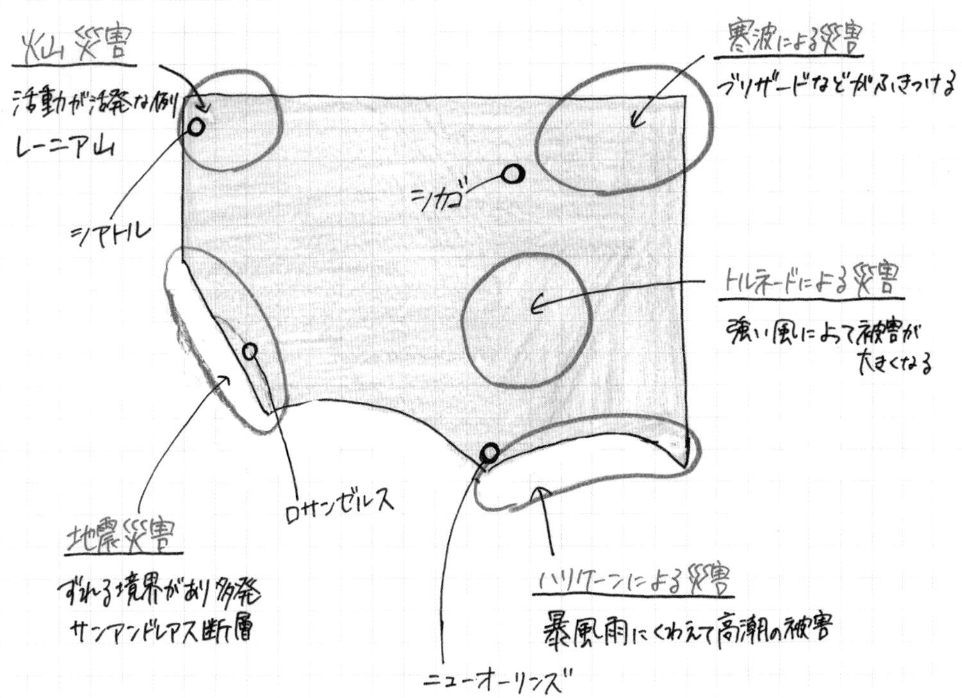

アメリカ合衆国の農業

重要度

農牧業地帯の地域的な特徴

気候区とともに農業地域を見ていきましょう 1 。まず西経100度線に注目します。この線は降水量500mmの等値線と一致し、ここから西側は少雨で主に牧畜地域が、東側は多雨で畑作地域が広がります。畑作地域は北から春小麦、トウモロコシ、冬小麦、綿花と大きく4つに分かれます。なお北の春小麦地帯はカナダまで続いています。小麦は主に企業的穀物農業で、トウモロコシは混合農業で栽培されています。なおトウモロコシを栽培している地域（五大湖より南側）はコーンベルトと呼ばれています。五大湖周辺は冷涼で、かつて氷河に覆われていた痩せた土地であったため、穀物などの栽培ではなく酪農が発達しました。大都市に近い立地の利点も生かしていますね。地中海性気候の地域は、果実栽培や一部では夏の高温を生かして稲作も見られます。

企業的農業と大企業

アメリカ合衆国やカナダの農業は、とにかく大規模です。大型機械を利用して広大な農地を耕し、各種機械を使いながら種まき、農薬散布、収穫と行っていきます。労働生産性（労働者1人当たりの生産量）の高い農業が特徴です。こうした農業を展開できる理由の1つが適地適作です。上で見てきた気候区別の農業地域が、まさにこの適地適作に当たります。経営には企業が関わり、大量に生産された農作物は大企業が管理、販売していきます。世界の多くの国に輸出され、多くの人々の食生活を支えるまでになっています。その中でも穀物メジャーと呼ばれる大企業は影響力が大きく、種苗の開発管理、肥料や飼料の生産、流通や販売だけでなく飲食産業まで全てに関わるアグリビジネスを展開しています。莫大な資金力を背景に、バイオテクノロジーに出資して遺伝子組み換え作物を開発したり、ICT技術を利用してより効率のよい耕作スタイル、例えばドローンを使った作物管理や農業機械の自動運転などを模索しています。

アメリカ合衆国の農業生産と食文化

日本でもハンバーガーチェーン店、フライドチキンやピザを扱う店をよく見かけます。こうした店舗で提供される食事の多くは、アメリカ合衆国の食文化の影響を強く受けていて、これらの食事はファストフードと呼ばれます。ファストは迅速なという意味で、注文してからすぐに食べることができる手軽な食事のことです。アメリカ合衆国は多民族の国なので、まず国内でシェアを高めるためにはこうした色々な人たちに共通して好まれる味つけ、食事形態を開発する必要があり、それを成功させたのが先ほどのチェーン店です。アメリカ合衆国や日本だけでなく全世界で好まれ、多くの店舗を展開しています。これらの食事には、小麦やじゃがいもなどアメリカ合衆国が得意としている農作物が使われている点も興味深いです。食文化を輸出し、そして必要となる農作物も輸出する、そんな企業戦略が見えてくるのかもしれません。

Point 97 アングロアメリカの農業

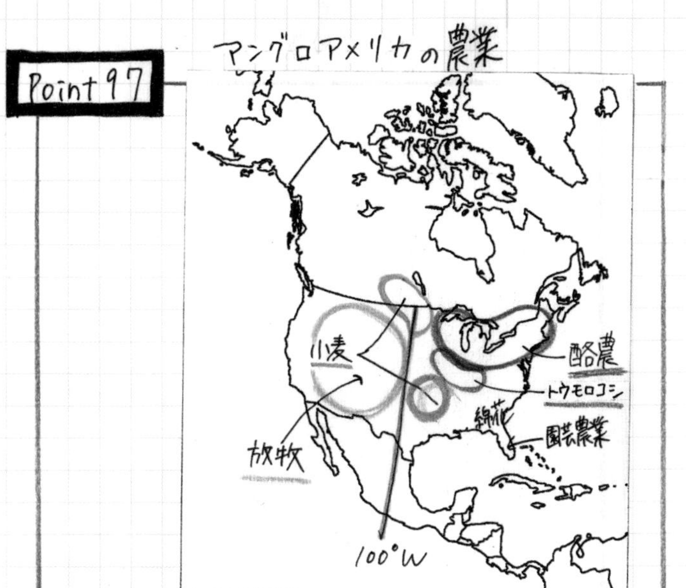

Point 98 アメリカ合衆国の企業的農業

穀物メジャーによる大規模農業
（巨大穀物商社）

↳ 収穫物を巨大穀物倉庫で貯蔵（カントリーエレベーター）
鉄道・トラックで大量輸送 ―― 流通システムが整備

アグリビジネスを展開　バイオテクノロジーも活用 ⟶ 品種・農薬・肥料の改良

GNSS（全球測位衛星システム）・ドローン・端末でICT化（効率化も）

○ カナダの農業

（寒冷のため農業は難しい）⟶ 林業は盛ん

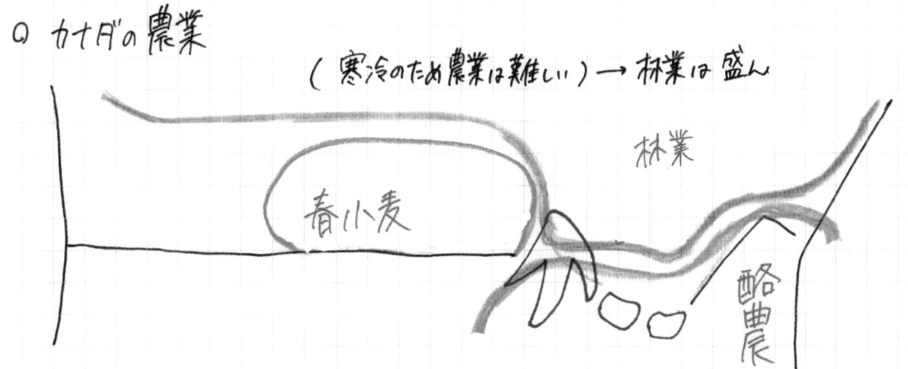

アメリカ合衆国の工業

重要度

工業の変化

アメリカ合衆国は鉱産資源に恵まれていました。五大湖西部にはメサビ**鉄山**が、アパラチア山脈には**炭田**があり、それを五大湖の水運で結びつけることができる環境にありました。そのため五大湖を中心にして鉄鋼業、機械類、自動車などの各種工業が発展していきます。技術力は群を抜いて高く、高品質の家電や自動車が安価で大量に生産され、多くの人々がそれらを購入する、そんな時代が20世紀前半まで続きます。しかし状況が変化します。キーになったのが日本です。1960年代に高度成長した日本は、80年代には家電や自動車の生産を本格化させ、高性能な製品を次々と発表しました。そのため五大湖周辺の**重工業**は競争力を失い、勢いを失った様は**スノー**（雪）**ベルト**・**フロスト**（霜）**ベルト**と揶揄されるようになりました 1 。近年では工場自体がメキシコなどに移転し、衰退した様を形容して**ラスト**(錆)**ベルト**と呼ばれています。

先端技術産業

代わって注目されたのが、**北緯37度線以南**の南部の地域です。元々は1960年代から**石油化学工業**が進出を始め、五大湖周辺の工業が競争力を失うと南部地域に移転を始めて、90年代には**航空宇宙産業**が急成長し、情報通信産業も集積するようになりました。この勢いある様子を**サンベルト**と呼び、五大湖周辺と対比されるようになりました。特に先端技術産業は温暖で良好な経済環境を好むことから、南部の地域はそういった条件が揃う理想的な環境だったのです。現在では、産業と**大学**が連携して研究開発を行うビジネスモデルが主流となりました。多くのベンチャー企業が**大学**周辺に集まり、**先端技術産業**の研究開発を行う地域が続々と登場しています。こうして急成長し、世界でも有数の巨大企業にまで上り詰めた企業は数多くありますが、中でも**GAFA**（Google、Apple、Facebook・現Meta、Amazon）と呼ばれる4大企業は特に大きな力を持っています。

自由貿易と分業体制

当初アメリカ合衆国は、自国で生産された工業製品をより多くの国で安く販売しようとし、**自由貿易**を急速に進めようとしてきました。関税をかけず、できるだけ安い価格で自国製品を輸出することを期待したのです。**多国籍企業**が続々と成長して、期待通り**グローバル**な経済活動が達成できました。しかし、より安価な工業製品を大量に生産する中国の台頭で、風向きが変わります。国内の企業の競争力が低下（価格が相対的に高い）したことで、製造業がメキシコやアジアの途上国へ移転を始めます。すると国内に失業者が増加し、**貿易赤字**が拡大してしまいました。これまで進めていた自由貿易促進を見直し、関税や規制を強化する**保護貿易**にシフトせざるを得なくなったわけです。**自由貿易**を進めた**NAFTA**から原産地規則を強化した**USMCA**（米国・メキシコ・カナダ協定）へ転換し 2 、**TPP**（環太平洋パートナーシップ）を離脱した経緯も、このことが背景にあります。

Point 99 アメリカ合衆国の工業都市

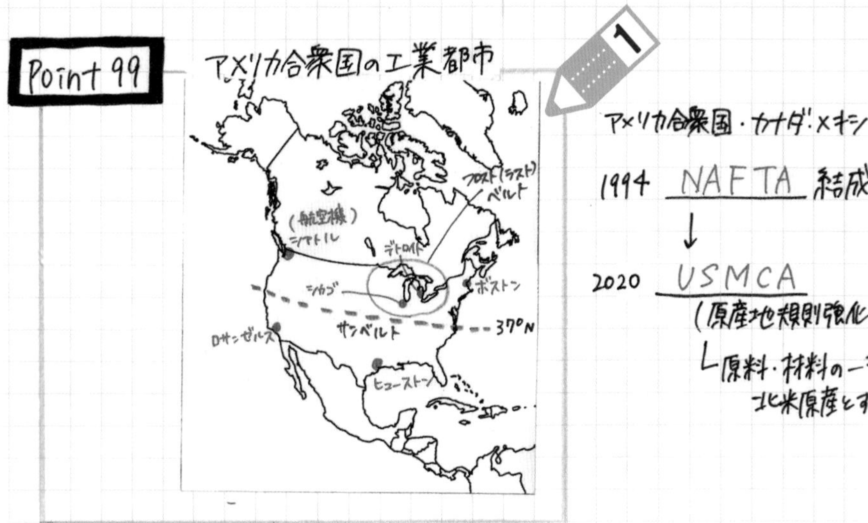

アメリカ合衆国・カナダ・メキシコの自由貿易

1994 NAFTA 結成
↓
2020 USMCA
(原産地規則強化)
└原料・材料の一部を北米原産とする

○ アメリカ合衆国の工業変化

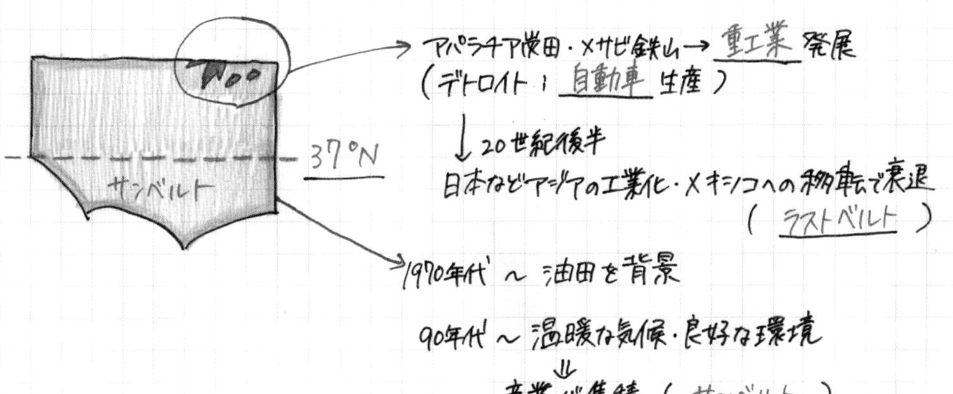

→アパラチア炭田・メサビ鉄山→ 重工業 発展
(デトロイト : 自動車 生産)

↓20世紀後半
日本などアジアの工業化・メキシコへの移転で衰退
(ラストベルト)

→1970年代 〜 油田を背景

90年代 〜 温暖な気候・良好な環境
⇓
産業が集積 (サンベルト)

Point 100 先端技術産業集積地

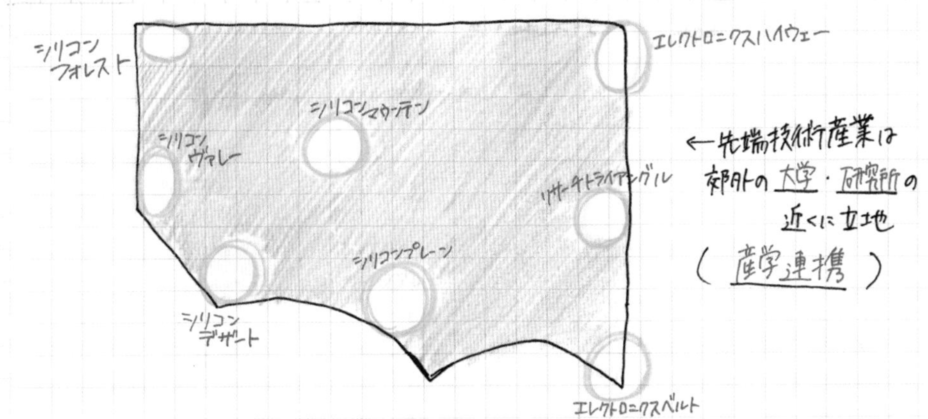

←先端技術産業は郊外の 大学・研究所 の近くに立地
(産学連携)

アングロアメリカの生活

重要度

かつてのアメリカ開拓時代

アングロアメリカは、元々は**ネイティヴアメリカン**などの先住民の土地でした。なお**ネイティヴアメリカン**とは、インディアンと呼ばれた民族や**アラスカ**のエスキモーを含みます。**カナダ**では、**イヌイット**を含む先住民を**ファーストネーション**といいます。この先住民の土地に、16世紀後半には**ヨーロッパ**各国からの移民が開拓に押し寄せ、植民地として奪っていきました。17世紀に**イギリス**が東海岸から植民を始め、一気に勢力を伸ばして現在の**アメリカ合衆国**の生活文化の基盤を築きました。**英語**を使用し、**プロテスタント**を信仰するという**アングロサクソン**民族の生活風習が中心となるようなイメージを**アメリカ合衆国**に持つ人がいるとすれば、この影響といえるでしょう。**WASP**という言葉は「白人、アングロサクソン、プロテスタント」を意味していて、初期の**イギリス**からの入植者のことを指します。その子孫たちが、現在のアメリカ保守層の中核を占めるともいわれています。18世紀になると、人口増加に伴って開拓前線(**フロンティア**)は西部に移動します。開拓民は農地を獲得し、住居を構えます。その際**タウンシップ制**をとり、直交した道で区画された農地を分割して開拓していきました。

サラダボウル社会

17世紀頃からは**ヨーロッパ**からの移民だけでなく、**アフリカ**の人々も連れてこられました。南部で拓かれていた**綿花**やタバコなどの大農園で、奴隷として働かせるためです。18世紀には**アメリカンドリーム**といい、**アメリカ合衆国**では出身や身分は関係なく、努力と**開拓者精神**があれば成功できるというイメージが広まり、多くの移民が世界各国から訪れます。20世紀になると**メキシコ**や**キューバ**などからヒスパニックが、さらに**中国**や**韓国**、**ベトナム**などからアジア系の移民が増加するようになりました。こうしてそれぞれの人種・民族が、混血はせずとも異なる文化を認め合い共存する社会を、**サラダボウル**と表現するようになりました。しかし、「異なる文化を認め合い」という点では課題も多いです。根強い人種差別問題があり、1960年代からの**公民権運動**を皮切りに人種差別解消の動きも高まりましたが、差別的な対応による事件が報道されることも少なくありません。なお人種などが混血を続け、一体化した社会を**人種のるつぼ**といいます。**ラテンアメリカ**などが例です。

カナダの多文化主義

アメリカの隣国の**カナダ**は**イギリス**系住民が多い国家で、東部の**ケベック州**だけは**フランス系**の住民が多いです 1 。そのため**ケベック州**では、歴史的に独立が叫ばれてきました。現在では**イギリス**色の強いユニオンジャックを配した国旗を改めてカエデの国旗にし、公用語も英語とフランス語の両方を指定しました。先住民にも**ヌナブト準州**を設置し、あらゆる民族を尊重する**多文化主義**を積極的に進めています。

Point 101 アングロアメリカの民族

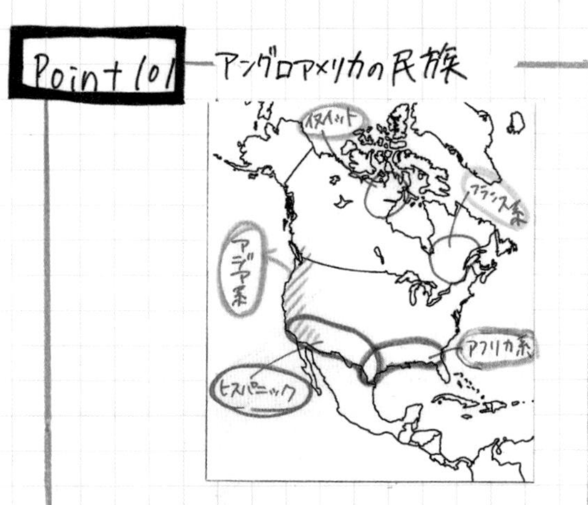

○サラダボウル

↳ アメリカを1つの皿(ボウル)とし、多様な民族が相互尊重する社会

(参) 民族・人種が住みわける
(居住地が別)
↓
セグリゲーション

○ 開拓の歴史

北アメリカ大陸 先住民 ネイティヴアメリカン
↓
16世紀後半〜 ヨーロッパから 入植者 増

17世紀に イギリス の植民が東海岸で開始
↳ 独立後も西方へ開拓拡大
(フロンティア)

(参) WASP：白人, アングロサクソン, プロテスタント
└ 独立後から経済・社会の中心だった

公民権運動：60年代から

アフリカ系アメリカ人の
権利向上を求める

Point 102 カナダの多文化主義

ケベック州：フランス系住民が多い
↓
独立運動も見られた
└ 公用語を 英語, フランス語 にする

北部には先住民の イヌイット

都市には 中国 系移民も多い
(チャイナタウン 形成)

→ 多文化主義

ラテンアメリカの自然環境

重要度

ラテンアメリカの地形

ラテンアメリカは、東西で大きく地形が異なります 1 。西側には、海岸線に沿うように新期造山帯のアンデス山脈が伸びています。標高(ひょうこう)の高い山が多く、険しい山脈です。東側には安定陸塊(りくかい)が広がります。平坦な土地が多いですが、中にはブラジル高原やギアナ高地のように標高が高くなっている地域もあります。赤道直下には世界最大の流域面積を持つアマゾン川が、大陸南東部には巨大な**エスチュアリー**を持つラプラタ川があります。ラテンアメリカの都市分布には1つ特徴があります。それは、標高の高いアンデス山脈に都市が多く分布している点です。先住民の居住地が高地に多く、**インカ**や**アステカ**などの文明が高地に築かれたためです。その遺跡(いせき)の1つ、ペルーのマチュピチュは、多くの観光客が訪れる名所として有名です。また沖合には**海溝**(かいこう)も見られ、そこから平行に並ぶように**火山**が分布しています。たびたび**火山**噴火(ふんか)が生じ、大きな犠牲(ぎせい)を出している地域でもあります。

ラテンアメリカの気候

アンデス山脈を除く、赤道直下の地域は**熱帯雨林気候**の地域が広がります。東側の一部は熱帯モンスーン気候になりますが、基本的には年中高温で雨の多い地域です。その周囲に**サバナ気候**の地域が広がり、アルゼンチンやウルグアイのある中緯度(いど)では**温暖湿潤気候**(しつじゅん)も見られます。乾燥地域は西側の海岸線に分布し、中にアタカマ砂漠(さばく)があります。これは沖合を流れる**寒流**であるペルー海流の影響を受けています。また南部のアンデス山脈東側にはパタゴニアと呼ばれる地域があり、ここも砂漠になっています。ここは**偏西風**(へんせいふう)の影響を強く受け、山を越えた風が吹き降りるため**下降気流**が発生しやすく、乾燥しているからです。その反対側、つまり山脈の西側は逆に雨が多く、**西岸海洋性気候**の地域となります。なおこの多雨地域では、氷河時代に氷河が形成されたことで、現在でも**フィヨルド**が発達しています。メキシコは**回帰線**(かいきせん)付近に位置し、**亜熱帯高圧帯**(あ)の影響を受けるため北部を中心に乾燥気候の地域が広がっています。南部はその影響が弱まり、**サバナ気候**の地域も見られることに注意しましょう。

ラテンアメリカの植生分布

南米大陸は自然豊かな地域が多く、それぞれの地域特有の植生(しょくせい)に名前がついていて、定期テストや入試の素材によく扱われます 2 。例えば赤道直下の熱帯雨林を**セルバ**、その北側のサバナ地帯を**リャノ**と呼んでいます。ブラジル南東部には**カンポ**（**カンポセラード**）と呼ばれる熱帯草原と疎林(そりん)が広がる地域となっていて、ここでは大豆栽培・牧牛など大規模な農業が展開されています。またブラジル南部からアルゼンチンにかけては、**パンパ**と呼ばれる温帯草原が広がり、ここでも小麦などの穀物(こくもつ)の栽培(さいばい)や牛や羊などの放牧(ほうぼく)が広く行われています。

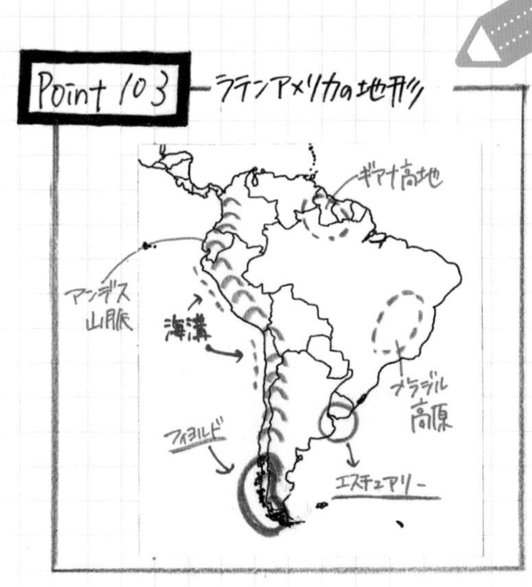

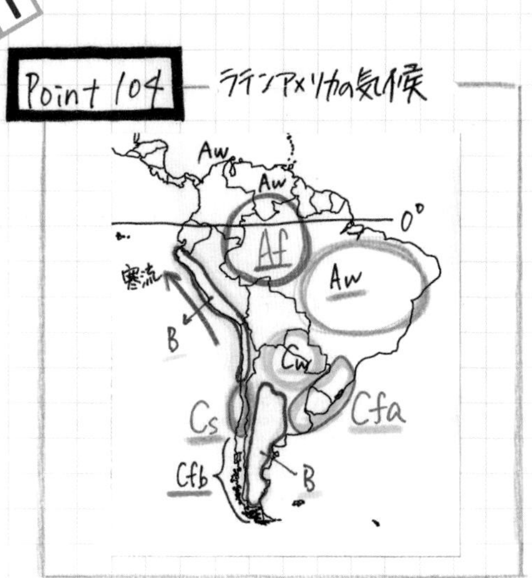

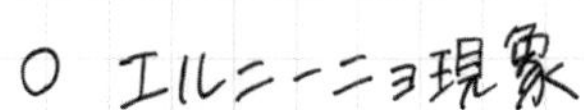

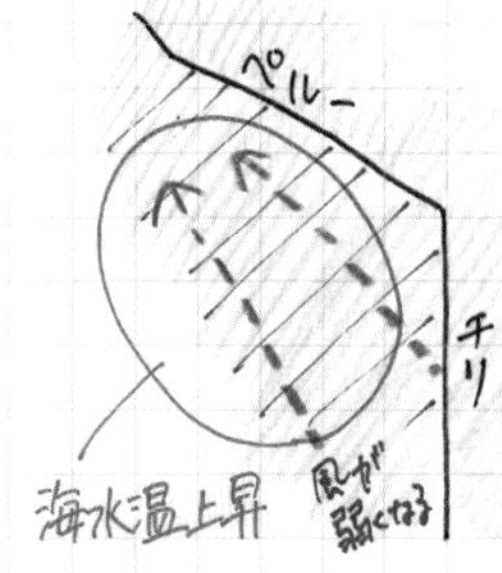

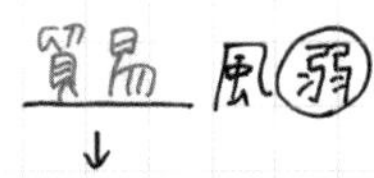

↓

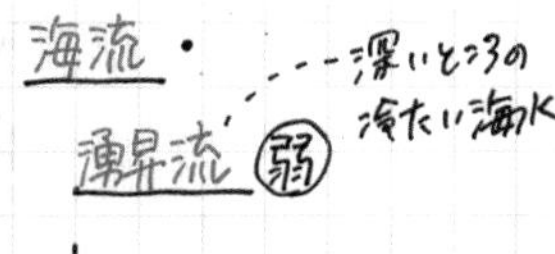

↓

海水温↑

日本では冷夏・暖冬

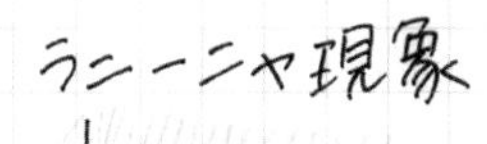

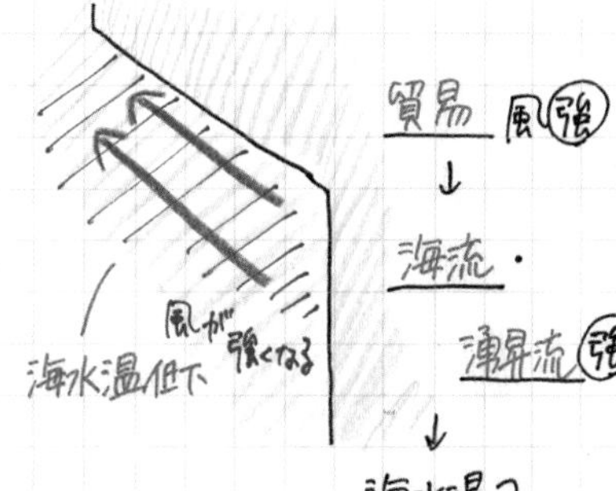

日本では猛暑・厳冬

になりやすい

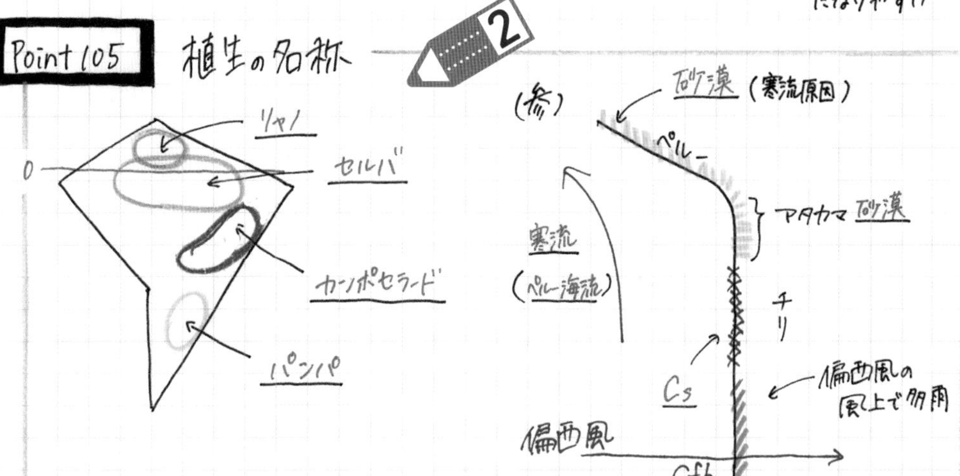

ラテンアメリカの生活

重要度

地域ごとの農業特徴

セルバでは主に自給的な焼畑農業が行われ、キャッサバなどのイモ類が栽培されています。近年では、大豆畑や肉牛を飼育する牧場も開発されています。リャノではコーヒー栽培が、カンポの周辺ではコーヒーやサトウキビが栽培され、世界的な産地として知られています。パンパでは小麦やトウモロコシの栽培のほか、肉牛、羊の飼育が盛んです。地中海性気候にあたるチリ北部は、ブドウなどの果樹栽培が有名で、ワインが有名な地域となっています。アンデス山脈では、標高に合わせてさまざまな作物を栽培します1。標高の低いところでは、気温が高い地域を好むカカオ、サトウキビが栽培され、標高が上がると、トウモロコシやジャガイモが栽培されるようになってきます。作物が育たないくらい気温が下がる高所になるとアルパカ、リャマなどの牧畜が盛んになります。なお、アルパカもリャマも同じラクダの仲間で、リャマは荷役に、アルパカは体毛を利用するために飼育されています。ただ南米の農業は大土地所有制で、生産性が高くない点が課題です。

資源開発

ラテンアメリカは資源に恵まれています。メキシコは東部の半島を中心に油田が見られるほか、銀の産出量が極めて多いです2。コロンビアには石炭が多く、重要な輸出品となっています。南米大陸の北部ガイアナやスリナムではボーキサイトの産出が多く、ペルーやボリビアなどアンデス山脈に位置する国では金、銀の産出があります。太平洋に面する地域では銅山が多く、中でもチリは産出量が非常に多いです。南米大陸には油田も多く存在し、北部のベネズエラ、コロンビア、エクアドルは産油国として有名です。また、アルゼンチン南部でも油田が開発されています。しかしこうした資源開発には、外国の企業が多くの利益を得ている点にも注意したいです。さらに国際価格の変動の影響も受けやすいため、価格が低迷すると採掘費や輸送費のほうが高くなってしまうことがあります。政治を維持するためにも、先進国から借り入れをして国の財政を立て直そうとしますが、累積債務の問題が生じる場合があります。

自由貿易

ラテンアメリカ諸国は現在、ヨーロッパや東南アジアのような自由貿易圏を作ろうという動きを強めています。1995年にはブラジル、アルゼンチンを含む4カ国が南米南部共同市場（MERCOSUR）を結成しました。南米全体ではないものの、今後の拡大が注目されています。また、2011年にメキシコ、コロンビア、ペルー、チリによる太平洋同盟が結成され、関税撤廃などの経済統合を加速させています。この太平洋同盟は、アジアとの関係を強化していて、日本もオブザーバー参加しています。2018年には日本やオーストラリアなどが参加しているTPP11協定が締結され、そこにはメキシコ、チリ、ペルーも参加するなど関係強化が進められています。

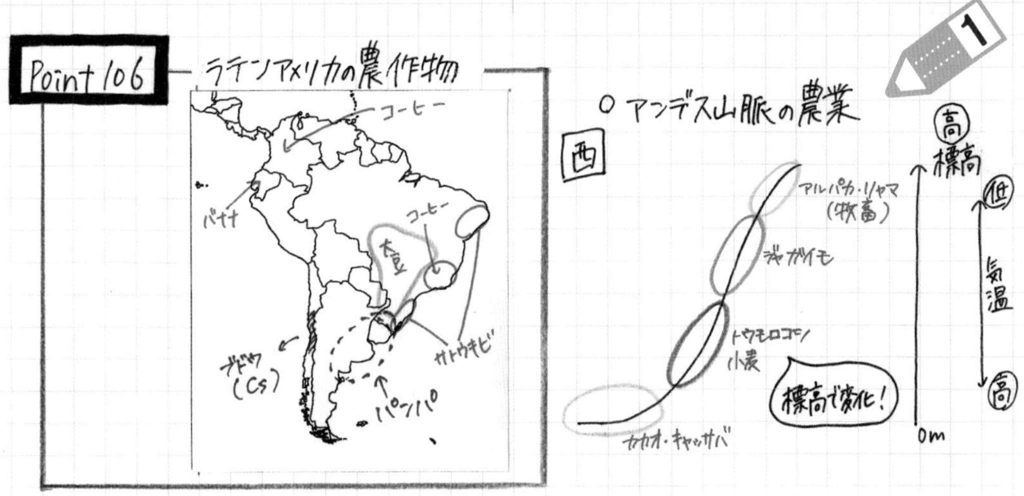

(参) ラテンアメリカの農業 → 大土地所有制が多い

大農園の名称　ブラジル：ファゼンダ
アルゼンチン：エスタンシア
他：アシエンダ

65 ブラジルの生活

重要度

ブラジルの農業

ブラジルの**熱帯雨林地域**では自給的な焼畑が、南東部などの草原地帯ではコーヒーやサトウキビが栽培されていますが（テーマ64）、近年注目されるのは牧牛、大豆、サトウキビの生産拡大です。ブラジルでは、カンポからパンパの北部にかけて広大な土地に大規模に肉牛を放牧する、**企業的牧畜**が発達しています。家畜の飼料にもなり、需要の高い油も生産できる大豆もブラジルでは重要な農作物で、アメリカ型の企業的農業の形態を導入して積極的に栽培しています。また**バイオエタノール**の原料として使われるサトウキビも、工業原料となることから価格が安定的で、多くの農家が好んで栽培しています。このように農業の活発化は、農家の所得を向上させ、国の経済を押し上げる効果もありますが、過度な農業の拡大には問題も発生させます。それが**自然破壊問題**です。放牧地や耕作地を拡大させるため森林伐採が進み、**化学肥料**や**農薬**を大量に投入することで土地を荒廃させる懸念が高まっています。

ブラジルの工業

ブラジル東部には**カラジャス**、**イタビラ**という二大**鉄山**があり、そこから産出される大量の**鉄鉱石**は、ブラジルの貴重な輸出品です。近年では南東の沖合に油田も発見され、産油されるようになりました。元々**水力発電**の割合が高い国で、**バイオエタノール**の生産も多く、得られたエネルギー資源は輸出に回せることから、経済を支える重要な資源と期待されています。工業化も進んでいます。当初**輸入代替型工業**が展開され、同時に**外国資本**が積極的に導入されるようになりました。マナオスに**自由貿易地区**を設けるなど、日本やアメリカなどの外国企業の誘致を進めました。現在では**航空機**生産や**先端技術産業**も盛んになり、南米の工業分野の牽引役として期待されています。

ブラジルの課題

かつてのブラジルは**累積債務**問題で危機的状況にありましたが、工業化のおかげもあって危機を脱しました。2016年にはリオデジャネイロでオリンピックも開催され、経済成長をアピールできました。しかし経済成長の恩恵を受けられている地域は都市部が中心で、農村では貧しい地域も多く見られます。農村から都市へ人口が流入したため、ブラジルの都市部では**ファベーラ**と呼ばれる**スラム**が拡大しています 1。オリンピックが開催されたリオデジャネイロでは、都市の周辺にある斜面地に**ファベーラ**が形成され、多くの貧困層が居住しています。また過度な開発を進めたため、環境破壊問題もたびたび国際社会から非難されています。国の経済を高め、国民の生活を豊かにしたいという思いと、多様な動植物が生育し恵まれた自然環境を後世にも伝え残したいという環境保護の思いがぶつかって、たびたび衝突しています。

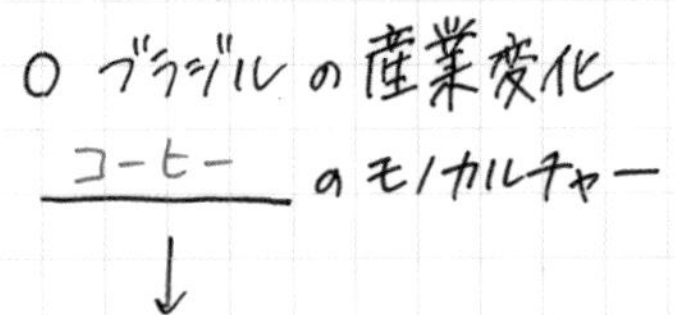

輸入代替型工業化（外資の導入）

ex.）アマゾン開発拠点（マナオス）に自由貿易地区

↓

1990年代に規制緩和　航空機・先端技術産業も発展

○バイオエタノール原料のサトウキビ栽培

↓生産拡大

森林伐採・化学肥料・農薬の大量投下

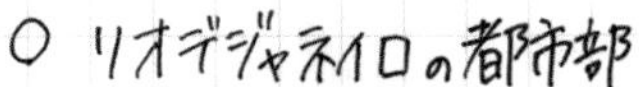

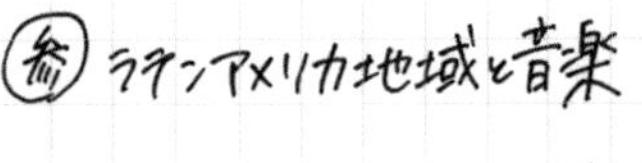

ブラジル（リオデジャネイロ）→ サンバ

カリブ海（ジャマイカ）→ レゲエ

アンデス → フォルクローレ

アルゼンチン → タンゴ

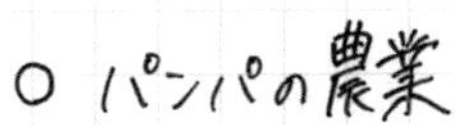

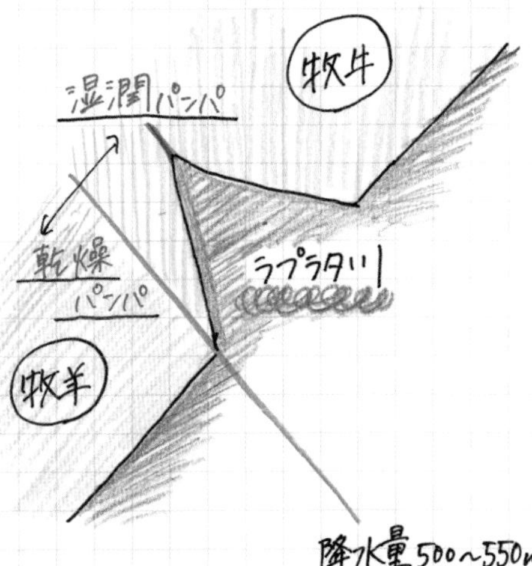

㊎ ラテンアメリカの混血（人種のるつぼ）

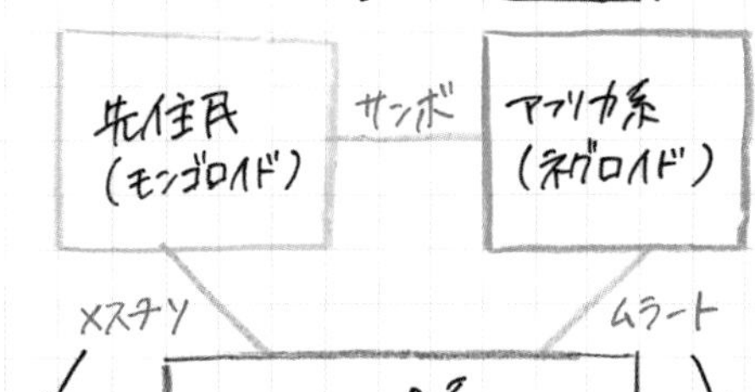

コーカソイド → アルゼンチン～ブラジル南部

モンゴロイド（先住民）→ ボリビア

オセアニアの自然環境

重要度

オーストラリア大陸の地形

オーストラリア大陸は形成年代がとても古い大陸で、特に西部の地域では古い岩石や化石などが発見されやすいことで知られています。大陸の西部は大部分が安定陸塊(りくかい)となっています。東部には海岸沿いに古期造山帯にあたる**グレートディヴァイディング山脈**が伸びていますが、全体的に標高(ひょうこう)が低くなだらかな山脈になっています。北東海岸の沖合には世界最大級のサンゴ礁（堡礁(ほしょう)）、**グレートバリアリーフ**が広がっていて、有名な観光地となっています。南東部に浮かぶ**タスマニア島**は古期造山帯の島で、自然豊かな環境を見せています。なお大陸中心近くには**ウルル（エアーズロック）**と呼ばれる小高い丘のような地形が見られます 1。これは残丘(ざんきゅう)といい、安定陸塊の中で楯状地(たてじょうち)と呼ばれる地形に見られる、侵食(しんしょく)から取り残された丘状の地形のことです。周囲に平坦な大地が広がる中、ポツンと堂々とある巨岩の光景が観光客に人気となっていますが、先住民にとっての重要な土地であり、摩擦(まさつ)も見られます。

オーストラリア大陸の気候

オーストラリア大陸は**回帰線**(かいきせん)付近に位置していて、年間を通じて**亜熱帯高圧帯**(あ)の影響を受けやすいため、大陸の50%以上が乾燥気候の地域になります。乾燥気候に該当しない地域は北部から東部、南西部の海岸付近に見られ、北部では**サバナ気候**、北東部では**熱帯モンスーン気候**の地域が広がります。南東部の海岸は**西岸海洋性気候**の地域で、大都市シドニーもこの付近にあります（実はシドニーは夏の気温が23度で、ギリギリ西岸海洋性気候ではなく温暖湿潤(しつじゅん)気候です）。南西部の**地中海性気候**の地域にはパースという都市があり、入試の気候関係の問題に登場しやすいです。なお、北東部では熱帯低気圧が発達した**サイクロン**が襲来することがあり、暴風等の被害を受けやすいです。また乾燥地域に隣接する地域では**干ばつ**(かん)や**山火事**が起きやすく、たびたび被害が報告されています。

ニュージーランドの自然環境

ニュージーランドは、大きく分けて北島と南島からなりますが、全体的に起伏(きふく)に富む島国です。特に南島は標高が高く、3000mを超える山々が連なります。北島には**火山**があり、南島の南西岸には**フィヨルド**が見られるなど、景観が大きく異なります。北島・南島ともに**偏西風**(へんせいふう)の影響を強く受ける地域で、**西岸海洋性**気候に属します。年間を通じて温暖で、降水量にも恵まれます。南島は先ほど紹介した山脈の影響を受けるため、西岸では風がぶつかって降雨が多くなり、東岸は風下にあたるため下降気流になりやすく、わずかに少雨となります。ニュージーランドは新期造山帯の環太平洋造山帯の一部にあたるため、北島の火山をはじめ、地震(じしん)活動も活発で、たびたび地震災害が発生する地域でもあります。

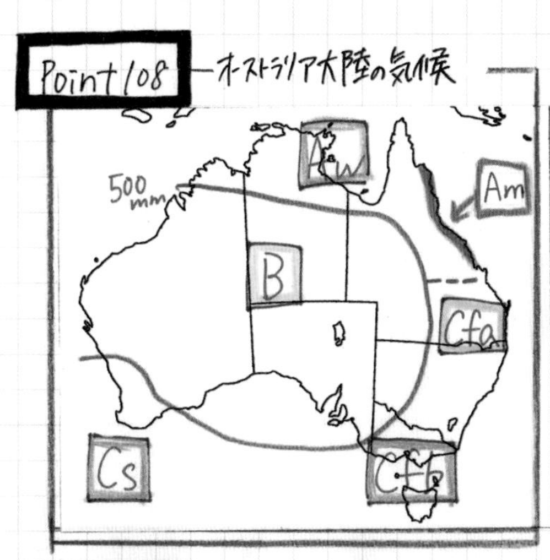

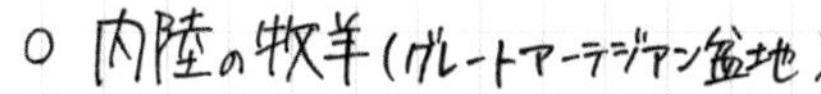

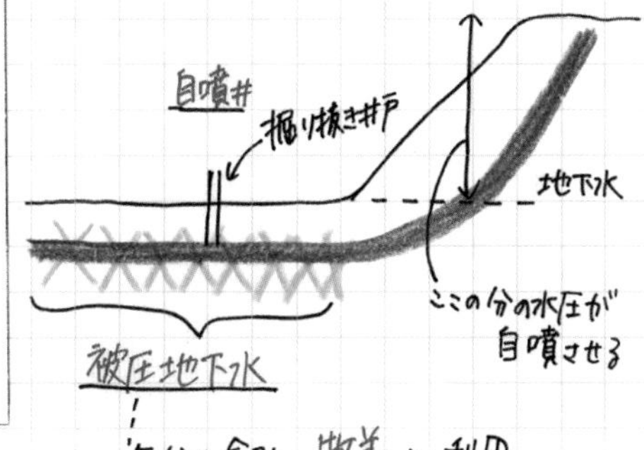

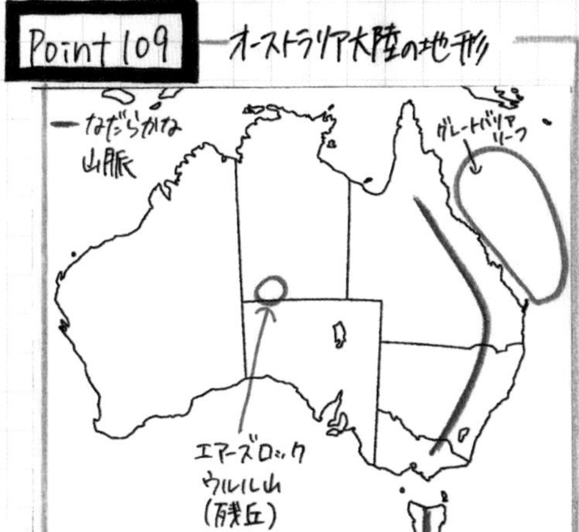

○ ウルル (エアーズロック)

侵食されず取り残された
(残丘)

古い時代の岩盤

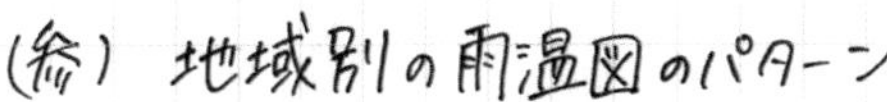

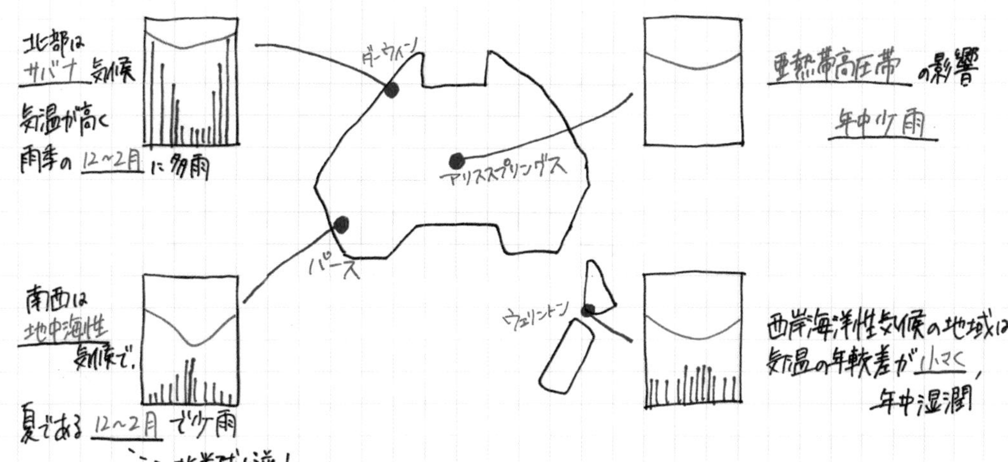

オーストラリアの生活

重要度

オーストラリアの開拓

元々オーストラリア大陸は、先住民アボリジニが暮らしてきた土地です。そこへ1788年、イギリスによって入植が開始されました。イギリス人は海岸にシドニー、メルボルン、パースなど拠点となる都市を築き、そこから内陸を開拓していきました。19世紀に入ると、内陸の乾燥地域の一部から鉱産資源が確認されるようになります。その資源が豊富にあることがわかると、ヨーロッパから多くの移民が工業労働者として流入するようになりました。これを**ゴールドラッシュ**といいます。こうした移民が1901年にオーストラリア連邦を建国します。なお、イギリス植民地として開拓されてきましたが、建国の際に独立し、その後1931年に発足したイギリス連邦に加盟しています。国旗にイギリスのユニオンジャックが描かれているのは、こうした理由からです。

オーストラリアの産業

オーストラリアは農業と鉱業が発展しているのが特徴です。広大な土地で大規模に生産された大量の農畜産物を、世界各地に輸出しています。特に肉牛や羊の飼育は有名で、北部で肉牛を、グレートアーテジアン（大鑽井）盆地では**被圧地下水**を**掘り抜き井戸**で組み上げ、牧羊等に生かしています。また資源に恵まれたオーストラリアは、人口が少なく国内需要は小さいため、多くを輸出に回せることから、大輸出国となっています。ノートを見ると資源が豊富なことがわかりますが、中でも注目したいのが西部のピルバラ地区です 1 。この地区には多くの**鉄鉱石**が埋蔵され、産出量、輸出量ともに世界有数です。一方で、オーストラリアはこうした産業で経済が十分潤うこともあり、国内の市場規模が小さいことから工業や他の産業は他の先進国と比べるとあまり発展していません。

オーストラリアの多文化主義

19世紀半ばの**ゴールドラッシュ**では、大量の鉱山労働者が必要になりました。その際に多く流入したのが中国系移民でした。白人ではない移民等の急増から、オーストラリアは白人を優先する政策を実施します。白色人種以外の人々の移住を厳しく制限し、先住民である**アボリジニ**も隔離されました。このような白人を優先する姿勢を**白豪主義**といい、1970年代に撤廃されるまで長く続けられました。**白豪主義**が撤廃されたのちは、多くの移民を積極的に受け入れる姿勢に切り替わります。連邦の中心国イギリスの**EC加盟**から、アジア重視の貿易を目指すようになったことがきっかけともいわれますが、方針が切り替わった理由は複雑です。結果、オーストラリアは受け入れた移民と**多様性**を相互に認め合い、文化を高めようという**多文化主義**を導入しました。現在でも、多くの労働者の他に、中国やインドなどアジア地域から多くの留学生がオーストラリアで学んでいます。日本とも**ワーキングホリデー**制度を利用した交流が行われています。

Point 110 オーストラリアの農業

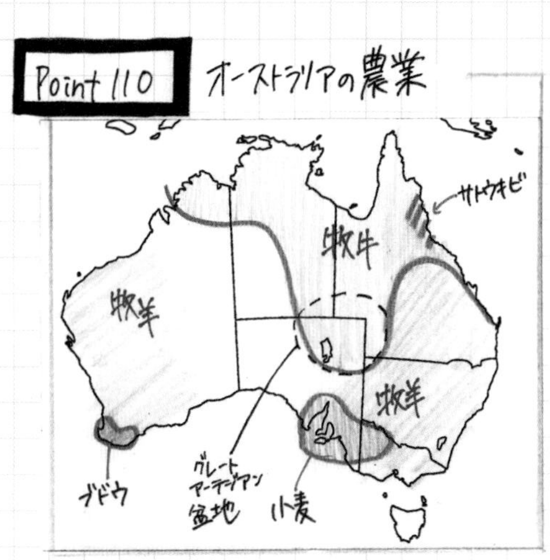

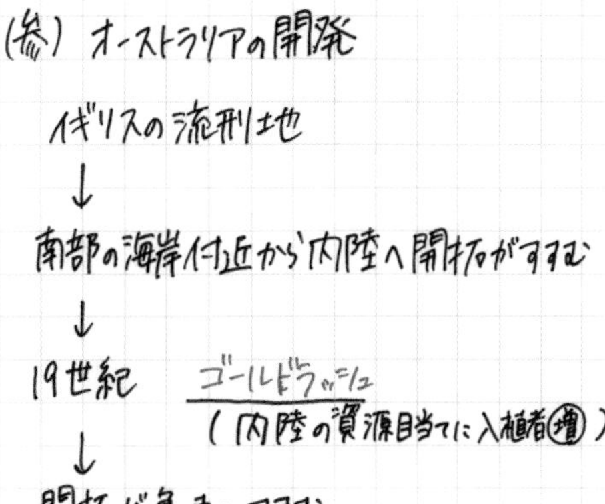

Point 111 オーストラリアの資源分布

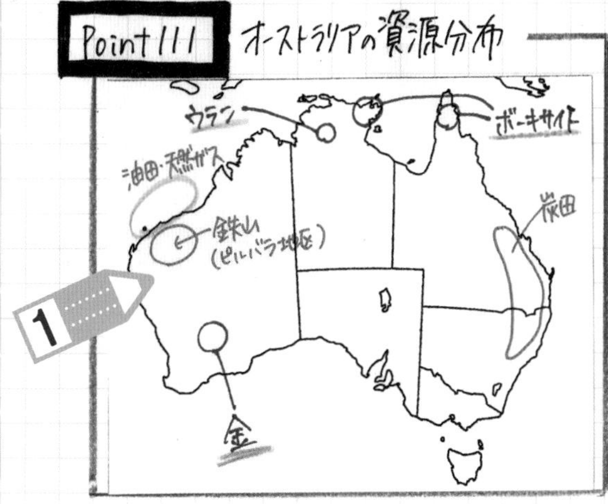

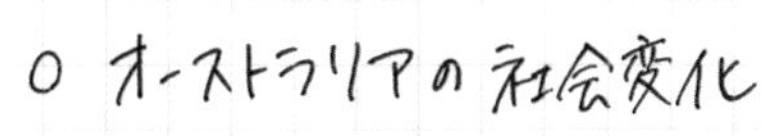

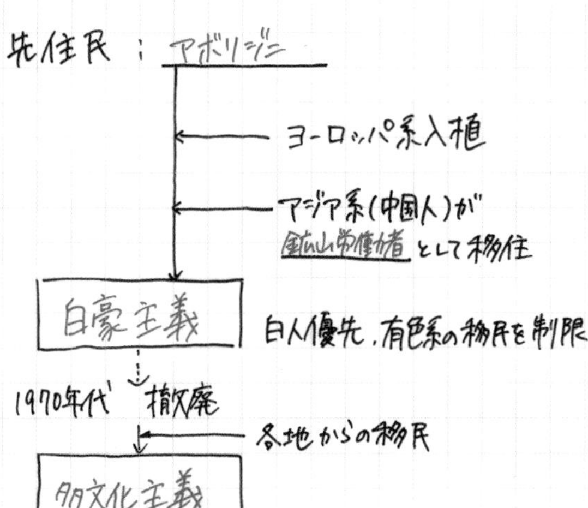

(参) オーストラリアの多文化共生社会

イギリス系白人多い
(英語 ・ キリスト教)

都市は各地からの移民が多い

多様化

中国系 中国語

インド系 ヒンディー語
ヒンドゥー教

中東から アラビア語
イスラーム

ニュージーランドの生活

重要度

ニュージーランドの開拓

ニュージーランドの開拓時の理想は、家族経営の自給農業が主体の農村社会建設でした。入植者たちが農村開発を進めようとすると、そこに居住する先住民との対立が激しくなります。そこで先住民**マオリ**と交渉のうえ、1940年に**ワイタンギ条約**を締結し、対立を解消しようとします。この条約は、ニュージーランドの主権を（当時植民地支配していた）イギリスに譲り、その代わりに**マオリ**の土地所有権とイギリス国民としての権利を認めるというものでした。一方的に入植してきて、提案してきた条約なので、当然、完全な対立解消には至りませんでしたが、農地を確保する道筋をつけ、農牧業を進めることができました。

ニュージーランドの産業

ニュージーランドは、農牧業を主体にして経済を支えてきました 1 。北島では主に大都市へ供給するための**酪農**が発達していましたが、**冷凍船**の就航で**乳製品**の輸出体制が整うと、世界的な輸出国になりました。南島は東西で様相が異なります。西側は険しい山地で、降水量が多いため森林が発達していて、この森林資源を背景に**林業**を営んでいます。一方東側は、比較的降水量が少ないことも影響して**牧羊**が盛んです。ニュージーランドの牧羊では、おもに**メリノ種**と**ロムニー種**という羊が飼育されています。羊毛用の**メリノ種**は、豊かで良質の羊毛が得られます。一方**ロムニー種**は、羊毛以外にも肉質がよいため食肉用としても飼育されています。また、野菜や果物の生産も近年盛んになりました。北半球と季節が逆であるため、北半球の**端境期**に出荷できる利点を生かしています。鉱産資源は豊富ではありませんが、水力発電を行っていることからアルミニウム加工が盛んです。

オーストラリア・ニュージーランドと先住民

先述したように、オーストラリア大陸とニュージーランドには、それぞれ先住民が住んでいました。オーストラリア大陸の先住民**アボリジニ**は正確には1つの民族ではなく、当時大陸にいた民族の総称です。言語も多様で、200以上あったともいわれています。砂漠などの乾燥地域では狩猟や採集を行って生活していました。ブーメランは彼らの狩猟用の武器の1つでした。しかしイギリス人の入植で生活は一変してしまいます。イギリス人が入植し、開拓を始めると、アボリジニは追い出されたり虐殺されたりし、人口を大きく減らすこととなりました。なお、オーストラリア大陸の南東にあるタスマニア島のアボリジニは全滅したとされています。その後**白豪主義**時代でも苦しい時代が続きますが、**多文化主義**に移行後、復権を果たしました。ニュージーランドの先住民は**マオリ**といいます。ニュージーランドとマオリは、オーストラリアとアボリジニほどの対立にはならず、現在ではその文化を尊重し、**マオリ語**はニュージーランドの**公用語**となっています。

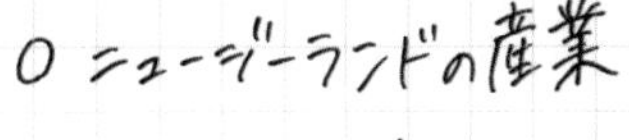

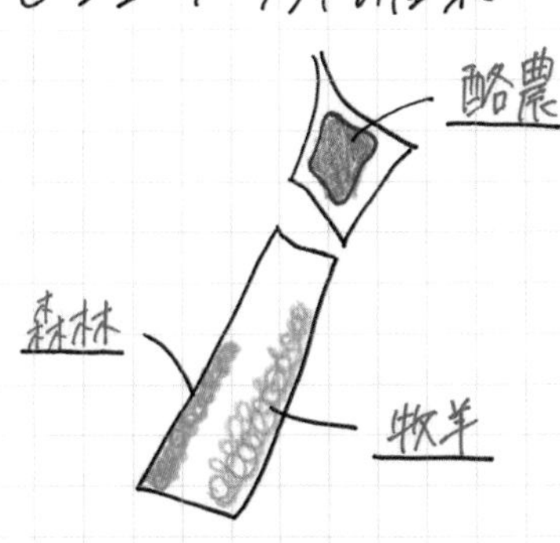

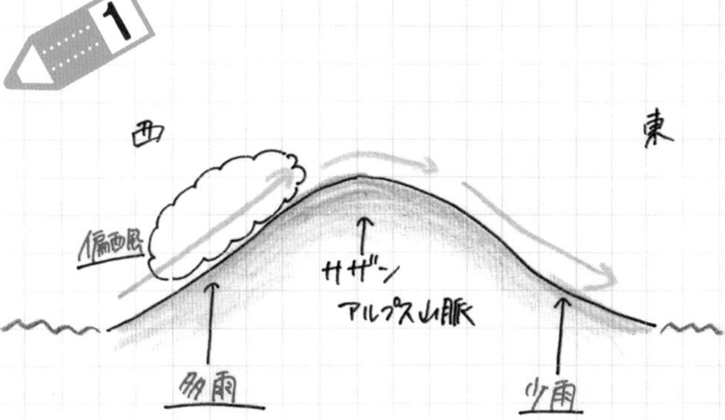

○ ニュージーランドと先住民

先住民：マオリ ← 対立 → イギリスの入植者

ワイタンギ条約

・主権はイギリスに譲る
・マオリの土地所有権と国民としての権利を認める

(参) 太平洋にある他の国

トンガ … かぼちゃ栽培が有名
↳ 日本にも輸出

フィジー … サトウキビ
↳ インド系労働者が多い

○ 太平洋諸国の連携

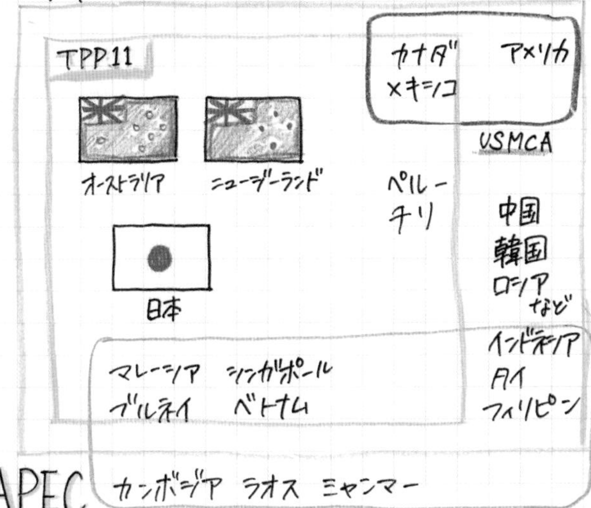

(参) APEC（アジア太平洋経済協力会議）

└ オーストラリアの提唱で設立（1989）

第1回会議はオーストラリアの首都キャンベラで実施

太平洋諸国・東南アジア・ロシアなど19か国以上

経済・技術協力
貿易・投資の自由化をはかる

日本の地形

重要度｜■■■■■

5つの島弧からなる日本

日本列島は、千島、東北日本、伊豆・小笠原、西南日本、琉球の5つの島弧からなる**弧状列島**です。4つのプレートの境界が複雑に分布するエリアにあたり、陸側のプレートは**北米プレート**と**ユーラシアプレート**、海側のプレートは**太平洋プレート**と**フィリピン海プレート**があります。海洋のプレートが大陸のプレートの下に沈み込み、一部は**海溝**を形成しています。本州の中央部には、南北に**フォッサマグナ**と呼ばれる部分があります。これは地溝帯のことで、その西の境界線が**糸魚川―静岡構造線**です。この境界線を境に日本列島は東北日本と西南日本に分かれていて、上記の島弧もここで分かれています。東北日本の中央には南北に火山が多く分布し、**奥羽山脈**などの脊梁山脈を形成しています。西南日本には東西に伸びる**中央構造線**と呼ばれる断層帯があり、ここを境界に日本海側を**内帯**といい比較的なだらかな地域が、太平洋側を**外帯**といい険しい山地が多く見られます。火山は、西南日本には少ないものの、他の島弧には多く分布し、世界の活火山の1割弱にあたる110以上の活火山があります。

日本と河川・平野

日本は急峻な山を持つ島嶼国で、山と海の距離が極めて短いため河川の流域面積は小さく、延長も短いです1。勾配の急な河川が多いため流速が早く、上流では土砂の侵食力が高まりやすいです。侵食された大量の土砂は下流方向へ流され、扇状地、氾濫原、三角州などの**沖積平野**を作り出します。急流が多く、季節による流量差も大きいことから、ヨーロッパなどと比べると河川水運は活発ではないものの、無数にある河川を横断する必要があるため、河川沿いに都市が形成されることもあります。急流の河川では水をストックすることができず、あっという間に海に流されてしまうため、山間地では**ダム**を建設し、生活用水や農業用水に利用してきました。**ダム**は治水や発電にも生かされるため重要な施設ではありますが、建設コストが莫大であることや自然環境への影響も大きいことから、**ダム**建設をめぐって近年たびたび議論になっています。

日本の地形と生活

面積で見ると、最も割合が大きいのは山地で、国土の4分の3にあたります。一方人口分布で見ると、全体の8割近くが狭い平野に住んでいて、山地には2割程度の人しか住んでいません。平野の中にも人口が集まりやすい地形があり、市街地が形成されやすいです。標高が低い土地には、水田や工場などが立地しやすく、**台地**の上面では畑などの農業用地が形成されやすいです。堤防建設や上下水道の整備がなされてからはこうした台地でも住宅が拡大しましたが、古くから人が多く集まったのは、この両地域の中間（境目）でした。低地と**台地**の境目に人が集まって市街地を形成し、現在の都市となっていきます2。東京の都市部では、低地を「下町」、台地を「山の手」と呼びますが、その中間の境目周辺に市街地があり、このことが言い表されています。

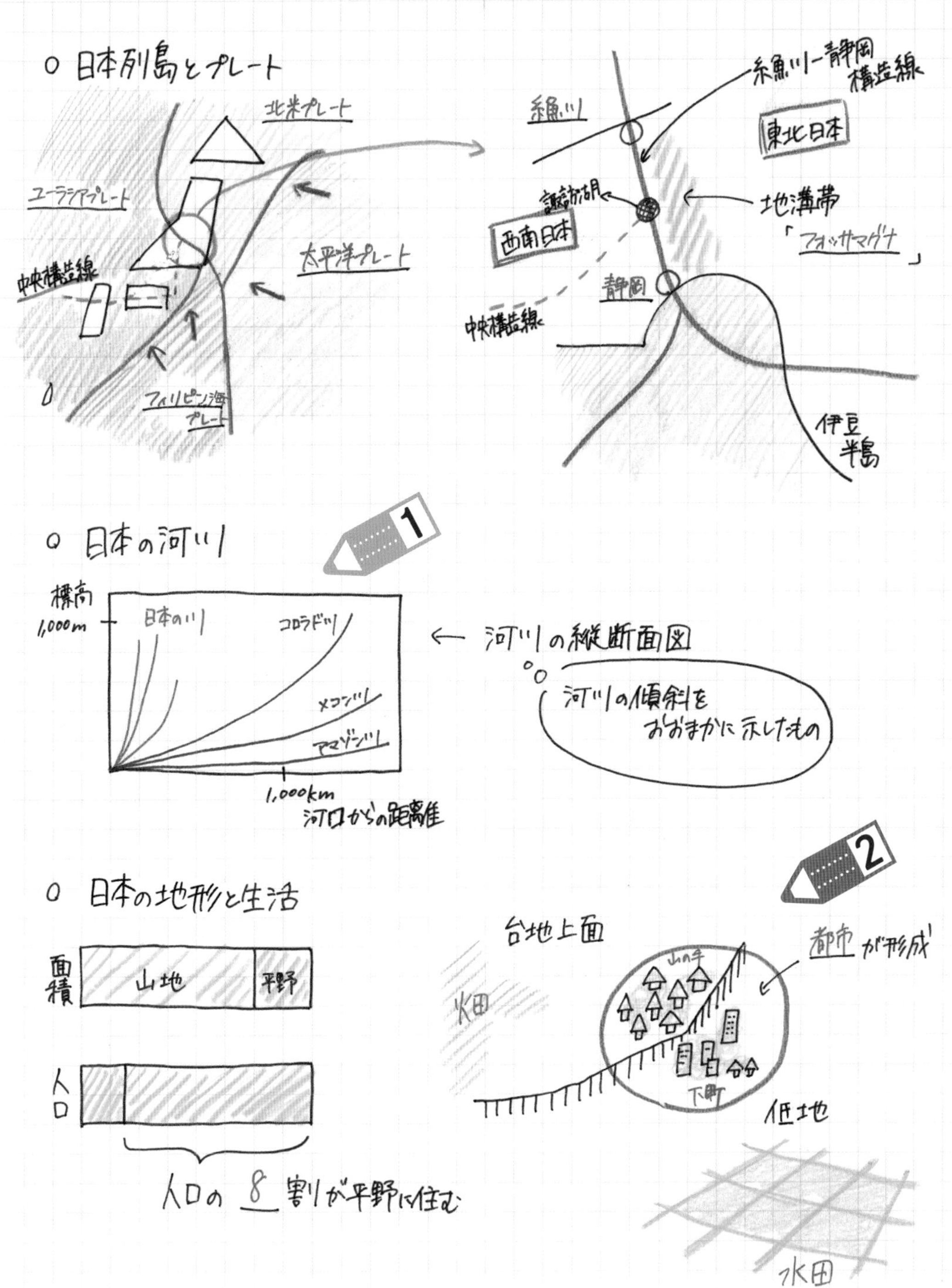

日本列島とプレート
北米プレート
ユーラシアプレート
太平洋プレート
中央構造線
フィリピン海プレート
糸魚川ー静岡構造線
糸魚川
東北日本
諏訪湖
地溝帯
「フォッサマグナ」
西南日本
静岡
中央構造線
伊豆半島
日本の河川
標高
1,000m
日本の川
コロラド川
メコン川
アマゾン川
1,000km
河口からの距離
← 河川の縦断面図
河川の傾斜をおおまかに示したもの
日本の地形と生活
面積
山地
平野
人口
人口の 8 割が平野に住む
台地上面
畑
山の手
都市が形成
下町
低地
水田

70 日本の気候

重要度

季節風と日本

ユーラシア大陸では東から東南、南岸にかけて広い地域で**季節風**の影響を受けます。日本も**季節風**の影響を強く受ける地域にあります。夏は海洋の広がる**太平洋**からの風が、冬は大陸の**シベリア**から風が吹いてきます。この**季節風**により、日本の明瞭な四季が形成されていきます。しかし細かく見ていくと、地域によって気候の特徴が異なります。これは、**日本列島**は中央に**脊梁山脈**が伸びていることで、風が山脈を乗り越えた時、風上側と風下側で上昇、下降気流が異なることや、南北に長く伸びるため緯度差が大きいことによります。気温は緯度によって異なり、高緯度の**北海道**は冬特に寒冷で、低緯度の**沖縄**は年中温暖になります。降水量も緯度によって異なり、低温な高緯度では少なく、高温な低緯度では多くなりますが、内陸では緯度によらず少なくなり、**日本海側**は冬の多雪によって降水量が多くなります。また**瀬戸内**地域は、南北に山脈、山地があり、**季節風**が遮られることもあって少雨となります。

春から夏

春になると、移動性の高気圧と低気圧が交互に列島を通過するため、周期的に天候が変化します。西から東に移動するため、天気は西側から変化し、**西南日本**から**東北日本**へと移り変わります。発達した低気圧が通過するときに南風が強まることがあります。立春以後の強い南風を**春一番**といいます。このような強い南風が吹くと、**日本海**側では**フェーン現象**が起こるため高温となることがあります。初夏になると**梅雨前線**が形成され、5月下旬には**沖縄**、6月から7月上旬には**本州**に停滞しやすくなり、大雨をもたらすこともあります。その後**小笠原気団**（**太平洋高気圧**）が勢力を増して前線を北に押し上げ、**梅雨**明けを迎え夏本番となります 1 。近年では内陸部で異常高温になることが多くなり、そのたびに熱中症などの被害が報告されます。最高気温が35度以上の日を猛暑日といいますが、これは2007年から導入された表現で、近年の夏の高温化がうかがえます。

秋から冬

夏から秋にかけて、**日本列島**には多くの台風が接近します。これは**小笠原気団**（**太平洋高気圧**）の力が弱まることで、その周囲を時計回りに移動してくる台風の進路が変化するためです 2 。またこの時期には秋雨前線が形成されることも多く、2つが重なって大雨になることも多いです。10月になると台風も少なくなり、代わりに移動性の高気圧の影響でさわやかな晴天の日が多くなります。冬になると**シベリア**東部に発達する**シベリア気団**の影響で、西高東低の気圧配置になる日が多くなります。この気圧配置の時は北西からの**季節風**が特に強まり、**日本海**を流れる暖流の**対馬海流**によって温められ、水蒸気を大量に含んだ風が列島の**日本海**側にぶつかります。これが大雪をもたらし、**日本海**側の特徴的な気候を形成します 3 。

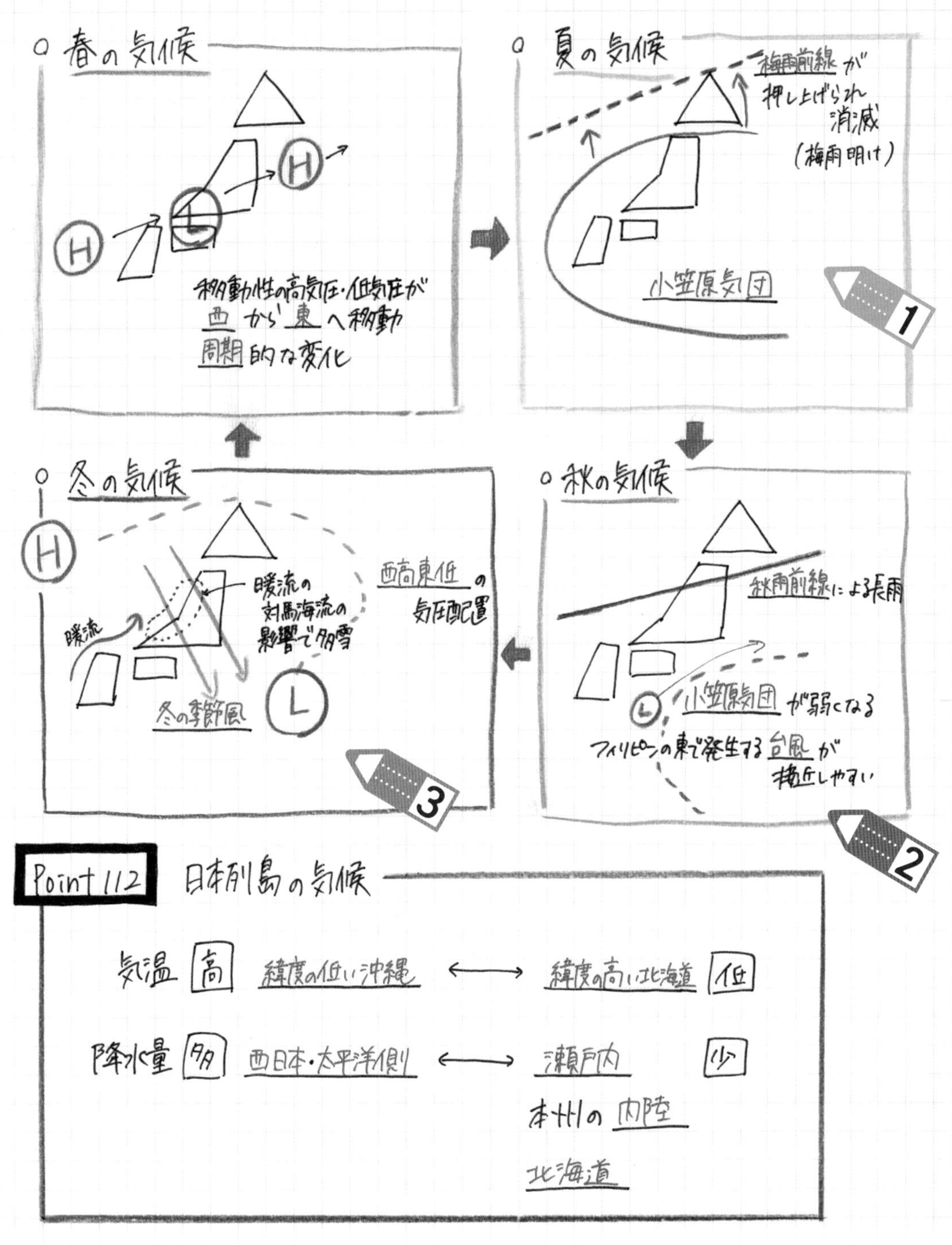
○春の気候
H
L
H
移動性の高気圧・低気圧が
西から東へ移動
周期的な変化
○夏の気候
梅雨前線が
押し上げられ
消滅
（梅雨明け）
小笠原気団
1
○冬の気候
H
暖流
暖流の
対馬海流の
影響で多雪
冬の季節風
L
西高東低の
気圧配置
3
○秋の気候
秋雨前線による長雨
L
小笠原気団が弱くなる
フィリピンの東で発生する台風が
接近しやすい
2
Point 112 日本列島の気候
気温 高 緯度の低い沖縄 ⟷ 緯度の高い北海道 低
降水量 多 西日本・太平洋側 ⟷ 瀬戸内 少
本州の内陸
北海道

日本の産業

日本の農業

第二次世界大戦後、日本では米は政府が全て買い入れ、価格保証を行っていて、稲作（いなさく）農家を保護する体制を取ってきました。しかし、食生活が多様化して消費が伸び悩み、各農家の生産性も向上したことから国が買い支えることが難しくなり、作付面積を制限する**減反**（げんたん）が実施されました。1995年には銘柄米（めいがらまい）生産（**ブランド米**）が認められ生産量が伸びましたが、米価はさらに安くなり農業経営を圧迫するようになりました。農家を保護するため保護貿易を実施してきた日本でしたが、国際的な自由貿易の圧力に押され、牛肉、オレンジなどの輸入制限が**GATT**（ガット）の農業交渉で緩和され、安価なアジア地域からの農作物輸入も始まり、競争が激化しました。現在では大規模化で生産性を高めたり、高品質な農作物生産を進め付加価値を高めたりする努力を続けています。安全でおいしい日本産の農作物は世界で大人気になり、アジアの富裕層向けなどに輸出もされるようになっています。

日本の林業・水産業

かつて大部分を自給していた木材は、**高度経済成長**期に住宅などの建設需要が高まったことで安価な外国の木材が輸入されるようになり、自給率が急落しました。以前は東南アジアから木材を輸入していましたが、東南アジア諸国で**丸太輸出**が制限され、現地で加工された木材製品を輸入するようになりました。国内の林業は、傾斜地が多く生産コストが高いこともあり、海外の安価な木材に押されるようになったこと、若年労働力が得にくく労働力不足になったことなどから、厳しい状況が続いています。水産業も大きく変化しました。**排他的経済水域**（はいたてき）が設定されたことで、遠洋漁業は衰退し、沖合漁業に移り変わりましたが、**乱獲**（らんかく）による魚体数の減少が発生したり、海外からの安価な水産物の輸入が拡大したりしたため、漁獲量は大きく減少しました 1 。漁業には大量の燃料が必要であるため、石油価格の影響を受けやすいこと、**気候変動**や**海洋汚染**で資源量が変化するなど、リスクが大きいことも課題となっています。

日本の工業

日本は、それまでの繊維（せんい）中心の工業から1960年代に**重化学工業**が発達し、先進工業国の仲間入りを果たしました。鉄鋼（てっこう）や石油化学などの**素材型工業**、電気機械や自動車、精密機械などの**機械工業**が得意で、輸出量が急増しました。70年代の石油危機で**素材型工業**は停滞しましたが、機械工業は順調に伸び、80年代には自動車をはじめとする**機械類**輸出が急増しました。そのため欧米諸国とは**貿易摩擦**（まさつ）が深刻化し、**円高**（えんだか）もあって徐々に生産拠点を海外に拡大するようにもなりました。90年代には**人件費**の高騰もあって、繊維や家電組み立て工場が中国をはじめとするアジア地域に移転するようになり、**産業の空洞化**（くうどうか）が進みました。国内では研究開発に力を入れ、特許権など知的財産権の使用料を得る技術輸出を増やす努力をしています。

○ 日本の農業

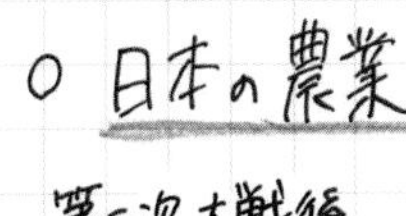

第二次大戦後
↓
米の消費が減少
（食の多様化）
↓
米流通の自由化・ブランド米 → 競争激化
↳ 米価下落

米農家 →（すべて買い上げ）→ 政府
（価格保証）

買い入れ価格の抑制
作付面積を減らす減反

（参）
日本産の農作物
- 品質が良い
- 安全性が高い

⇓
海外に輸出をすすめられる

○ 日本の林業・水産業

（林業）
木材自給率㊒高
↓
60年代〈高度経済成長期〉
└ 木材需要が高まる…建物を建てる
海外の安価な木材の輸入が増える
↳ 林業に打撃
（人工林の荒廃・森林管理が問題）

（水産業）

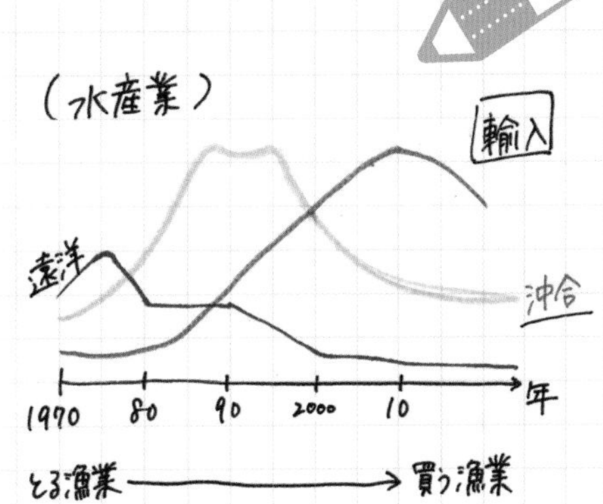

とる漁業 → 買う漁業

○ 日本の工業

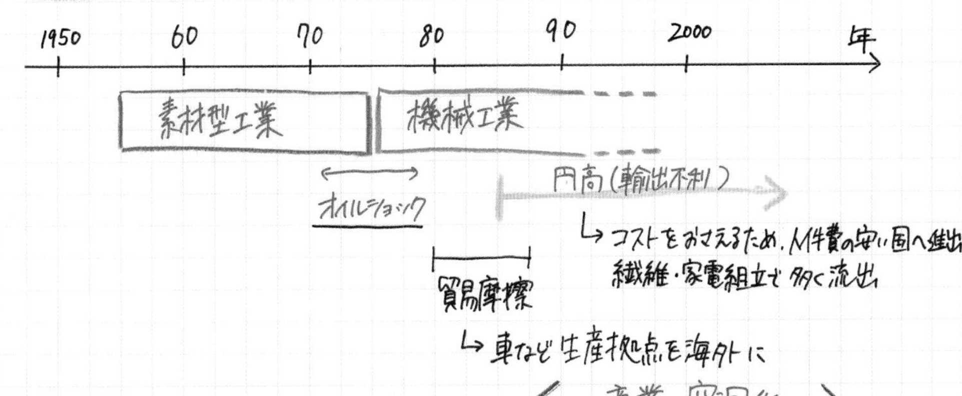

↳ コストをおさえるため、人件費の安い国へ進出
繊維・家電組立で多く流出

↳ 車など生産拠点を海外に
〈 産業の空洞化 〉

世界と日本

重要度

日本の貿易

第二次世界大戦前の**日本**は繊維原料を輸入し、繊維製品に加工して輸出する**加工貿易**を中心に行っていたのですが、戦後になると**重工業**が発達し、鉄鉱石などの原料を輸入し、鉄鋼などの素材を生産するようになって工業化が進み、**高度経済成長**を遂げました。石油危機以降は、より付加価値の高い機械類の輸出へ移り変わりましたが、1980年代以降は**円高**や**貿易摩擦**の影響、人件費の高騰などを受けて家電、繊維、自動車などの生産拠点が海外に移転されるようになりました。ですが貿易黒字の状況は続き、高品質な日本製品は人気もあり、輸出が好調でした。しかし、2000年代末の**リーマンショック**と呼ばれる金融危機とそれによる経済不況の影響を強く受け、2011年の**東日本大震災**以降は、原子力発電所の運転停止に伴い火力発電用の**天然ガス**輸入が急増したことや、生産ラインの停止に伴う輸出減少によって、貿易赤字に転落したのです。以降は国際経済や為替相場の影響を受け、貿易収支は以前ほど安定しなくなりました。

日本と国際移動

訪日外国人は、2012年以降に急増しました 1 。背景には、**円安**傾向が続いたことや**格安航空会社**(**LCC**)の台頭、ビザ発給条件の緩和、主に**アジア**地域の経済成長による所得の向上などがあります。日本食や温泉などの日本でしか得られない体験が魅力になったほか、ウィンタースポーツ、映画やアニメで登場した地域をめぐる旅行が人気になるなど、日本文化の魅力を積極的にアピールする**クールジャパン構想**の影響もありました。国籍別の訪日外国人は**中国**、**韓国**などアジア諸国が多いのが特徴です。一方日本人の観光客の訪問先は**ハワイ**や**グアム**を含む**アメリカ合衆国**が多いです。ついで、**韓国**や**中国**など比較的日本から近い国が多く、**ヨーロッパ**諸国はこれらの地域と比べると少なくなります。こうした活発な国際移動は、2020年に深刻化した新型コロナウィルス感染症の影響で大きく制限されたことも覚えておきましょう。

日本と外国人

日本には多くの外国出身者が暮らしています。その国籍別人口の推移を見ると、1985年頃から増加するようになりました。それまでは1910年の韓国併合以降に移り住んだ**韓国・朝鮮**出身の人たちがほとんどでしたが、1990年に**入管法**(出入国管理及び難民認定法)が改正されると、**日本**での就労が日系三世まで認められるようになり、日系人の多い**ブラジル**や**ペルー**など**南米**諸国からの出稼ぎが急増しました。主に**自動車関連産業**に就業したため、**自動車産業**が盛んな**愛知県**、**静岡県**、**群馬県**が中心です。近年では**留学生**が増えたことに加え、経済連携協定(EPA)による労働力受け入れが進んだことで、**東南アジア**からの入国が増えました。また、技能研修を名目として研修生を受け入れたにもかかわらず、実態的に低賃金で働かされるケースが発生し、社会問題となっています。

○ 日本の貿易

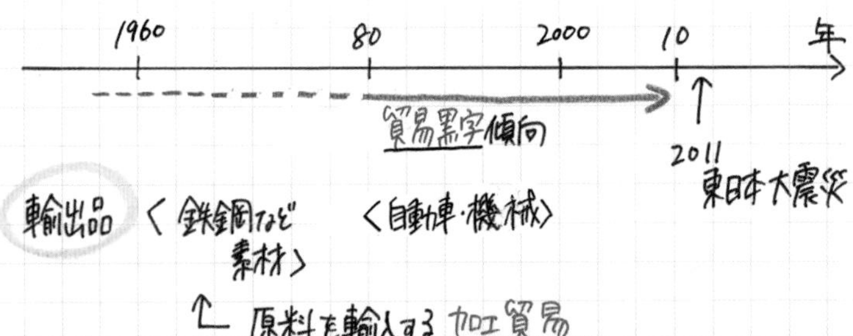

1960
80
2000
10
年
貿易黒字傾向
2011
東日本大震災
輸出品 〈鉄鋼など素材〉 〈自動車・機械〉
原料を輸入する加工貿易

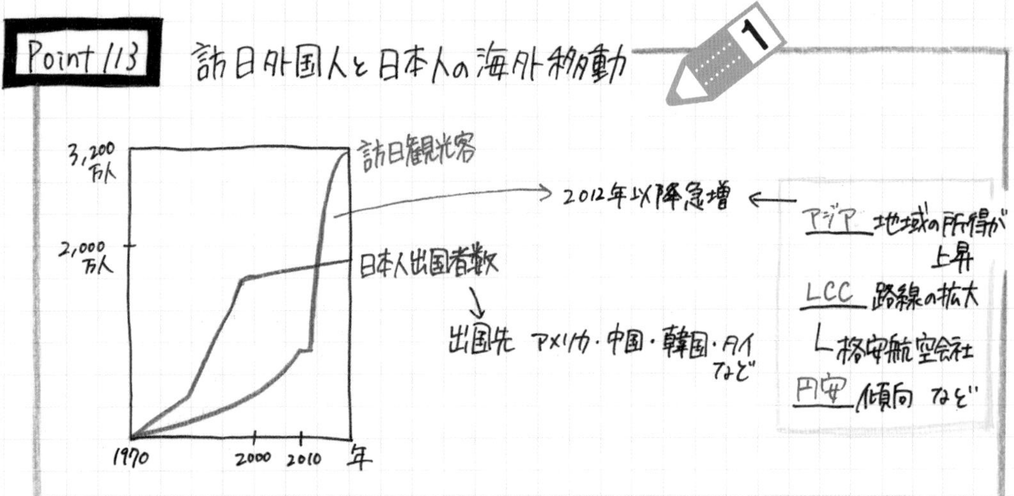

Point 113 訪日外国人と日本人の海外移動
3,200万人
2,000万人
1970
2000
2010
年
訪日観光客
日本人出国者数
2012年以降急増
アジア地域の所得が上昇
LCC路線の拡大
格安航空会社
円安傾向 など
出国先 アメリカ・中国・韓国・タイ など

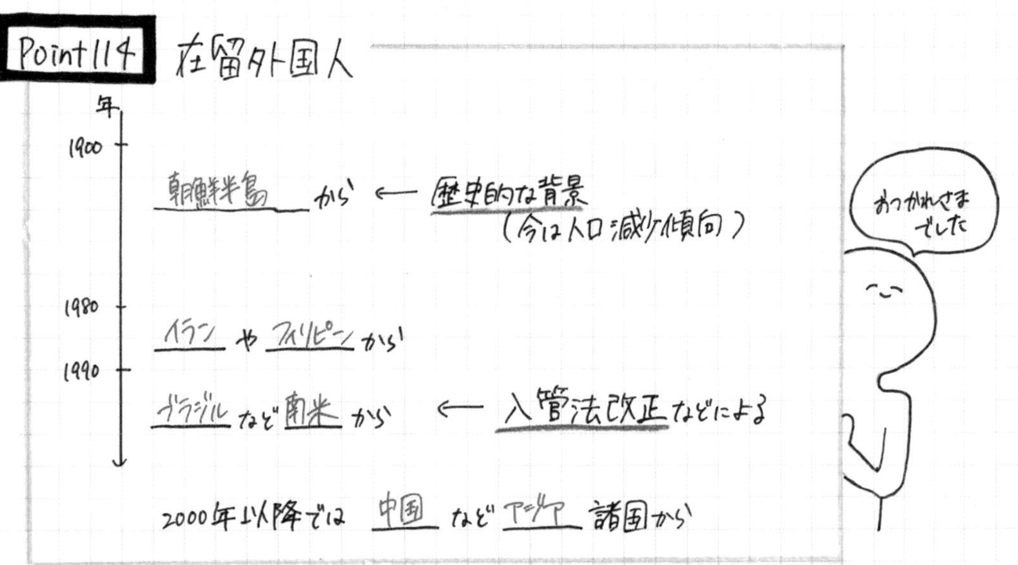

Point 114 在留外国人
年
1900
1980
1990
朝鮮半島から ← 歴史的な背景
(今は人口減少傾向)
イランやフィリピンから
ブラジルなど南米から ← 入管法改正などによる
2000年以降では中国などアジア諸国から
おつかれさまでした

中井　隆顕（なかい　たかあき）
河合塾地理科講師。
重要なポイントを簡潔に、インパクトのある説明で、上位層、中下位層を問わず幅広い支持を集める。旅行エピソードなど雑談も大好評。河合塾を中心に、佐鳴予備校にも出講。公務員や教員採用試験対策にも関わる。
著書に『最新　一問一答　まる覚え地理B』（中経出版）がある。また、『角川パーフェクト過去問　大学入試徹底解説』（KADOKAWA）シリーズ中の数アイテムで地理パートの執筆を担当。

カリスマ講師（こうし）の
日本一成績（にほんいちせいせき）が上（あ）がる魔法（まほう）の地理総合（ちりそうごう）ノート

2023年3月29日　初版発行

著者／中井（なかい） 隆顕（たかあき）
発行者／山下 直久
発行／株式会社KADOKAWA
〒102-8177　東京都千代田区富士見2-13-3
電話　0570-002-301（ナビダイヤル）

印刷所／株式会社加藤文明社印刷所

本書の無断複製（コピー、スキャン、デジタル化等）並びに
無断複製物の譲渡及び配信は、著作権法上での例外を除き禁じられています。
また、本書を代行業者などの第三者に依頼して複製する行為は、
たとえ個人や家庭内での利用であっても一切認められておりません。

●お問い合わせ
https://www.kadokawa.co.jp/（「お問い合わせ」へお進みください）
※内容によっては、お答えできない場合があります。
※サポートは日本国内のみとさせていただきます。
※Japanese text only

定価はカバーに表示してあります。

©Takaaki Nakai 2023　Printed in Japan
ISBN 978-4-04-605766-2　C7025